OS IMPACTOS DO NOVO CPC
NAS AÇÕES PREVIDENCIÁRIAS

José Antonio Savaris
Marco Aurélio Serau Jr.
Coordenadores

OS IMPACTOS DO NOVO CPC
NAS AÇÕES PREVIDENCIÁRIAS

LTr
80

EDITORA LTDA.
© Todos os direitos reservados

Rua Jaguaribe, 571
CEP 01224-003
São Paulo, SP – Brasil
Fone (11) 2167-1101
www.ltr.com.br
Abril, 2016

Produção Gráfica e Editoração Eletrônica: LINOTEC
Projeto de Capa: FABIO GIGLIO
Impressão: DIGITAL PAGE GRÁFICA E EDITORA

Versão impressa: LTr 5474.0 — ISBN: 978-85-361-8802-7
Versão digital: LTr 8919.3 — ISBN: 978-85-361-8796-9

Dados Internacionais de Catalogação na Publicação (CIP)
(Câmara Brasileira do Livro, SP, Brasil)

Os Impactos do novo CPC nas ações previdenciárias / José Antonio Savaris, Marco Aurélio Serau Jr., coordenadores . – São Paulo : LTr, 2016.

Bibliografia.

1. Direito previdenciário 2. Direito processual civil 3. Processo civil 4. Processo civil - Brasil I. Savaris, José Antonio. II. Serau Júnior, Marco Aurélio.

16-02296 — CDU-347.9(81)(094.4)

Índice para catálogo sistemático:
1. Brasil : Código de processo civil
347.9(81)(094.4)
2. Código de processo civil : Brasil
347.9(81)(094.4)

Sumário

Prefácio 7
Introdução 9

PARTE I
Impacto do Novo CPC na Teoria do Direito Processual Previdenciário

Princípio da cooperação no novo CPC — Novas perspectivas para a solução dos litígios previdenciários 13
Adriano Mauss

Discricionariedade judicial "sob controle": uma breve visão sob a ótica do Processo Judicial Previdenciário na era do CPC/2015 23
Denis Donoso

Reflexões sobre o processo civil previdenciário a partir do novo Código de Processo Civil: da (falta de) coerência e integridade *da* e *na* jurisprudência à violação manifesta à norma jurídica 31
Diego Henrique Schuster

Concentração de atos processuais no novo CPC e seu impacto nas ações previdenciárias 39
Jane Lucia Wilhelm Berwanger

PARTE II
Impacto do Novo CPC no Procedimento do Direito Processual Previdenciário

Sustentação oral em causas de natureza previdenciária no novo Código de Processo Civil 49
Gustavo Filipe Barbosa Garcia

Prova técnica nos benefícios por incapacidade e efetividade da Justiça: a possibilidade de sua antecipação, à luz da Constituição e do novo Código de Processo Civil 52
Herbert Cornelio Pieter de Bruyn Júnior

As possibilidades da efetivação da perícia biopsicossocial no novo Código de Processo Civil .. 60
José Ricardo Caetano Costa

Prerrogativas processuais do INSS no novo Código de Processo Civil 69
Karina Carla Lopes Garcia e Daiane Kelly Ravaneda

Sobre a necessidade de fundamentação das decisões nos Juizados Especiais Federais em face do Código de Processo Civil de 2015 e, obliquamente, no Direito Previdenciário 77
Malcon Robert Lima Gomes

Tutela provisória fundada na urgência e o impacto nas ações previdenciárias 91
Paulo Afonso Brum Vaz

PARTE III
Conciliação

Mediações e conciliações no novo CPC e seu impacto nas ações previdenciárias 103
André Luís Bergamaschi e Fernanda Tartuce

Apontamentos sobre as conciliações previdenciárias diante do novo Código de Processo Civil 113
Bruno Takahashi

PARTE IV
Execução e Recursos no NCPC

Da restrição do cabimento do recurso de agravo de instrumento no novo CPC e seu impacto nas ações previdenciárias 125
Alexandre Schumacher Triches

A execução contra a Fazenda Pública no novo CPC e seu impacto nas ações previdenciárias. 131
Eugélio Luis Müller

Recurso extraordinário e especial em matéria previdenciária no novo CPC 137
Marco Aurélio Serau Junior

Prefácio

Inovação e Esperança

Um Novo Código de Processo Civil não é vivenciado de forma corriqueira.

No século XX, o Brasil teve dois Códigos, o de 1939 e o de 1973.

Não é coincidência que ambos se deram após grandes mutações político-institucionais, inclusive, constitucionais com quebra de paradigmas.

A Constituição Federal de 1988, com seus defeitos e virtudes, é tessitura essencial para o que vem sendo vivenciado nos últimos anos. Um regime democrático reúne uma série de premissas e provoca uma série de modificações e cobranças, o que deságua no Poder Judiciário, catalisador que é dos problemas sociais.

Os casos de massa, o acesso ao Poder Judiciário liberando uma imensa litigiosidade contida, novas formas de relacionamento, convivência e dependência social, e mais especificamente no plano previdenciário a ampliação da expectativa de vida, uma estrutura que desprezava cálculos atuariais, inflação normativa e o tratamento da matéria com enormes distorções entre áreas da sociedade, geram um ambiente fértil para demandas, questionamentos, estratégias de construção de verdadeiros "diques" para represamento de obrigações pecuniárias da Fazenda Pública e também de pretensões inidôneas que contam com o véu de invisibilidade diante da avassaladora quantidade de processos.

Neste ambiente surge um "novo" processo. Mais do que um Código, temos, para os próximos anos, para as próximas décadas, o desafio de construir uma nova estrutura para solução dos problemas do "nosso tempo".

Não devemos jamais renegar o passado, muito menos esquecê-lo. Mas, como já foi dito, somente podemos enxergar mais longe porque subimos nos ombros dos gigantes que vieram antes. Esta frase é lapidar. O passado precisa ser profundamente conhecido, mas não replicado, porque estaríamos simplesmente vulcanizando o pensar.

Estamos diante de uma "nova sociedade", de um "novo" processo e, portanto, precisamos ter a coragem dos jovens, concedendo-nos o direito e assumindo o compromisso de construir novos empreendimentos.

É desta maneira que tenho esperança no futuro, daquele que está no amanhecer, em campos atingidos por fortes raios solares. A terra é a mesma da noite anterior, mas com a energia renovada, combinada a visão de uma criança correndo em sua direção, ilustrando o que nos cabe neste mundo.

Estão de parabéns a LTr Editora e os Coordenadores José Antonio Savaris e Marco Aurélio Serau Jr., por, nos primeiros instantes de vigência, reunirem autores que elaboraram trabalhos para o "Novo CPC e seu impacto nas ações previdenciárias", que não se limitaram a tratar das regras de um "Novo Código", mas de analisar um "Novo Processo" que precisará desempenhar um papel de enorme impacto em área relevante e sensível para a sociedade, a "Previdência Social".

Os artigos desta importante coletânea vêm impregnados de esperança, sem esquecer as vicissitudes, transitando desde a parte geral envolvendo cooperação, controle de decisões judiciais, dever de coerência e integridade dos pronunciamentos do Poder Judiciário, como questões relacionadas ao contraditório e à ampla defesa, ao direito probatório em essência, à concessão de tutelas provisórias, busca de novos modelos para solução dos conflitos, recursos e execução.

Bem, é hora da leitura. Aproveitemos os esforços destes bandeirantes do direito processual previdenciário e estaremos arando o campo para a colheita futura.

São Paulo, 31 de março de 2016.

William Santos Ferreira

Introdução

O Direito Previdenciário, na atualidade, conta com o Direito Processual Previdenciário como um de seus campos mais importantes, tanto em termos teóricos, dotado já de ampla produção doutrinária específica, como práticos, tendo em vista a quantidade expressiva de ações previdenciárias em curso na Justiça brasileira e as inúmeras discussões jurisprudenciais que lhe são próprias.

Tudo isso em virtude do reconhecimento de que é ramo dotado de particularidades significativas, especialmente em virtude do objeto jurídico debatido e das partes que lhe são inerentes, segurados de um lado, autarquia previdenciária de outro.

O Direito Processual Previdenciário também apresenta essa relevância diante do reconhecimento das profundas inadequações procedimentais das normas processuais (pautadas por acentuado individualismo metodológico) para as discussões judiciais em torno de políticas públicas de direitos sociais, como as políticas de previdência social.

A comunidade jurídica nacional acompanhou, nos últimos anos, os debates sobre a elaboração de um novo Código de Processo Civil, recentemente promulgado através da Lei n. 13.105/2015.

A importância da edição de um novo estatuto processual é muito grande, inclusive na esfera previdenciária, impondo a necessidade do debate e de intensa reflexão teórica sobre os impactos que podem acarretar no Direito Processual Previdenciário, sobretudo visando à consolidação de sua autonomia conceitual e forense.

A simples abordagem da aplicação do novo diploma legal aos feitos em que é parte a Fazenda Pública é insuficiente, assim como se mostrou insuficiente essa análise quando vigente o regime processual anterior. Faz-se necessária a pesquisa jurídico-processual que dê ênfase às particularidades do Processo Judicial Previdenciário.

Com essa premissa, convidamos importantes membros da comunidade jurídica para debater os principais impactos que podem ser produzidos com a vigência do novo Código de Processo Civil no campo do Direito Processual Previdenciário.

Lançado este desafio aos colaboradores que nos honraram com a participação nesta obra coletiva, ora apresentamos aos leitores a visão dos mais importantes processualistas e previdenciaristas nacionais a respeito dos reflexos do NCPC no Processo Judicial Previdenciário.

A obra, por certo, não esgota o tema e, muito menos, a interpretação que somente a vivência jurisprudencial trará nesse segmento.

Mas, cientes dessa incompletude, apresentamos ao público leitor uma obra crítica na abordagem dessa grande inovação legislativa tão almejada pela sociedade.

José Antonio Savaris
Marco Aurélio Serau Jr.
(*coordenadores*)
Curitiba/São Paulo, fevereiro de 2016.

Parte I

Impacto do Novo CPC na Teoria do Direito Processual Previdenciário

Princípio da cooperação no novo CPC — Novas perspectivas para a solução dos litígios previdenciários

Adriano Mauss

Adriano Mauss. Servidor do Instituto Nacional do Seguro Social — INSS, Mestre em Desenvolvimento (Linha de Pesquisa: Direito, Cidadania e Desenvolvimento) pela Universidade Regional do Noroeste do Estado do Rio Grande do Sul. Especialista em Direito Previdenciário pela Faculdade Meridional — IMED — e em Direito do Trabalho e Seguridade Social pela Universidade de Passo Fundo. Professor em cursos de Pós-Graduação em Direito. Pesquisador e autor de obras jurídicas na temática de Direito Previdenciário.

INTRODUÇÃO

O novo Código de Processo Civil (NCPC), aprovado pela Lei n. 13.105/2015, trouxe alterações substanciais nos procedimentos processuais anteriormente positivados. Uma das principais inovações deste novo código foi o estabelecimento de regras que favorecem a solução alternativa de litígios, tais como a mediação e arbitragem. Mais do que isso, criou a possibilidade de interação entre as partes, já com o processo em andamento, a fim de que elas cooperem entre si e com o juízo a fim de que a solução da controvérsia seja a mais segura, rápida e justa possível. Este é o princípio da cooperação, que foi consagrado ao "status" de regra positivada pela forma do art. 6º do novo CPC, conforme segue: "Art. 6º Todos os sujeitos do processo devem cooperar entre si para que se obtenha, em tempo razoável, decisão de mérito justa e efetiva".

A fim de complementar esse dispositivo, o art. 5º da mesma Lei n. 13.105/2015 estabeleceu, de forma objetiva, um princípio que deveria ser respeitado usualmente pelas partes do processo desde sempre, pois está intrínseca a tramitação processual, que é a "boa-fé", conforme se verifica: "Art. 5º Aquele que de qualquer forma participa do processo deve comportar-se de acordo com a boa-fé".

Embora as partes estejam em lados opostos da lide, é fundamental que interajam no processo a fim de obter um bom resultado. Para isso, o terceiro imparcial, o juiz, deve ser hábil com o intuito de aproximar as partes, na medida do possível, e buscar a melhor decisão no processo. Embora a discussão sobre o que pode ser considerada a "melhor decisão" seja importante, não será possível adentrar nessa seara, devido ao espaço que existe para esse estudo.

O dever de cooperação fica mais evidente com a leitura do Capítulo II do Livro II do novo CPC, que estabelece regras de cooperação entre os diversos entes jurisdicionais brasileiros. Regras, diga-se de passagem, que já deveriam estar sendo praticadas há muito tempo pelos órgãos jurisdicionais a fim de buscar o aprimoramento do Poder Jurisdicional, não sendo necessária a sua positivação. Entretanto, com base nessas regras, o Poder Judiciário terá que interagir nos seus diversos órgãos, buscando sempre a agilização e o aprimoramento da prestação jurisdicional.

Outra discussão necessária trata da qualificação do preceito da cooperação no que tange à sua inserção no ordenamento jurídico processual como um princípio informador deste ramo jurídico ou apenas se refere a uma regra de procedimento. Nesse sentido, cabe trazer as lições de Washington de Barros Monteiro (1986, p. 42), que conceitua princípios como "os pressupostos lógicos e necessários das diversas normas legislativas" e, também, de Larenz (1989, p. 33) que leciona o seguinte:

[...] os princípios devem fincar o marco em que se desenvolverá essa regulação, possuindo uma função positiva, para determinar os valores que devem entremear o processo de regulação jurídica. Em contraposição, em sua função negativa, os princípios excluem os demais valores opostos e as regras que deles derivem. Os princípios são pensamentos diretores que orientam a regulação jurídica na direção do "justo" e, nesse sentido, formam a representação jurídico-positiva dos princípios do Direito Justo.

No esteio do que ensinam esses renomados doutrinadores, entendemos que a cooperação se trata, efetivamente, de um princípio, pois será com base nela que o processo deve ser pensado, baseadas as ações em fundamentos cooperativos, em que podem ser buscados deveres para ambas as partes. Essas ações devem culminar na colaboração para a rápida e efetiva solução dos conflitos judiciais. Esse princípio, portanto, reafirma deveres de conduta perante o processo, com ações positivas que busquem o deslinde da causa e com medidas negativas das partes que evitem a procrastinação do feito de forma desnecessária. Cria, também, o dever de as partes atuarem de forma proativa com o intuito de alcançar uma solução para o litígio. O Juiz e, principalmente, os Procuradores das partes devem entender de forma clara que o autor e o réu não são inimigos, mas, sim, buscam uma solução justa aos seus anseios. De certa maneira, são utópicas tais afirmações, mas as partes devem ser consideradas partícipes de uma relação jurídico-processual, devendo agir conjuntamente, buscando o mesmo ideal. Desta forma, fica ainda mais clara a existência de um caminho de mão dupla, em que os direitos e os deveres do autor e do réu transitam de forma recíproca na relação processual, corroborando com a visão triangularista do processo[1].

Outros doutrinadores, tais como Lenio Streck, entendem que a cooperação não é um princípio, mas, sim, uma mera regra de conduta, que, na prática não irá se perfectibilizar tendo em vista o caráter beligerante das partes, que, pela própria natureza humana, buscam sempre o melhor para si próprios. Nesse sentido, traz-se à baila um trecho do que escreve esse grande doutrinador:

> Feito o introito, cabe indagar: *o que é isto — a cooperação processual?* Estando a resposta no arranjo previsto no novo CPC, o que se pode dizer, com segurança, é que se trata de algo que não se encaixa bem com o que diz a Constituição e sua principiologia. Insistimos, de pronto: cooperação não é princípio. Posto no novo CPC, o art. 6º diz que "todos os sujeitos do processo *devem cooperar entre si* para que se obtenha, em tempo razoável, decisão de mérito justa e efetiva". Sugere o dispositivo, numa primeira leitura, que a obtenção de decisões justas, efetivas e em tempo razoável — diretrizes relacionadas umbilicalmente com o que está previsto nos incisos XXXV e LXXVIII do artigo 5º da Constituição — não seria propriamente *direito* dos cidadãos brasileiros e estrangeiros residentes no país, mas também *deveres* a eles impostos. É o legislador, de modo sutil, depositando sobre as costas do jurisdicionado parcela imprevisível do peso da responsabilidade que compete ao Estado por determinação constitucional. Uma "katchanga processual". Você quer uma decisão justa, efetiva e tempestiva? Então, caro utente, para o fim de consegui-la *deverá* cooperar com o juiz e sobretudo com a contraparte, e esperar igual cooperação de ambos (STRACK, 2015, p. 1).

Realmente nos faz pensar, o trecho acima pinçado da doutrina de Strack, que, ao final, conclui pela impossibilidade de haver cooperação efetiva entre as partes numa demanda regulada pelo Código de Processo Civil (2015, p. 1). Entretanto, no processo judicial previdenciário, temos uma situação distinta do comumente enfrentado na esfera civil normal[2], em que em um dos polos da relação processual encontra-se o Instituto Nacional do Seguro Social (INSS), órgão autárquico federal que tem como objetivo precípuo, estabelecido no art. 1º de seu Regimento Interno, ser o administrador do Regime Geral de Previdência Social, e o promotor de políticas públicas de acesso a benefícios de natureza previdenciária que garanta a "agilidade" e "comodidade" de seus filiados[3].

Nesse sentido, é necessário que sejam mais bem compreendidas as características da litigiosidade no processo judicial previdenciário a fim de que se possa apurar melhor a efetivação do princípio da cooperação nesse tipo de situação.

1. AS CARACTERÍSTICAS DA LITIGIOSIDADE NO DIREITO PREVIDENCIÁRIO

O litígio previdenciário possui, no polo ativo, o segurado ou administrado e, no passivo, o INSS. Este réu possui mais de 100 milhões de pessoas vinculadas em sua base cadastral[4]. Cerca de 103 milhões de pessoas são consideradas economicamente ativas e 33,6 milhões de pessoas recebem algum benefício, portanto, qualquer animosidade gerada pelos seus filiados, por pequena que seja, gera uma grande demanda, que, normalmente, é dirigida ao Poder Judiciário, como grande apaziguador de beligerâncias do mundo moderno.

Por sua vez, as pessoas que buscam o serviço previdenciário, em grande parte dos casos, estão fragilizadas, tanto do ponto de vista financeiro como laboral. O INSS, em sua carta de serviços aos segurados[5], busca proteger riscos sociais que causam prejuízo à subsistência do segurado, e tem como missão institucional "garantir proteção ao trabalhador e a sua família, por meio de sistema público de política previdenciária solidária, inclusiva e sustentável, com objetivo de promover o bem-estar social". Com a ocorrência de eventos como a incapacidade, a invalidez, a maternidade e a velhice, as pessoas têm no INSS uma possibilidade de, pelo menos, recuperar a saúde financeira da família, e evitar um prejuízo maior à subsistência própria e de seus dependentes. Assim, quando essa expectativa não é atendida a contento pela Administração, é comum que a pessoa prejudicada demande sua insatisfação ao Poder Judiciário. No mesmo sentido, ensina Serau em trecho extraído de sua obra:

---

(1) Quem explica melhor essa Teoria é ALVIM, J. E. Carreira em sua obra "Elementos de Teoria Geral do Processo".

(2) Entende-se como "esfera civil normal", para fins deste estudo, o litígio envolvendo duas partes que têm natureza jurídica privada e buscam a solução de controvérsia que não tenha natureza de direito social.

(3) Portaria MPS n. 296, de 9 de novembro de 2009. Art. 1º O Instituto Nacional do Seguro Social — INSS, Autarquia Federal, com sede em Brasília — Distrito Federal, vinculada ao Ministério da Previdência Social, instituída com fundamento no disposto no art. 17 da Lei n. 8.029, de 12 de abril de 1990, tem por finalidade promover o reconhecimento, pela Previdência Social, de direito ao recebimento de benefícios por ela administrados, assegurando agilidade, comodidade aos seus usuários e ampliação do controle social.

(4) Secretaria de Políticas da Previdência Social. Boletim Estatístico da Previdência Social. Volume 20, n. 9. Brasília: 9/2015. disponível em: <http://www.previdencia.gov.br/wp-content/uploads/2015/11/pdfBeps092015_final.pdf>. Acesso em: 25 nov. 2015.

(5) INSS. Carta de serviços. Disponível em: <http://www.previdencia.gov.br/arquivos/office/3_091218-173951-691.pdf>. Acesso em: 25 nov. 2015.

O conflito previdenciário é uma modalidade de controvérsia em torno das políticas públicas previdenciárias. Assim, os dois principais atores desse cenário, sem prejuízo de outros atores sociais que se possam atuar e interferir, são os segurados, considerada essa categoria de modo bastante amplo (seus dependentes, aqueles já aposentados, aqueles que visam essa condição, as pessoas excluídas da condição de segurado etc.) e o INSS, órgão gestor da política pública previdenciária, responsável pela implementação e pagamento dos benefícios previdenciários (SERAU, 2015, fl. 56).

Considerando que, em boa parte dos requerimentos de benefícios e serviços encaminhados ao INSS, a prestação jurisdicional administrativa não foi realizada a contento, visto que os servidores não cumpriram com todos os preceitos legais estabelecidos pela legislação vigente ou mesmo por sua instrução normativa[6]. Prova tal alegação o fato de que estatísticas realizadas no Poder Judiciário Federal observam que cerca de 72% dos processos judiciais protocolizados são procedentes (mesmo que em parte) (SERAU, 2015, fl. 146), demonstrando a falta de qualidade nos processos administrativos ou as falhas em orientações internas do Instituto que orientam mal seus servidores, que, por sua vez, informam mal o segurado de seus direitos. Essa situação acaba gerando um sentimento geral de insatisfação por parte do cidadão que não foi devidamente assistido pelo Estado.

Esse sentimento da população, associado à "cultura do litígio" e do incentivo à judicialização de todas as demandas, que ocorreu no período pós-constituinte de 1988, conjugado, ainda, a um histórico de ineficiência do INSS e dos órgãos recursais que fazem o controle de legalidade dos atos administrativos do instituto, fez com que o processo administrativo previdenciário fosse visto como um mero "requisito" para a busca efetiva do direito no Poder Judiciário pelo profissional do direito.

Além dessas questões de cunho procedimental e estrutural, também existe algo que podemos denominar "fonte primária de geração de conflitos", que nada mais é do que a própria evolução social que permite o estabelecimento de novas interpretações à norma posta, adaptando a regra aos novos anseios sociais, tal como bem leciona Serau:

> O *conflito a respeito de direitos previdenciários*, assim como aqueles que se desenvolvam em torno de quaisquer outros segmentos normativos, ocorre porque há inúmeras possibilidades de interpretação das normas, incontáveis pretensões e expectativas sócias em relação ao que se espera seja a cobertura previdenciária, e nem todas são acolhidas pelo ordenamento jurídico.
> [...]

Em outras palavras: as demandas sociais (por direitos previdenciários) ativam os mecanismos de reação do Direito, como fórmulas de imunização que permitem manter o equilíbrio entre instabilidade e estabilidade, conservação e mudança (SERAU, 2015, p. 69/70).

Num contexto em que os Direitos Sociais (no qual se inclui o Previdenciário) são extremamente voláteis e sensíveis às mudanças culturais ocorridas na sociedade, é necessário que a norma jurídica acompanhe esse movimento, sob pena de o Direito se tornar insuficiente para garantir a paz social e a crença no Estado-Nação.

Nesse contexto de desestruturação do Instituto representante do Estado de Bem-Estar Social, preconizado pela Constituição Federal de 1988 e de grande instabilidade social que demanda novas coberturas previdenciárias, o Poder Judiciário despontou como a solução para todo e qualquer problema que se enfrenta na esfera previdenciária. A partir do enraizamento dessa cultura, criou-se um novo problema, mais atual, que é a crise de efetividade do Poder Judiciário, conforme se estudará a seguir.

2. A CRISE DE EFETIVIDADE NO JUDICIÁRIO

O Poder Judiciário, nos últimos anos, vê-se inundado por uma enxurrada de processos dos mais variados tipos, com assuntos de diversos gêneros e disciplinas, em que não há, muitas vezes, um "caminho positivado" em lei, ou mesmo quando há uma lei que trata sobre a matéria, nem sempre sua solução é adequada diante das novas demandas sociais que se apresentam (vide o caso das uniões homoafetivas, em que o casamento não pode ser considerado mais o evento ocorrido entre um homem e uma mulher). Nesse sentido, o julgador deve, quando for necessário, se valer de fundamentos hermenêuticos integrativos da norma para cumprir com a sua função principal de "fazer justiça".

Ocorre que está cada vez mais difícil resolver a equação: quantidade de processos "versus" fazer justiça. O problema da quantidade enorme de processos judiciais que se avolumam nas Varas Judiciais Previdenciárias e nos Juizados Especiais Federais está se tornando insustentável. Essa grande quantidade de litígios, como mencionado anteriormente, deriva, em muito, da falta de qualidade do INSS na tramitação de seus processos administrativos e de decisões que não cumprem com princípios básicos estatuídos pelo Direito, fazendo com que as Varas Previdenciárias se tornem verdadeiras "Agências Judiciais Previdenciárias", tendo que desenvolver um trabalho na mesma sistemática de uma Agência do INSS.

Para dar fluidez às demandas judiciais com maior celeridade, os cartórios da Justiça Federal criaram, por exemplo, espaços destinados à realização de perícias médicas, com consultórios, equipamentos e médicos-peritos que cumprem um agendamento superior a vinte perícias

---

[6] A questão das falhas de instrução processual por parte do INSS será detalhada mais adiante neste trabalho.

diárias. Diga-se de passagem, uma carga de trabalho maior do que a dos peritos do INSS. Também ocorrem situações em que se organizam pautas de audiências em série, arquivadas no processo por meio digital (gravação de áudio e vídeo), sendo presididas por um servidor da Vara Judicial, sem a presença física do Juiz. Por meio dessas e de outras práticas pode-se verificar que a prestação jurisdicional está se tornando "mecanizada" sem que ocorra uma análise individualizada da situação fática que o jurisdicionado requer.

Em algumas situações, com o intuito de dar celeridade aos processos, os direitos constitucionais do devido processo legal, da ampla defesa e do contraditório são vilipendiados pelo juízo previdenciário. Isso ocorre na prática recorrente dos tribunais em, por exemplo, não permitir que o advogado da parte e o procurador do INSS apresentem quesitos complementares ao do juízo na prova pericial, indeferir a realização de perícia técnica no local de trabalho para a prova de uma atividade especial ou não permitir que o segurado seja avaliado por um perito-social para que se verifique o reconhecimento do direito a um benefício de amparo social ao idoso. Todos esses exemplos nos parecem situações de mitigação de princípios constitucionais. Todas essas medidas, de legitimidade duvidosa, são utilizadas pelos tribunais no sentido de evitar o atravancamento dos processos com a condução rápida do feito para a sua decisão final, havendo um claro privilégio do princípio da celeridade em detrimento de outros preceitos constitucionais. Nesse contexto, no entanto, não é possível demonstrar se a conclusão do processo é a mais justa ao caso concreto e se, com a utilização de outro rito processual, o desfecho não seria outro.

Embora a busca por um prazo razoável de tramitação processual seja também uma necessidade fundamental nas demandas previdenciárias, esta não pode ser um fim em si mesma. O que se observa no atual contexto institucional é que o segurado é vilipendiado em seu direito no INSS e não tem uma resposta adequada na esfera judicial, muito devido à falta de estrutura que o Estado possui, diante da crescente demanda por litígios que se apresenta.

Nesse contexto, temos um cenário de crise institucional, em que o Estado possui dois organismos (INSS e Poder Judiciário) que não estão sendo capazes de dar guarida efetiva aos usuários que demandam pelo reconhecimento de um determinado direito.

Porém, antes de adentrarmos na possível solução a esse quadro de caos, urge o debate sobre os motivos que fazem do INSS uma autarquia com problemas de qualidade.

3. A CRISE DE QUALIDADE NO INSS

O INSS sempre foi uma autarquia que sofreu grandes críticas da mídia e da população em geral pela falta de qualidade e eficiência no seu atendimento. No geral, essa avaliação é coerente e justa, entretanto, os recentes avanços relativos à formatação das políticas de atendimento (principalmente por meio do agendamento eletrônico) tem alcançado melhorias substanciais no tempo de espera dos segurados, esvaziado o discurso reprovatório de outrora. No entanto, ainda são patentes os problemas encontrados na instituição tanto no que tange à forma de atendimento como à qualidade do trabalho. Recentemente (em 2015), grande parte dos servidores do INSS participaram de um movimento paredista que resultou em um acordo que, dentre outros pontos, estabeleceu a necessidade de rever as metas institucionais de atendimento aos segurados do INSS, a fim de aprimorar alguns procedimentos que são extremamente danosos ao segurado, e, também, prejudicam a vida funcional dos servidores.

É um tema pouco divulgado, mas o INSS constituiu um sistema que atrela boa parte da remuneração dos seus servidores ao cumprimento de metas relacionadas à celeridade na conclusão de processos administrativos requeridos pelos segurados em suas agências. Essa meta é medida por um índice, estabelecido por regulamento interno[7], que, atualmente, é denominado IMA-GDASS[8] e determina que as Agências do INSS têm que decidir os requerimentos de benefício no prazo máximo de 45 dias[9].

Existem, também, metas institucionais que medem o percentual de eficiência da Agências no que tange a outros aspectos. Esses índices visam mensurar o tempo de análise e tramitação de processos administrativos nas esferas recursais, revisionais, de emissão de certidões de tempo de contribuição, formalização de requerimentos de compensação previdenciária, conclusão de processos de monitoramento operacional de benefícios (MOB), dentre outros procedimentos. Todos esses índices estão atrelados ao denominado "Plano de Ação", que visa garantir aos servidores do INSS manutenção de jornada diária de trabalho de 6 horas. São doze índices no total que fazem um "Raio-X" da Agência do INSS. Em especial, chamamos a atenção para um desses índices: o IRES — Índice de Resolutividade. Esse indicador mede o percentual de processos administrativos que foram resolvidos no mesmo dia em que foram protocolados. O INSS trabalha com um percentual de resolução de 55%, ou seja, para uma Agência ser considerada de excelência, é necessário definir mais da metade dos processos que lhe são requeridos no mesmo dia em que foram requeridos.

---

(7) INSS. Instrução Normativa n. 58/PRES/INSS, de 25 de janeiro de 2012. Disciplina os critérios e procedimentos para a avaliação de desempenho individual e institucional, para fins de aferição da Gratificação de Desempenho de Atividade do Seguro Social — GDASS, devida aos integrantes da Carreira do Seguro Social. Brasília: Publicada no DOU n. 19, de 26.01.2012, Seção 1, p. 42 a 44.

(8) IMA — Idade média do acervo. GDASS — Gratificação de desempenho da atividade do seguro social.

(9) MPS. Portaria n. 186, de 14 de maio de 2015. Aprovar o indicador Idade Média do Acervo IMAGDASS. Publicada no DOU n. 91, de 15/5/2015, Seção 1, p. 26.

Antes do início desse ciclo de análise (que ocorre semestralmente), o percentual de excelência do IRES era de 70%. O IRES e o IMA-GDASS são os indicadores que mais induzem os servidores do INSS a produzirem decisões precoces nos processos administrativos de benefícios. A metodologia desses índices instiga quem analisa os autos a concluir os processos sem a realização de diligências prévias (tais como processar justificação administrativa, emitir pesquisa externa, realizar o oficiamento de empresas e órgãos públicos) que poderiam instruir corretamente o pedido do segurado, vilipendiando, em muitos casos, o direito do cidadão.

Afora esses parâmetros, ainda existem os indicadores que medem o tempo médio de atendimento dos segurados nos postos do INSS. De acordo com o mesmo "Plano de Ação", cada tipo de benefício possui um tempo prefixado de atendimento que o servidor deve tentar cumprir. Por exemplo: para uma aposentadoria por tempo de contribuição, o tempo de atendimento médio é de 60 minutos; na aposentadoria por idade urbana, esse tempo é de 45 minutos; num requerimento de auxílio-doença, o tempo que o servidor pode demorar no atendimento é de 30 minutos. Para cada espécie de benefício e atendimento foi convencionado um tempo médio, que nem sempre é adequado às necessidades do caso concreto. Esse tipo de situação faz com que o servidor se apresse para terminar o trabalho e não consiga realizar um atendimento adequado ao cidadão, já que outro segurado está aguardando ser chamado.

Como já mencionado anteriormente, o INSS sempre foi alvo de grandes críticas pela ineficiência no atendimento, pelo tempo decorrido até que fosse concluído um processo administrativo e pela qualidade da resposta dada aos seus usuários. Nesse sentido, o estabelecimento de metas vinculadas à remuneração e à jornada de trabalho dos servidores ajudou, principalmente, a acelerar o atendimento e a diminuir o tempo de espera dos segurados. Ocorre que a baixa qualidade das decisões proferidas pelo INSS ainda é uma tônica que tais metas se mostraram ineficazes em resolver e, inclusive, agravaram a situação de precariedade.

É inegável, no entanto, que, na última década, o INSS tem avançado em muitos aspectos na resolução de problemas crônicos de atendimento. Inovações, como o agendamento eletrônico de benefícios e o aumento da quantidade de servidores, somado à cobrança intensa das metas institucionais, têm melhorado o tempo de resposta das demandas. Essa melhoria é comprovada pelos números trazidos nos boletins estatísticos do INSS. Em 2003, antes do início desse movimento, não era raro existirem Agências que concluíam seus processos com mais de um ano de tramitação atualmente, esse tempo não ultrapassa 45 dias em todas as agências do país.

Ocorre que, nesse processo de melhoria institucional, primou-se apenas pela celeridade processual e pouco pela qualidade no atendimento das demandas sociais. O assédio moral a que a instituição submete seus servidores para que definam de forma rápida os processos, mesmo que sem finalizar devidamente a instrução, é constante. A ideologia institucional repassada veladamente aos servidores é a de que a falta de resolutividade processual será "punida" com a diminuição da remuneração e o aumento da carga de trabalho diária. Com base nisso, nenhum servidor, com consciência dos prejuízos que terá, deixará de se submeter ao cumprimento dessas metas, da forma como estão postas e pela cobrança institucional existente.

A lógica é perversa: ao invés de incentivar o servidor a cumprir seu dever primário de reconhecer direitos, pune aquele que não cumpre uma meta que, em grande parte das vezes, vilipendia os direitos dos segurados. Nesse cenário, ainda existe um ambiente desfavorável de trabalho, em que sistemas informatizados são instáveis, há equipamento e mobiliário sucateado e servidores desmotivados pela falta de incentivo do seu empregador (o INSS).

Faz parte de acordo de greve, recentemente formalizado entre servidores e INSS, a suspensão da eficácia do IMA-GDASS[10], para que ocorra uma rediscussão institucional de todos esses índices, no sentido de se estabelecerem novas metas. Deve-se, então, buscar o equilíbrio entre a celeridade e a qualidade na análise do direito requerido.

4. A COOPERAÇÃO DA ESFERA ADMINISTRATIVA E JUDICIAL COMO SOLUÇÃO DAS CRISES

Levando em consideração a discussão sobre a crise de efetividade e qualidade das decisões do INSS e do Poder Judiciário, na qual a conjugação dessas duas carências gera uma realidade extremamente danosa aos direitos dos segurados do RGPS. Afinal, o segurado não tem para onde recorrer na busca pelo benefício almejado.

Do ponto de vista econômico, essa crise também é danosa, haja vista o Estado arcar com as despesas de duas estruturas extremamente complexas e grandiosas, o que, por conseguinte, as torna dispendiosas. O INSS e o CRPS (órgão recursal administrativo) possuem estruturas compostas de inúmeras unidades (direção central, superintendências regionais, gerências executivas, agências locais, Juntas de Recurso, Câmaras de Julgamento, dentre outros), compostas por mais de 40 mil servidores. No geral, a estrutura administrativa é muito bem organizada e com um orçamento bilionário. Essa estrutura, no entanto, é subutilizada por seus usuários, principalmente na esfera recursal[11]. Por sua vez, o Poder Judiciário se vê abarrotado de processos com uma quantidade de iniciais que supera muito a sua capacidade de avaliação. Não é ilógica essa realidade, pois

---

(10) MPS. Portaria n. 438, de 1º de outubro de 2015. DOU n. 189, de 2.10.15, Seção 1, p. 30.
(11) Recentemente, foi publicada notícia no site do INSS informando que as Câmaras de Julgamento do CRPS haviam zerado os processos pendentes de análise em suas secretarias.

a utilização dessas duas estruturas estatais ocorre de forma incoerente, já que, na prática, prestam o mesmo serviço aos segurados do INSS — concessão de benefícios. Entretanto, a população se vê obrigada a atuar dessa maneira, como já foi visto, pela forma como são proferidas as decisões no âmbito administrativo e judicial. O cidadão, por sua vez, em função dessa política estatal insensata, acaba por amargar o prejuízo de ter que aguardar muito tempo além do razoável para receber o que é seu por direito.

Outro argumento que milita contra a situação acima mencionada é trazido por Serau:

> Outro aspecto importante: a resistência judicial às pretensões em matéria previdenciária muitas vezes redundam na condenação do INSS em pagar os valores atrasados acrescidos de juros moratórios e atualização monetária, o que apenas sobreonera a coletividade, sem qualquer tipo de benefício social. [...] A ineficiência do processo administrativo como filtro à litigiosidade gera, portanto, custos dobrados à sociedade (SERAU, 2015, p. 146).

No mesmo sentido, vai a doutrina do Eminente Desembargador Paulo Afonso Brum Vaz (2012, p. 33). O princípio da eficiência administrativa, constante no art. 37 da Constituição Federal, está sendo totalmente desconsiderado com essa prática.

Urge, então, uma nova sistemática de análise e reconhecimento de direitos perante o INSS. Nesse sentido é que o princípio da colaboração, edificado pelo art. 6º do novo Código de Processo Civil (NCPC), pode vir a revolucionar a forma como é organizado o processo e a forma como são reconhecidos os direitos previdenciários.

De forma incipiente, hoje, já estamos experimentando uma certa dose de colaboração entre os diversos poderes estatais no Processo Judicial Previdenciário, quando o juízo determina a reabertura do processo administrativo a fim de realizar o procedimento de justificação administrativa para reconhecimentos de períodos de atividade ou de dependência econômica, por exemplo[12]. Nessas situações, embora exista uma certa colaboração, ela é forçada pelo aparato coercitivo do Poder Judiciário, então, embora o objetivo que se busca é o mesmo, não haverá o mesmo resultado, já que os fundamentos do primado da colaboração, preconizado no NCPC, não estão sendo respeitados. É necessário que haja certa adequação nessa prática a fim de que seja construída uma via de mão dupla entre os Processos Administrativo e Judicial.

É necessária a rediscussão de todo o modelo processual, tanto na esfera judicial como administrativa, a fim de que, encontrado o melhor de cada um, se busque o diálogo (ou o alinhamento de condutas) daquilo que for possível, dentro de um propósito colaborativo. Essa rediscussão passa pela mudança de atitude por parte da Procuradoria do INSS, que não pode atuar como mera defensora dos interesses institucionais da Autarquia. Deve atuar como fiscal dos atos administrativos praticados pelo Instituto. Nesse sentido, se evidenciar, no âmbito judicial, que o segurado possuía o direito requerido no processo administrativo, deve buscar a melhor forma de pôr termo à demanda (por meio de um acordo ou mesmo solicitando que a Agência do INSS realize a concessão do benefício). Sua atuação deve se pautar pela defesa do Instituto e, também, pela defesa do fim social da Previdência. Deve atuar de forma incansável, mas quando a tese defendida for aceitável do ponto de vista jurídico ou se tratar de questão de fato não comprovada na esfera administrativa. A Procuradoria é um órgão de extrema relevância junto ao INSS. Revisa todas as instruções que são publicadas pelo Instituto, motivo pelo qual deve ter uma atuação eminentemente técnica, fazendo um trabalho de correção dos regulamentos administrativos para que estejam alinhados com as regras constitucionais, legais, e com os entendimentos jurisprudenciais pacificados. Além disso, pode manter uma postura colaborativa com o juízo, nos moldes preconizados pelo novo CPC.

O segurado, e seu procurador, também é um agente importante nesse contexto, pois também deve zelar pelo bom andamento do processo administrativo e judicial. Para que isso ocorra, é importante que, desde o início da fase protocolar do requerimento administrativo, devem ser apresentados todos os elementos necessários para a concessão do benefício, evitando entraves que possam causar confusão ou procrastinação no curso normal da tramitação dos autos. O requerente deve atuar com o maior zelo possível, já na esfera administrativa, não fomentando a ideia de que o requerimento administrativo é só a etapa inicial do Processo Judicial. Para que isso não ocorra e haja uma atuação condizente com a importância que ela requer, é preciso que o postulante conheça as instruções normativas internas do INSS e busque atuar dentro dos parâmetros impostos por esses regulamentos, tentando esgotar a via administrativa, inclusive com a atuação no Conselho de Recursos da Previdência Social (CRPS).

É evidente que está arraigado em nosso país a descrença nas esferas administrativas recursais, entretanto, é necessário que as decisões proferidas atualmente por este conselho sejam analisadas. Irá se verificar que a qualidade das decisões tem melhorado muito, tanto no aspecto formal (relacionado à motivação dos atos, busca pelo melhor direito etc.) como no legal. Como paradigma dessa evolução, colaciona-se ementa de acórdão proferido pela 1ª Composição Adjunta da 4ª Câmara de Julgamento do CRPS, em Processo Recursal n. 44232.392870/2015-31:

> PREVIDENCIÁRIO. AUXÍLIO-RECLUSÃO. IRREGULARIDADE. RECEBIMENTO APÓS A PROGRESSÃO DE REGIME. DESNECESSIDADE DA DEVOLUÇÃO DOS VALORES RECEBIDOS INDEVIDAMENTE. ART. 10 DA

---

(12) Uma amostra dessa prática pode ser evidenciada no Processo n. 5003808-37.2015.404.7118.

PORTARIA N. 548/2011. ART. 115, II, DA LEI N. 8.213/91. ART. 174 DO DECRETO N. 3.048/99. HERMENÊUTICA. APLICAÇÃO CORRETA DOS PRINCÍPIOS. DEVER DA APLICAÇÃO DA MELHOR PROTEÇÃO SOCIAL POSSÍVEL. ART. 194, I, DA CRFB/88. PRESUNÇÃO DA BOA-FÉ OBJETIVA. VALORES RECEBIDOS SE QUALIFICAM COMO VERBA ALIMENTAR. MÁ-FÉ NÃO CONFIGURADA. IMPOSSIBILIDADE DE REPETIÇÃO. DECISÃO DA JUNTA A QUO REFORMADA. 1. É INVIÁVEL A DEVOLUÇÃO PELOS SEGURADOS DO REGIME GERAL DE PREVIDÊNCIA SOCIAL DE VALORES RECEBIDOS EM DECORRÊNCIA DE ERRO DA ADMINISTRAÇÃO PÚBLICA. ENTENDIMENTO SUSTENTADO NA BOA-FÉ DO SEGURADO, NA SUA CONDIÇÃO DE HIPOSSUFICIÊNCIA E NA NATUREZA ALIMENTAR DOS BENEFÍCIOS PREVIDENCIÁRIOS. 2. A DEVOLUÇÃO DOS VALORES, NA FORMA DO ARTIGO 115 DA LEI N. 8.213/1991, SOMENTE É DE SER FEITA NOS CASOS EM QUE COMPROVADA A MÁ-FÉ NO RECEBIMENTO, O QUE NÃO É O CASO DOS AUTOS. 3. RECURSO CONHECIDO E PROVIDO. RECURSO CONHECIDO E PROVIDO AO SEGURADO.

Baseado nessa ideia de colaboração em que as partes devem atuar tanto no Processo Administrativo como no Judicial, boas ações já estão ocorrendo, por exemplo, quando existe a determinação do juízo para que reabra o Processo Administrativo a fim de que seja processada uma Justificação Administrativa para apurar a existência de um vínculo de trabalho rural ou de uma união estável entre falecido e requerente de pensão por morte. Outro exemplo de boa prática colaborativa ocorre quando a instrução normativa do INSS é modificada a fim de contemplar uma interpretação jurisprudencial já pacificada, como no caso da ineficácia presumida dos EPI's quando o segurado trabalha em atividade exposta a ruído acima dos limites permitidos pelo Ministério do Trabalho e Previdência Social[13]. Todas essas ações visam à diminuição das demandas judiciais e à agilização do reconhecimento de eventual direito do requerente, sendo necessário, no entanto, que atos colaborativos sejam praticados por todas as partes envolvidas na lide previdenciária.

Muitas outras ações podem ser implementadas na busca de maior efetividade no reconhecimento do direito aos segurados. A fim de melhorar e simplificar a atuação do Poder Judiciário nos processos, é interessante que fosse intensificada a utilização pelas Varas Previdenciárias dos cadastros informatizados utilizados pelo INSS, tais como o CNIS (Cadastro Nacional de Informações Sociais) e o Plenus (Sistema Único de Benefícios). A correta utilização e o entendimento das informações constantes nesses sistemas pelos servidores do Judiciário (inclusive os Juízes) farão com que muitas decisões possam ser tomadas com base probatória calcada nos dados lá existentes. Para que isso ocorra, é necessário que o INSS forneça a infraestrutura tecnológica necessária para tanto. Reciprocamente, seria possível que membros do Judiciário auxiliassem o INSS na atualização de suas instruções internas ou na propositura de programas de qualificação dos funcionários do Instituto, a fim de que ocorra maior alinhamento das interpretações administrativas ao entendimento jurisprudencial[14].

No novo CPC, também é interessante a regra trazida pelo art. 373, especialmente no seu § 1º, o qual se refere aos poderes dados ao juiz no que tange à determinação a quem deve ser imposto o ônus da prova, conforme se colaciona abaixo:

Art. 373. O ônus da prova incumbe:

I — ao autor, quanto ao fato constitutivo de seu direito;

II — ao réu, quanto à existência de fato impeditivo, modificativo ou extintivo do direito do autor.

§ 1º Nos casos previstos em lei ou diante de peculiaridades da causa relacionadas à impossibilidade ou à excessiva dificuldade de cumprir o encargo nos termos do caput ou à maior facilidade de obtenção da prova do fato contrário, poderá o juiz atribuir o ônus da prova de modo diverso, desde que o faça por decisão fundamentada, caso em que deverá dar à parte a oportunidade de se desincumbir do ônus que lhe foi atribuído.

§ 2º A decisão prevista no § 1º deste artigo não pode gerar situação em que a desincumbência do encargo pela parte seja impossível ou excessivamente difícil.

§ 3º A distribuição diversa do ônus da prova também pode ocorrer por convenção das partes, salvo quando:

I — recair sobre direito indisponível da parte;

II — tornar excessivamente difícil a uma parte o exercício do direito.

§ 4º A convenção de que trata o § 3º pode ser celebrada antes ou durante o processo.

O NCPC positivou uma teoria já utilizada em certa medida pelos tribunais, que se denomina "distribuição dinâmica do ônus da prova" (THEODORO JUNIOR, 2014). Com base nesse dispositivo legal e vislumbrando o que leciona a doutrina, abre-se a possibilidade de aplicar, nos processos que envolvam lides previdenciárias, esse expediente. O sentido será de fazer com que o INSS cumpra o seu dever institucional de buscar, efetivamente, a prova de fatos que possam constituir o direito do cidadão. De acordo com a própria Instrução Normativa INSS/Pres. n. 77/2015, o dever probatório cabe ao INSS, conforme segue:

Art. 680. As atividades de instrução destinadas a averiguar e comprovar os requisitos legais para o reconhecimento de direito aos benefícios e serviços da Previdência Social serão

---

(13) Vide Memorando-Circular Conjunto n. 2/DIRSAT/DIRBEN/INSS de 23/07/2015. Versa sobre a "Uniformização dos procedimentos para análise de atividade especial referente a exposição aos agentes nocivos reconhecidamente cancerígenos, biológicos e ruído".

(14) Atualmente, uma das grandes carências dos servidores do INSS, além da defasagem do número de servidores em relação à demanda de trabalho existente, é a qualificação e a especialização destes. Essa demanda se intensificou com a grande reforma legislativa que ocorreu em 2014 e 2015.

realizadas pelo INSS, seja o processo constituído por meio físico ou eletrônico.

Parágrafo único. O não cumprimento de um dos requisitos legais para o reconhecimento de direitos ao benefício ou serviço não afasta o dever do INSS de instruir o processo quanto aos demais.

Então, cabe ao INSS provar fato constitutivo de direito do requerente no Processo Administrativo. Muitos profissionais do Direito e, principalmente, a população não têm conhecimento dessa regra administrativa, que é extremamente vantajosa ao segurado. Quando se busca o direito na esfera judicial, o ônus probatório se inverte e a incumbência passa a ser do segurado, ou autor nesse momento (inciso I do art. 373 do NCPC) (DINAMARCO. 2002. p. 71). Entretanto, como foi observado anteriormente, o NCPC permite, expressamente, a alteração do ônus da prova, por decisão fundamentada do juiz, no momento adequado do processo, que é a fase de saneamento (NCPC, art. 357, inciso III). Tendo em vista as características do processo previdenciário, essa inversão seria plenamente possível, principalmente para realizar atos que seriam deveres institucionais do INSS, tais como realização de vistoria técnica em empresas (a fim de apurar possíveis condições insalubres), perícias médicas (para avaliação de incapacidades), justificações administrativas (a fim de comprovar tempos de contribuição, união estável, exercício de determinada profissão etc.) e pesquisa externa (a fim de averiguar alguma irregularidade, confirmar algum fato alegado pelo segurado no processo ou confirmar declarações emitidas por empresas, dentre outras possibilidades). Todas essas ferramentas probatórias estão dentro da disciplina normativa aprovada pela própria Autarquia, entretanto, nem sempre são plenamente utilizadas pelos servidores devido aos fatos já mencionados anteriormente (cumprimento de metas, desconhecimento etc.). Por vezes, ainda que sejam realizadas, pode ocorrer que elas não sejam devidamente formalizadas e não sirvam como prova efetiva, visto que se tornaram ilegais. Diante disso, é necessário que os órgãos externos fiscalizem e que o INSS execute medidas de qualificação de sua massa de servidores a fim de que estes possam cumprir a contento essas atribuições. Portanto, é necessário que as perícias sejam realizadas por profissionais capacitados e que saibam avaliar, efetivamente, a incapacidade dos segurados sob o ponto de vista incapacidade "versus" ocupação. Além disso, é preciso que as decisões de mérito proferidas nos processos administrativos sejam mais bem fundamentadas, que as diligências probatórias sejam realizadas de acordo com os regulamentos editados pela administração, dentre outras medidas de melhoria.

Essa perspectiva é totalmente nova, e passa por uma inversão total por parte da administração do INSS, que precisa primar pela qualidade dos processos, respeitando, logicamente, critérios razoáveis de celeridade. Nesse sentido, as decisões proferidas em ações judiciais que determinam ao INSS reabrir e revisar o processo administrativo buscam melhorar a instrução probatória anteriormente realizada, sob o ponto de vista da qualidade. Tal prática se torna fundamental para que ocorra a mudança paradigmática preconizada neste estudo.

É possível, também, pela nova perspectiva do CPC/2015, que, após a realização dos procedimentos de reabertura do processo administrativo, em sendo a prova produzida considerada eficaz pela Administração e se demonstrado efetivamente o direito almejado pelo segurado, que o INSS reveja a sua decisão indeferitória original e que conceda o benefício. Assim, a necessidade de que haja uma sentença judicial transitada em julgado se torna dispensável. O que ocorre, na prática, no entanto, é que os servidores do INSS ainda possuem muito receio de rever a decisão de indeferimento do processo sem que haja uma efetiva decisão no âmbito judicial. Então, trabalhando numa perspectiva de colaboração entre as partes e o juízo, seria possível, realizado o procedimento probatório por parte do INSS (por exemplo: justificação administrativa, pesquisa externa ou visita técnica) e, em retornando esses dados ao juízo, que este realizasse uma avaliação da eficácia da prova produzida pelo Instituto. Em sendo esse procedimento avaliado como eficaz para a comprovação do fato controverso, que esta decisão fosse comunicada à Agência que realizou o ato, para que fosse efetivamente avaliado se, com aquele novo elemento probatório, o segurado alcança o direito ao benefício. O que passaria a existir, então, seria uma forma de avaliação conjunta da prova (inclusive numa perspectiva de mediação), em que tanto o INSS como o Juízo e a própria parte autora da ação poderiam se manifestar sobre aquele procedimento, chegando-se a um resultado comum, eliminando qualquer receio por parte do servidor.

É evidente que um procedimento como este foge do rito processual normal e do formalismo estabelecido pelo CPC, entretanto, é importante frisar que já é pacífico na jurisprudência, pelo menos do TRF4, que é possível determinar ao INSS que reabra o processo administrativo a fim de que se faça justificação administrativa. Esse procedimento também não está perfeitamente de acordo com as regras processuais civis vigentes, mas é plenamente aplicável, tendo em vista a construção jurisprudencial que se afirmou. Nessa mesma perspectiva de inovação e de busca colaborativa (que pressupõe o envolvimento de todas as partes envolvidas) é que entendemos ser viável uma análise conjunta da prova. Uma sistemática dessas faria com que o benefício fosse concedido de forma rápida, sem necessidade de impetração de recursos e movimentação desnecessária da máquina pública.

Outra atuação conjunta entre Judiciário e INSS que pode ajudar na solução rápida e justa de processos pode ser desenvolvida na linha de requerimentos de benefícios por incapacidade. O INSS possui um quadro de médicos-peritos bastante diversificado, das mais diversas especialidades. Entretanto, o Poder Judiciário ainda tem dificuldade em credenciar *experts* que atuem nas mais diversas áreas da ciência médica e que possuam credenciais para realização de perícias técnicas, a fim de dar vazão aos processos que chegam às Varas. Diante disso, seria possível a formalização de um convênio entre Judiciário e INSS para que o segundo disponibilizasse ao primeiro seu quadro de peritos, que seriam classificados por especialidades médicas (também poderia constar nesse banco cadastral uma relação de Assistentes Sociais), a fim de que se busque maior resolutividade aos processos que demandem uma avaliação técnica. Para realizar esse trabalho, no entanto, os profissionais alocados devem possuir como premissa fundamental isenção sobre suas decisões. Devem realizar uma avaliação estritamente técnica do requerente, sem qualquer interferência do Instituto, ou seja, devem ser formulados critérios de escolha e realizado programa de orientação/qualificação aos profissionais que criem condições para uma análise isenta.

Uma medida simples que poderia ser tomada pela administração do INSS, e que iria incentivar o uso das vias recursais administrativas por parte dos segurados e seus procuradores, é a revogação da regra que estabelece a perda do objeto do recurso ao CRPS (Conselho de Recursos da Previdência Social) no caso do segurado ingressar com uma ação judicial com o mesmo objeto do recurso administrativo. Como vivemos num país com jurisdição una e não mista, em que se privilegia a judicialização do litígio, é necessário que se busquem caminhos para mudar esse sistema (MAUSS, TRICHES, 2015, p. 45). Considerando que a esfera recursal administrativa é um caminho eficiente, se houver incentivo ao seu uso, mesmo em concomitância com o judicial, a própria população e os profissionais da área, com o tempo, poderão constatar a efetividade do sistema e ampliar a sua utilização de forma natural. Além disso, ainda na perspectiva de valorização do duplo grau de jurisdição administrativa, é possível a criação de novo tipo de recurso, em analogia ao que se aplica nos casos de decisões judiciais desfavoráveis à Fazenda Pública[15], destinado a realizar o "reexame necessário administrativo", para algumas determinadas matérias que mais impactam em ações judiciais contra o INSS. O fundamento estaria na possibilidade estabelecida no art. 53 da Lei n. 9.784/99, que trata da revisão de ofício dos atos da Administração Pública eivados de vício formal.

Ainda é possível, diretamente no Processo Judicial, sem a necessidade de intervenção na esfera administrativa, contemplar o princípio da colaboração entre as partes. Isso ocorre quando são realizados acordos entre as partes, por isso é importante ampliar as possibilidades de que isso ocorra. A Procuradoria do INSS deve buscar, dentro de uma análise técnica dos processos requeridos, se ocorreram falhas de análise por parte do Instituto e, em as encontrando, propor um acordo justo com a parte autora, o que é muito mais vantajoso para ambas as partes.

Enfim, todas as propostas apontadas anteriormente são caminhos possíveis para a resolução rápida dos litígios previdenciários. Muitas dessas proposições, atualmente, são inviáveis, entretanto, passam a ser executáveis a partir de 2016, em função da vigência do art. 6º do Novo Código de Processo Civil. É necessário, no entanto, que todas as instituições envolvidas nesse sistema estejam abertas a essas novas perspectivas, tendo em vista que a lei apenas, sem a disposição de todos ao diálogo, não terá força nenhuma para alterar a realidade atual. No contexto de crise institucional em que vivemos, é necessário o esforço coletivo na busca de novos caminhos.

5. CONSIDERAÇÕES FINAIS

Nessa etapa final do estudo, pode-se vislumbrar que existe, na atualidade, uma situação extremamente desfavorável aos interesses dos segurados do Regime Geral de Previdência Social. Os trabalhadores necessitam dos serviços previdenciários ofertados pelo INSS, mas enfrentam grandes dificuldades no acesso aos benefícios. Quando o segurado tem um benefício indeferido e esta decisão não foi aceitável, possui como último refúgio o Poder Judiciário, no qual tentará provar que a decisão da autarquia não foi correta.

Ocorre que, pela grandiosidade e complexidade do sistema previdenciário brasileiro, o Poder Judiciário não está mais conseguindo dar guarida a todas as demandas advindas do INSS, com a efetividade que se tinha outrora. Os processos se acumulam nas Varas Previdenciárias da Justiça Federal. Mesmo o Juizado Especial Federal não está conseguindo dar vazão de forma célere aos processos requeridos. Por força dessa realidade, o próprio Poder Judiciário cria procedimentos internos que retiram prerrogativas dos Advogados e tolhem direitos dos segurados de forma irregular, privilegiando a celeridade em detrimento da qualidade processual.

No revés dessa realidade judicial, existe o sistema recursal administrativo, no qual existe uma estrutura montada de forma muito eficiente e qualificada. Entretanto, essa esfera ainda é subutilizada pelos segurados, devido à cultura arraigada na população e nos próprios advogados previdenciaristas de privilegiar a formalização do litígio no âmbito judicial. Esse costume não é alterado devido a que, dentre outras coisas, a população não acredita no tribunal administrativo que, por muitos anos, realmente foi um mero aplicador de regras infralegais de legitimidade duvidosa, baseadas em resquícios do sistema ditatorial com o qual o país viveu por mais de 20 anos.

No esteio dessa inversão paradigmática, surge positivado no novo Código de Processo Civil o princípio da cooperação. Uma norma muito importante e que pode ser

---

(15) Art. 496. NCPC. Está sujeita ao duplo grau de jurisdição, não produzindo efeito senão depois de confirmada pelo tribunal, a sentença:

I — proferida contra a União, os Estados, o Distrito Federal, os Municípios e suas respectivas autarquias e fundações de direito público;

II — que julgar procedentes, no todo ou em parte, os embargos à execução fiscal.

um divisor de águas no sentido de preconizar uma nova fórmula de resolução de litígios previdenciários. Afinal, nessa espécie de processo, não temos duas partes (autor e réu) comuns, como ocorre numa querela no âmbito civil (dois particulares). Num processo previdenciário, existe, de um lado, o segurado (cidadão normalmente hipossuficiente que necessita da tutela estatal em um momento de fragilidade) e, no outro, o INSS (que representa o Estado Brasileiro, órgão responsável por fornecer o melhor serviço aos seus segurados e de conceder direitos de natureza previdenciários). Essas duas partes, no processo, se reportam ao Estado Juiz, um fiscal dos atos estatais no qual está inserido, a fim de buscar uma solução justa a uma pretensão do segurado. Assim, considerando a função do INSS e sua natureza jurídica de direito público, nada mais coerente que fosse preconizado em sua defesa, realizada pela Procuradoria Especializada, o sentido colaborativo, a fim de desafogar o Poder Judiciário e qualificar a resolução de processos no âmbito administrativo.

Com base nesse primado, é possível se estabelecerem formas alternativas de resolução de conflitos previdenciários calcados no fortalecimento do processo administrativo, que passa pela mudança do fluxo das demandas judiciais sem que houvesse perda de direitos por parte do requerente, já que tudo pode ser supervisionado pelo Juiz. Tal solução, levada realmente a efeito, faria com que o Estado economizasse recursos, afinal, poderia diminuir a estrutura administrativa do Poder Judiciário (e, por consequência, poderia se concentrar nas demandas de efetiva relevância social/coletiva), e não seria necessário que o Estado pagasse valores astronômicos em juros nas ações em que o INSS não tivesse êxito. Além do aspecto econômico, ainda existe a melhoria na questão social, afinal seria possível o reconhecimento do direito a quem efetivamente o tem, em menor tempo, evitando-se animosidades e prejuízos aos usuários do sistema.

6. REFERÊNCIAS BIBLIOGRÁFICAS

ALVIM, J. E. Carreira. *Elementos de teoria geral do processo*. 7. ed. Rio de Janeiro: Forense, 2000.

DINAMARCO, Cândido Rangel. *Instituições de direito processual civil*. São Paulo. Malheiros Editores, 2002. 2. ed. Revisada e Atualizada. v. III.

LARENZ, Karl. *Metodologia da ciência do direito*. 2. ed. Lisboa: Fundação Calouste Gulbenkian, 1989.

MAUSS. Adriano; TRICHES, Alexandre Schumacher. *Processo administrativo previdenciário*. Caxias do Sul: Plenum, 2015.

MONTEIRO, Washington de Barros. *Curso de direito civil*. 26. ed. São Paulo: Saraiva, 1986.

SERAU JUNIOR, Marco Aurélio. *Resolução do conflito previdenciário e direitos fundamentais*. São Paulo: LTr, 2015.

STRECK, Lenio Luiz et all. A cooperação processual do novo CPC é incompatível com a Constituição, Revista *Consultor Jurídico*, Disponível em: <www.conjur.com.br>. Acesso em 28 set. 2015.

THEODORO JÚNIOR, Humberto. *Curso de direito processual Civil* — Teoria geral do direito processual civil e processo de conhecimento. 55. ed. Rio de Janeiro: Forense, 2014. v. I.

DISCRICIONARIEDADE JUDICIAL "SOB CONTROLE": UMA BREVE VISÃO SOB A ÓTICA DO PROCESSO JUDICIAL PREVIDENCIÁRIO NA ERA DO CPC/2015

DENIS DONOSO

Mestre em Processo Civil pela PUC/SP. Coordenador do curso de pós-graduação lato sensu da Faculdade de Direito de Itu (FADITU). Professor nos cursos de graduação da Faculdade de Direito de Sorocaba (FADI) e da ESAMC-Sorocaba. Membro do corpo docente da Escola Superior da Advocacia de São Paulo (ESA/SP). Professor convidado nos cursos de pós-graduação lato sensu da Escola Paulista de Direito (EPD), do Complexo Jurídico Damásio de Jesus e do PROORDEM Centro de Estudos Jurídicos. Palestrante do Departamento de Cultura e Eventos da OAB/SP. Membro efetivo do Instituto Brasileiro de Direito Processual (IBDP). Membro efetivo do Centro de Estudos Avançados em Processo (CEAPRO). Membro efetivo da Comissão dos Direitos Infantojuvenis da OAB/SP. Advogado.

1. INTRODUÇÃO

A tratativa da chamada discricionariedade judicial é um dos temas que desperta mais interesse no meio acadêmico. Isso se deve – sem espaço para dúvidas – não apenas aos perturbadores desafios teóricos que seu estudo apresenta, mas igualmente porque proporciona situações que, de uma forma ou de outra, atingem todos que de alguma maneira participam do cenário forense, embora forçoso reconhecer que o juiz é o protagonista de sua ocorrência.

A proposta deste texto é, de início, apresentar um conceito para discricionariedade judicial. Em seguida, pretende-se demonstrar que – goste-se ou não – efetivamente existem não raras hipóteses de exercício judicial com elevada carga de subjetividade, fato que tem seus aspectos positivos e negativos (embora estes últimos sejam os que realmente chamem mais a atenção). Finalmente, partindo da premissa de que poderá haver situações de atuação judicial discricionária, serão apresentados meios colocados à disposição pela ciência processual para mitigar ou anular os seus eventuais defeitos.

O desenvolvimento do tema é, realmente, um desafio (sem exageros), pois exige, já na fase propedêutica, a incursão em pontos altamente complexos da Teoria Geral do Direito, notadamente a polêmica sobre o papel do julgador ao colmatar lacunas sistêmicas (inclusive no âmbito previdenciário). E as conclusões daí tiradas é que conduzirão ao desenvolvimento dos tópicos seguintes, mais ligados ao Direito Processual.

Importante frisar, desde já, que este artigo é um *estudo de Processo Civil* (numa ótica mais voltada ao âmbito Previdenciário, evidentemente), e não de Teoria Geral do Processo. Mais especificamente, toma de empréstimo uma situação da Teoria Geral do Direito e propõe-lhe um determinado tratamento à luz daquilo que o Direito Processual Civil fornece como ferramenta (que, afinal de contas, é instrumental).

E finalmente: por qual razão tratar da discricionariedade numa coletânea sobre Processo Judicial Previdenciário? São muitas, mas, essencialmente, o fato inegável de que o direito material subjacente tem significativas particularidades e ao mesmo tempo permite, não raro, uma atuação discricionária do julgador.

2. O QUE SE ENTENDE POR "DISCRICIONARIEDADE JUDICIAL"?

Todo e qualquer trabalho que pretenda receber o rótulo de *científico* – e este não foge à regra – deve estabelecer, antes de mais nada, os conceitos com os quais trabalhará e a partir dos quais formará suas premissas até atingir tal ou qual conclusão, sem o que não pode existir um eficiente canal de comunicação entre o emissor e o receptor das ideias transmitidas (PUGLIESE, 2005, p. 209).

Vem bem a calhar uma clássica afirmação atribuída ao Prof. BARBOSA MOREIRA, segundo a qual "Está claro que o ponto não interessará a quem não dê importância à terminologia – a quem suponha, digamos, que em geometria tanto faz chamar triângulo ou pentágono ao polígono de três lados, e que em anatomia dá na mesma atribuir ao fígado a denominação própria ou a de cérebro... Mas – digamos com franqueza – tampouco interessará muito o que esses pensem ou deixem de pensar" (2001, p. 121)[1].

---

(1) O preclaro professor, na oportunidade, tratava da chamada "exceção de pré-executividade", nomenclatura consagrada na prática do foro, mas há tempos reconhecidamente inadequada pela literatura processual, por inúmeras razões (que aqui, em razão do enfoque do estudo, não vêm ao caso).

Pois bem. A relevante questão se repete quando o tema enfrentado é a discricionariedade judicial. As fontes pesquisadas se agarram com excelentes argumentos às suas posições – ora defendendo a existência da discricionariedade, ora rechaçando-a – mas, o que se vê, muitas vezes, são opiniões que tratam de conceitos absolutamente distintos, o que evidentemente inviabiliza conclusões convergentes (ou verdadeiramente divergentes).

O primeiro passo, portanto – e quiçá o mais importante de todos –, é fixar o exato conceito de discricionariedade judicial.

Ressalvo, de antemão, que nunca foi minha pretensão colocar uma pedra sobre a própria questão conceitual, tão conturbada quanto o próprio desenvolvimento do tema. Ao contrário, a fixação de uma definição é mero antecedente lógico de um encadeamento de ideias, jamais isento de críticas, para que se possa, a partir de então, desenvolver o tema.

Assim, *discricionário* é um adjetivo que significa *livre de condições* ou *não limitado*. Traz em seu bojo, pois, a ideia de *liberdade para a tomada de uma determinada decisão*, independentemente da sua natureza.

Ao abordar o assunto, ALESSANDRO RASELLI assim se manifesta: *il potere discrezionale consiste nella facoltà degli organi dello Stato di determinare la propria línea di condotta nell'attività esterna, in mancanza di norme imperative particolari che la regolino, secondo valutazioni di opportunità rivolte a determinare, in rapporto allo scopo della funzione, che cosa importi, nel singolo caso concreto, il precetto giuridico generale, posto per gli organi dello Stato: "adempi nel modo piu opportuno la funzione pubblica che ti è demandata"*[(2)] (1975, p. 263).

A discricionariedade é um termo de larga utilização no campo do Direito Administrativo, referindo-se aos atos praticados pela Administração resultantes de uma *opção* feita pelo administrador e permitida pela lei.

Enquanto o exercício da discricionariedade administrativa se encontra nos limites que a própria lei impõe, a respectiva decisão por uma ou por outra opção é *irrecorrível*.

É de se ter em conta, neste diapasão, que a função administrativa se caracteriza pela emanação de atos de produção jurídica complementares, aplicando concretamente a lei (ato primário resultante da função legislativa) (DI PIETRO, 2001, p. 55).

No campo do Direito Administrativo, pois, a discricionariedade resulta da ausência de objetividade absoluta do comando legal, seja porque não descreve antecipadamente a situação, seja porque a situação é descrita com conceitos vagos (ex: condições especiais que prejudiquem a saúde), ou, por fim, porque a própria norma confere uma liberdade decisória diante de um exame de *conveniência e oportunidade* do agente estatal. Além disso, a análise do caso concreto pode revelar a ausência de discricionariedade do administrador, especialmente nas situações de conceitos vagos, já que todos – apesar de vagos – têm uma *zona de certeza* circundado por uma auréola marginal imprecisa (BANDEIRA DE MELLO, 2001. p. 386-390).

Voltando aos caminhos que me propus trilhar – é dizer, a busca de um conceito de discricionariedade *judicial* – apressada e incorretamente – poder-se-ia considerá-la, diante do que expus acima (no trato da administrativa), como a atividade do juiz, no exercício de sua função típica, que, diante da ausência de objetividade absoluta do respectivo e aplicável comando legal, tem liberdade sobre qual decisão tomar, contra a qual não poderão as partes se insurgir por meio de recursos, porque o ato discricionário, quando respeitados os limites de atuação de quem o aplica, é conceitualmente irrecorrível.

Salta aos olhos, destarte que *a discricionariedade judicial é distinta da discricionariedade administrativa*, em que pese o fato de que ambas são funções provenientes de um mesmo e único Poder. É que, ao contrário dos atos administrativos, os atos jurisdicionais, especialmente aqueles com conteúdo decisório, em regra quase que absoluta, estarão sujeitos ao duplo grau de jurisdição, ou seja, são *recorríveis*, em conclusão que resulta da leitura do inciso LV do art. 5º da Constituição[(3)].

Que fique clara, portanto, uma sinopse parcial deste estudo: *a discricionariedade judicial não é conceitualmente o mesmo que discricionariedade administrativa, pois tais funções, embora emanadas de um mesmo e único Poder, têm escopos diversos. A discricionariedade judicial ocorre quando o juiz, no exercício de sua função típica e diante da ausência de objetividade absoluta do respectivo e aplicável comando legal, tem liberdade sobre qual decisão tomar no caso concreto, ressalvado, à luz do devido processo legal, o direito da parte de recorrer da decisão. Desta forma, difere da discricionariedade administrativa, pois nesta última a decisão tomada é irrecorrível.*

É preciso repetir – porque tal reflexão nunca será demasiada – que o conceito que acabo de propor não tem a pretensão de ser certo ou errado, tampouco isento de críticas. É pura e simplesmente uma *convenção* que construí e proponho ao meu prezado leitor, com quem quero ter um mínimo de comunicação científica.

---

(2) Tradução livre: o poder discricionário consiste na faculdade dos órgãos do Estado de determinar a própria linha de conduta na atividade externa, na falta de normas imperativas particulares que a regulem, segundo valorações de oportunidade dirigidas a determinar, em relação ao objetivo da função, o que comporta, em cada caso concreto, o preceito jurídico geral, posto para os órgãos do Estado: *"cumpra do modo mais oportuno a função pública que te é requerida"*.

(3) Nada obstante, observa ALESSANDRO RASELLI que a unidade fundamental do poder discricionário não se desfaz diante das diferenças de limites e critérios informadores entre a discricionariedade judicial e administrativa, porque se trata de funções resultantes de um mesmo Poder e com escopos diferentes (1975, p. 271).

3. ANÁLISE DA DISCRICIONARIEDADE JUDICIAL, SUAS VIRTUDES E SEUS DEFEITOS

Posto o conceito de discricionariedade judicial – ou, pelo menos, convencionado o que ela significará aqui –, resta perguntar: existem situações em que o magistrado tem liberdade decisória, podendo escolher um entre dois ou mais caminhos a seguir?

A meu ver, a resposta a tal questão pode passar por outra pergunta: existe, sempre, uma única resposta jurídica correta?

É evidente que em boa parte dos casos postos à apreciação judicial não existem questões complexas a serem dirimidas, mas meros exercícios silogísticos de subsunção de fatos a normas, quando muito com a apreciação de determinadas provas produzidas pelas partes, sem que isso represente qualquer campo de escolha ao julgador.

Nas situações acima, não se deverá cogitar da discricionariedade judicial. O juiz aplica a lei no caso concreto, pura e simplesmente (a rigor quase que mecanicamente, sem minimizar a importância da atividade desempenhada).

Há, porém, situações que admitem reflexões mais profundas, para as quais podemos dizer que não existe uma única resposta jurídica correta, sem prejuízo da melhor possível e sem negar que existem outras francamente incorretas (FREITAS, 2005, p. 18-19).

Não esqueça que o nosso sistema jurídico é *aberto*, de tal sorte que a participação recriadora do intérprete é decisiva, certo que a lógica do tudo ou nada não se aplica a ferro e fogo nem mesmo quando estamos diante de regras. Admitir a única resposta jurídica correta equivaleria a suprimir o pluralismo inerente às tensões características dos sistemas democráticos, em que são inadmissíveis princípios e direitos excludentes.

Consequentemente, nosso ordenamento é repleto das chamadas *cláusulas abertas* e *conceitos indeterminados*, cuja completude incumbe ao julgador no caso concreto, numa salutar opção legislativa para aquelas situações em que a objetividade seca da lei não daria soluções adequadas a todas as situações. Importa asseverar, desde logo, que a atividade judicial em casos assim não representa, a rigor, qualquer agressão ao princípio da separação dos poderes (art. 2º da Constituição), pois, como bem já se observou, "ao se valer deste poder discricionário, o juiz não o faz como um legislador, pois se trata, em realidade, de uma atividade destinada ao suprimento de lacunas, que importa necessariamente o reconhecimento de que o poder discricionário é limitado pelo direito preexistente" (PAULINI, 2006, p. 170)[(4)].

Adicione-se a todas estas constatações uma Constituição prolixa, aberta e nitidamente pós-positivista, com tratamento específico da Seguridade Social nos arts. 194 a 204.

Ora, se admito a pluralidade de respostas jurídicas a determinados casos, devo, por coerência, assumir que existe discricionariedade judicial, ao menos dentro do conceito que propus logo acima (liberdade do juiz sobre qual decisão tomar, no exercício da função típica e diante da ausência de objetividade absoluta do respectivo e aplicável comando legal).

Exemplo fácil para ilustrar o que acabo de escrever pode ser refletido na concessão de tutela provisória de urgência (antecipada ou cautelar). Lê-se no art. 300 do CPC/2015: "A tutela de urgência será concedida quando houver elementos que evidenciem a probabilidade do direito e o perigo de dano ou o risco ao resultado útil do processo".

Indago: o que é um *direito provável*? A existência de documento assinado por médico atestando a gravidade de determinada doença do sujeito, incapacitante ao trabalho, gera direito provável ao auxílio-doença (se preenchidos os demais requisitos)?

Do mesmo modo, o que é *repercussão geral*? Refiro-me, neste momento, ao requisito específico de admissibilidade do recurso extraordinário, de larga utilização no âmbito do Processo Judicial Previdenciário. Tal requisito vem previsto na Constituição (art. 102, § 3º) e é regulamentado no art. 1.035 do CPC/2015. Algum voluntário se apressaria em responder que haverá repercussão geral quando existirem "questões relevantes do ponto de vista econômico, político, social ou jurídico, que ultrapassem os interesses subjetivos do processo", a teor do que vem expresso no § 1º do art. 1.035 do CPC/2015. Mas, no afã de ajudar, deixou de notar o quanto são vagos os critérios legais, isto é, como representam os valores que inspiram o julgador no momento de apreciar a questão. Afinal de contas, o que seria uma questão relevante do ponto de vista social?

Outra questão altamente relevante diz respeito à inversão do ônus da prova, expediente valioso ao Processo Judicial Previdenciário, utilizado a favor do hipossuficiente que normalmente se encontra em posição desprestigiada em comparação com o INSS (SERAU JR., 2010, p. 232).

Sobre o tema, o CPC/2015 foi ousado, ao prever, no § 1º do art. 373:

"Nos casos previstos em lei ou diante de peculiaridades da causa relacionadas à impossibilidade ou à excessiva dificuldade de cumprir o encargo nos termos do *caput* ou à maior facilidade de obtenção da prova do fato contrário, poderá o juiz atribuir o ônus da prova de modo diverso, desde que o faça por decisão fundamentada, caso em que deverá dar à parte a oportunidade de se desincumbir do ônus que lhe foi atribuído".

Eis as indagações que podem surgir deste dispositivo legal: (i) o que são *causas com peculiaridades*? (ii) quan-

---

(4) PAULINI, Umberto. Breves notas sobre a polêmica que medeia as construções teóricas de H.L.A. Hart e Ronald Dworkin. Revista Eletrônica do *CEJUR*, v. 1, n. 1. Disponível em: <http://www.ojs.c3sl.ufpr.br/ojs2/index.php/cejur/article/view/14840/9961>. Acesso em: 14 jan. 2014.

do será *impossível ou excessivamente difícil* desonerar-se da prova? (iii) como se define que a parte contrária tem *mais facilidade* de obter prova do fato contrário?

Trazendo para um exemplo, ainda na questão do art. 373, § 1º, do CPC: cabe a inversão do ônus da prova ao INSS na ação em que o autor pretende o reconhecimento de seu tempo de aposentadoria, mas não tem em seu poder os comprovantes de contribuição ao longo da vida?

Pode-se arriscar que direito provável é aquilo que assim pareça aos olhos do julgador[5]; e cada julgador pode enxergar uma mesma situação de forma diversa. Da mesma maneira, repercussão geral é aquela matéria que os ministros do STF entendem plausível ser julgada em um dado momento histórico. A mera mudança de composição da Corte pode significar uma alteração sobre a existência ou não de determinada matéria. E a inversão do ônus da prova vai ser determinada, ou não, por razões inalcançáveis, senão ao próprio julgador. Altamente lotérico!

Em qualquer caso, as arestas criadas pela norma são lapidadas no árduo e contínuo cotidiano forense, com arrazoados das partes e decisões judiciais que se multiplicam, muitas vezes dando soluções diversas a situações rigorosamente idênticas (situação indesejável da qual me ocupo adiante).

Como se vê, porém, não é em todas as situações que o juiz age discricionariamente, mas é forçoso reconhecer que tais situações estão longe de ser raras. As hipóteses que ventilei aqui – que não esgotam todas as possíveis – comprovam suficientemente o que afirmo.

Por isso é que não me agrada a opinião de ALESSANDRO RASELLI, particularmente quando afirma que o juiz exerce em *todas* as suas atividades um poder discricionário que, como aquele exercido nas outras funções do Estado, é caracterizado pela necessária avaliação de conveniência e oportunidade, dirigida a determinar o que comporta, em cada caso concreto, o preceito jurídico geral disposto para os órgãos do Estado (1975, p. 278). Isto porque generaliza incorretamente a atividade discricionária do magistrado.

Por fim, mas nem de perto imaginando ter esgotado o assunto, lembro que o fenômeno da multiplicidade de respostas corretas a uma mesma situação jurídica traz, ao mesmo tempo, virtudes e defeitos. Virtudes, porque revela um Judiciário aberto à solução democrática dos conflitos, bem como proporciona um sistema prospectivo, isto é, mais adaptável às inevitáveis mudanças do tempo; defeitos, na medida em que desprestigia a isonomia, gera insegurança e, no final das contas, verdadeira injustiça (SERAU JR.; REIS, 2012, p. 145). Isso sem contar na crítica, sempre presente na literatura processual, de um excessivo poder aos juízes. De mais a mais, acaba judicializando conflitos, diante da mera possibilidade de uma decisão favorável, certo que soa contraproducente o Judiciário debruçar-se sobre uma mesma questão quando ela já tenha sido suficientemente debatida e respondida com a finalidade de solucionar conflitos concretos de interesse (pois esta é sua função primordial).

Sem espaço para dúvidas, equacionar tais questões é um desafio. Procuro propor algumas soluções, no âmbito processual, no item seguinte.

4. DISCRICIONARIEDADE JUDICIAL "SOB CONTROLE": MEIOS PROCESSUAIS DISPONÍVEIS PARA MITIGAR OU ANULAR SEUS DEFEITOS

Até o momento, este texto deu dois delicadíssimos passos. Em primeiro lugar, procurou convencionar o que é discricionariedade judicial (extremando-a da administrativa); em segundo lugar, analisou-a, demonstrando de forma empírica que existem situações nas quais ela efetivamente acontece, pois reconhece-se o fenômeno da multiplicidade de respostas jurídicas corretas (sem prejuízo da melhor possível e sem negar que existem outras francamente incorretas), pois nosso sistema jurídico é aberto (a participação recriadora do intérprete é, deste modo, decisiva), recheado de cláusulas abertas e conceitos indeterminados que exigem interpretação judicial (o que não se confunde com o ato de legislar).

Ademais, as conclusões parciais até agora construídas levaram-me a concluir que o fenômeno da multiplicidade de respostas corretas tem defeitos, que podem ser resumidos no desprestígio da isonomia, na insegurança jurídica, na excessiva concentração de poderes no juiz e na desvirtuação da atividade jurisdicional.

Algumas doenças simplesmente não têm cura, mas são controláveis com medicamentos que garantem uma vida confortável ao sujeito. Nesta visão, o sistema jurídico teria uma "doença congênita" (ele simplesmente tolera múltiplas respostas corretas a uma mesma situação jurídica que gera os defeitos acima destacados), para a qual o Processo oferece remédios eficazes para seu controle, sem que haja uma cura efetiva[6].

Em outras palavras, creio que existam meios legais para combater tais defeitos. Refiro-me especificamente: (i)

---

(5) Por tal motivo, com todo respeito, nunca me agradou o debate travado por alguns processualistas sobre simplesmente o juiz *poder* ou *dever* deferir antecipação de tutela, *se presentes os respectivos requisitos*. Ora, se os requisitos da medida são fruto de conceitos vagos, a discussão perde conteúdo. Parece-me evidente, sob este viés, que o juiz tem o *dever* de conceder a medida se constatar os seus requisitos, à luz de suas impressões no caso concreto. Com efeito, seria inimaginável uma decisão judicial afirmar que "embora presentes os pressupostos da medida antecipatória, deixo de concedê-la"; ou "embora ausentes os pressupostos da medida antecipatória, concedo-a".

(6) É preciso uma "licença poética" para qualificar a possibilidade de múltiplas respostas, num sistema formado por cláusulas gerais, como uma *doença*. A depender do enfoque, esta característica é virtuosa, pois torna o sistema prospectivo, moldável às circunstâncias futuras (e atualmente invisíveis), como mencionado anteriormente neste mesmo escrito. Por isso, utilizo o termo exclusiva e especificamente no contexto deste tópico.

à necessidade de fundamentação das decisões judiciais; (ii) à recorribilidade dessas decisões; e (iii) à imperiosa estabilização da jurisprudência e compatibilidade vertical das decisões judiciais.

Trato, resumida e separadamente, de cada um deles.

4.1. Motivação

Como se sabe, toda decisão judicial deve ser fundamentada.

A motivação das decisões judiciais é considerada não só um *princípio processual* (GONÇALVES, 2003, p. 24), mas também um direito fundamental do jurisdicionado (DIDIER JR.; BRAGA; OLIVEIRA, 2008, p. 264), sendo uma imposição constitucional tida como cláusula pétrea (art. 60, § 4º, IV, da Carta Magna). O art. 93, IX, da Constituição, que prevê a exigência de fundamentação, é claro, a propósito, ao estabelecer que a decisão não fundamentada é nula.

No plano legal, afirma-se com acerto que nosso ordenamento jurídico adota o princípio da persuasão racional, que garante liberdade ao juiz no exercício de sua atividade decisória, impondo-lhe, todavia, que indique os motivos de seu convencimento, como se lê no art. 371 do CPC/2015.

Numa perspectiva extraprocessual, a fundamentação tem aspectos políticos, porque concretiza o Estado Democrático de Direito, *legitimando a decisão* ao permitir o controle de sua legalidade. Ora, "na medida em que o processo é o instrumento por meio do qual o Estado exerce seu poder jurisdicional, e tendo em vista que a motivação e a transparência dos atos estatais são traços característicos da democracia, não faria sentido estabelecer, como regra geral, o segredo e a imotivação das decisões judiciais" (SACCO NETO, 2005, p. 244).

Na perspectiva endoprocessual – a mais palpável ao jurisdicionado –, é indesmentível que a exigência de se motivar as decisões judiciais permite o efetivo exercício do contraditório e da ampla defesa, visto que dá a possibilidade do conhecimento das *razões* que levaram o juiz a decidir de determinada maneira e consequentemente abre a oportunidade de questionar, pela via recursal, tais razões (DONOSO, 2007, p. 25 a 45).

O CPC/2015, a propósito, deu enorme importância à motivação das decisões, conforme previsão do § 1º do art. 489, afastando por completo a possibilidade de *pseudomotivações*. Assim, além da previsão constitucional de que as decisões judiciais devem ser motivadas, existe um extenso rol de situações em que as decisões judiciais *não* se consideram fundamentadas.

Nesse contexto, a exigência de motivação das decisões judiciais é um importante instrumento de equilíbrio para um sistema que tolera a discricionariedade judicial, pois, como se vê, afasta a possibilidade de uma "ditadura judicial", com excessiva concentração de poderes nas mãos do juiz naqueles casos que admitem múltiplas respostas.

4.2. Recorribilidade

A recorribilidade das decisões, fruto do princípio do duplo grau de jurisdição, também é um importante instrumento de equilíbrio diante da discricionariedade judicial.

Como se sabe, o princípio do duplo grau de jurisdição "quer significar que toda decisão proferida por um magistrado (o órgão *a quo*) é passível de recurso para outro (o órgão *ad quem*) que tenha condições de revisar, no sentido amplo, aquela decisão" (SCARPINELLA, 2008, p. 44).

Não que uma segunda decisão, emanada de julgador(es) mais experiente(s), seja qualitativamente melhor[7]. Mas é inegável que a simples recorribilidade das decisões judiciais *afasta definitivamente a discricionariedade judicial em grau tão elevado como o que se vê na função administrativa*.

Se a apreciação discricionária desagrada à parte, a possibilidade de recorrer funciona como um alívio para esta tensão, mais ainda porque previne, aqui novamente, a indesejável concentração de poderes num único julgador.

Aliás, a preocupação central do duplo grau de jurisdição parece mesmo ser a de afastar qualquer abuso de poder ou obstar a criação de "déspotas togados". Como bem pondera NELSON LUIZ PINTO, "sem o duplo grau de jurisdição correr-se-ia o risco de o juiz julgar-se soberano e infalível, tornando-se despótico (...). Isso atentaria contra o próprio Estado de Direito (...) (2001, p. 81).

Naturalmente, se o caso assim permitir, as decisões nos âmbitos recursais também serão discricionárias. Mas não há dúvidas de que a possibilidade de revisão dos entendimentos subjetivos é um instrumento valioso na mitigação dos poderes que invariavelmente decorrem de atos discricionários.

É oportuno lembrar, neste momento, que a decisão que julgar o recurso deverá ser fundamentada, na linha daquilo que demonstrei no item anterior. Os instrumento de controle, assim sendo, interagem.

4.3. Estabilização da jurisprudência e compatibilidade vertical

A estabilização da jurisprudência, conjugada com o respeito aos precedentes estabilizados, representa a última etapa na mitigação da discricionariedade judicial. Para além disso, estes remédios, se bem ministrados, podem significar mais do que um mero controle da doença, levando à desejável cura, porque, após a maturação da questão à luz do devido processo legal, põe de lado a multiplicidade

---

(7) Embora se espere que a decisão colegiada proveniente de um tribunal tenha mais possibilidades de ser melhor que uma decisão monocrática (ASSIS, 2007, p. 70).

de respostas jurídicas adequadas para assumir apenas uma como aceitável na prática do foro, situando o pragmatismo acima do cientificismo, malgrado possa – e talvez deva – haver hipóteses de oxigenação.

Se assim for, de uma só vez haverá prestígio à segurança jurídica – porque previsíveis serão as decisões judiciais – e à isonomia, pois a casos iguais serão dadas soluções iguais.

Evidentemente, quando uma nova questão que admite múltiplas respostas corretas é colocada à apreciação do Judiciário, nem sempre – e talvez nunca – as respostas dos inúmeros órgãos jurisdicionais serão idênticas. Por isso, o sistema deve criar mecanismos que permitam a uniformização da jurisprudência, para que de diversas possibilidades apenas uma se sobressaia.

Como bem pondera LUIZ GUILHERME MARINONI, "(...) embora o juiz possa criar a norma jurídica, é preciso impedir que haja uma multiplicidade de normas jurídicas para casos iguais, gerando insegurança e desigualdade. Aplica-se aí, literalmente, a máxima do *commom law*, no sentido de que casos iguais devem ser tratados da mesma forma (*treat like cases alike*). (...) o sistema que prevê cláusulas gerais e deixa de instituir mecanismo vocacionado à fixação de normas jurídicas com caráter geral comporta-se de forma irresponsável e em desacordo com a Constituição, em especial com as normas que garantem a segurança e a igualdade" (2010, p. 155).

Nessa linha, vê-se que o CPC/73 previu o incidente de uniformização de jurisprudência (arts. 476 a 479), instituto que curiosamente jamais "vingou" na prática do foro, sendo lamentavelmente raras as notícias de sua aplicação. Não se pode deixar de lembrar que o recurso especial também é um instrumento útil para este desiderato, até porque uma de suas hipóteses de cabimento é justamente a divergência jurisprudencial (art. 105, III, *c*, da Constituição) com finalidade de uniformização de entendimentos (respostas). O recurso de embargos de divergência (arts. 1.043 e 1.044 do CPC/2015), bem como a edição de enunciados de súmulas pelos tribunais, especialmente os superiores (STF e STJ), reforçam e facilitam este trabalho.

Mas, uma vez uniformizada a jurisprudência, é de extrema importância a sua estabilidade, de modo a tornar previsível o resultado de um julgamento. É digno de repúdio, neste viés, que tribunais mudem repentinamente suas orientações, sem que novas circunstâncias justifiquem tal postura[8].

Na elaboração do CPC/2015, o legislador mostrou-se sensível a esta situação, de modo que nele fez inserir o art. 926, segundo o qual "Os tribunais devem uniformizar sua jurisprudência e mantê-la estável, íntegra e coerente".

Estabilização – não é excessivo repetir – proporciona segurança jurídica. *A discricionariedade judicial acaba no exato momento em que a jurisprudência se estabiliza*. Embora a questão possa permanecer aberta nos debates acadêmicos, ela está respondida no ambiente jurisdicional, até porque a função jurisdicional se presta precipuamente a solucionar conflitos concretos de interesses, e não a fomentar discussões teóricas pura e simplesmente, por mais interessantes que sejam (e normalmente o são). Não se desvirtua, assim sendo, a função jurisdicional.

Mas não basta estabilizar a jurisprudência. É preciso seguir suas orientações, respeitando e seguindo, nas instâncias inferiores, o que se decidiu nas instâncias superiores, ainda que, porque o Brasil segue a tradição dos países da *civil law*, nossos precedentes sejam meramente persuasivos (não vinculantes, em regra, com exceção da súmula vinculante).

Em complemento ao que afirmei anteriormente, portanto, *a discricionariedade judicial acaba no exato momento em que a jurisprudência se estabiliza, especialmente porque neste momento os juízes das instâncias inferiores devem respeitar as orientações das instâncias superiores.*

Não se pode coadunar com "rebeldias judiciais", ainda que em nome de valores como a independência e autonomia judicial, que – faço questão de frisar – *é limitada em nome da coerência sistemática*[9]. Só assim serão eliminadas agressões à isonomia, pois casos idênticos terão decisões idênticas. Mais uma vez a situação não passou despercebida pelo legislador do CPC/2015, que impõe a compatibilidade vertical de decisões no seu art. 927.

Aliás, no CPC/2015, interagindo uma vez mais com a questão da fundamentação das decisões, estabeleceu-se que não se considerará fundamentada a decisão judicial que deixar de seguir enunciado de súmula, jurisprudência ou precedente invocado pela parte, sem demonstrar a existência de distinção no caso em julgamento ou a superação do entendimento (art. 489, § 1º, VI).

Em resumo: a discricionariedade judicial é fenômeno possível diante das situações que admitem mais de uma resposta jurídica correta. É saudável que o sistema esteja

---

(8) Isso não significa que seja defensável o "engessamento" da atividade jurisdicional. A proposta, bem longe disso, é que haja regras para a mudança de entendimentos consolidados (*overrulling*), como, por exemplo, a previsão dos §§ 2º ao 4º do art. 925 do CPC/2015. Dados os propósitos deste escrito, todavia, a questão não será aprofundada aqui. Sobre o tema, consultar o esclarecedor estudo de ANTONIO DO PASSO CABRAL, abordando com profundidade e clareza estes tópicos (2014, p. 31-54).

(9) Oportuna a observação de LUIZ GUILHERME MARINONI: "(...) ainda existe, nas entranhas da doutrina e da vida dos operadores do direito, a ideia de que, por não haver hierarquia entre os juízes, estes não devem respeito às decisões dos tribunais que estão sobre eles. Na verdade, o equívoco se encontra no significado que se retira da palavra hierarquia, misturando-se independência e autonomia com inexistência de respeito às decisões ou, nesta dimensão, com insubordinação. É evidente que, quando se fala, no sentido antes exposto, em hierarquia, não se pretende negar a independência e a autonomia dos juízes. Pretende-se apenas evidenciar que, por uma razão lógica derivada da função e do lugar de inserção conferidos aos tribunais pela Constituição Federal, a hierarquia justifica uma inquestionável necessidade de respeito às decisões judiciais" (2010, p. 169).

aberto a discussões voltadas à sua própria maturação (virtude). A permanência excessiva desta situação, entretanto, é maléfica, pois potencializa os defeitos que mencionei anteriormente. Daí porque, formada a jurisprudência que dará resposta uniforme à pergunta, deve-se não apenas estabilizá-la, mas especialmente respeitá-la em todos os graus de jurisdição. A partir deste momento, quanto a esta questão, não mais se poderá falar em discricionariedade judicial. As energias do Poder Judiciário poderão ser direcionadas a responder outras (e novas) questões.

5. CONCLUSÕES

Após todas as considerações acima articuladas, afirmo em conclusão:

(i) A discricionariedade judicial é a liberdade decisória do magistrado sobre qual decisão tomar diante da ausência de objetividade absoluta do respectivo e aplicável comando legal, *ressalvado o direito da parte de recorrer da posição assumida pelo julgador*.

(ii) A discricionariedade judicial não se confunde com a discricionariedade administrativa, pois tais funções, embora emanadas de um mesmo e único Poder, têm escopos diversos; também porque, essencialmente, o ato administrativo discricionário é irrecorrível, mas ato judicial (discricionário ou não) sempre será recorrível.

(iii) Nosso ordenamento jurídico é aberto, recheado de cláusulas abertas e conceitos indeterminados, em cujo ápice está uma Constituição prolixa, de tal modo que existem lacunas cuja completude incumbe ao julgador no caso concreto.

(iv) Deste modo, frente à necessidade de colmatar os espaços vazios, diante da complexidade das questões que podem ser colocadas, pode-se afirmar que não existe uma única resposta jurídica correta em inúmeras situações. Neste contexto é que se constata, empiricamente, a discricionariedade judicial, rente ao conceito proposto.

(v) O fenômeno da multiplicidade de respostas corretas a uma mesma situação jurídica traz, ao mesmo tempo, virtudes e defeitos.

(vi) As virtudes são, a uma, a possibilidade de uma solução democrática dos conflitos; a duas, proporcionar um sistema prospectivo, isto é, mais adaptável às inevitáveis mudanças do tempo.

(vii) Os defeitos, são a possibilidade de desprestígio à isonomia, geração de insegurança jurídica, concentração de um excessivo poder aos juízes e a multiplicação de demandas.

(viii) O Processo oferece meios legais para combater os defeitos apontados, de modo a otimizar o sistema, a saber: a necessidade de fundamentação das decisões judiciais; a recorribilidade dessas decisões; e a imperiosa estabilização da jurisprudência e compatibilização vertical das decisões judiciais.

(ix) Ao se exigir motivação das decisões, mitiga-se a alegada concentração de poderes no julgador.

(x) A recorribilidade da decisão abranda a discricionariedade e distancia, definitivamente, as instâncias judicial e administrativa.

(xi) Possivelmente, contudo, o meio mais eficaz para eliminar os defeitos é a estabilização da jurisprudência e a compatibilização vertical das decisões.

(xii) A discricionariedade judicial acaba no exato momento em que a jurisprudência se estabiliza, especialmente porque neste momento os juízos das instâncias inferiores devem respeitar as orientações das instâncias superiores. Ao firmar jurisprudência, estabilizando-a e respeitando-a em todas as instâncias, dar-se-á *uma* resposta à questão, dirimindo o conflito de interesses concretamente. Prestigia-se a segurança jurídica (as decisões judiciais serão previsíveis) e a isonomia (pois a casos iguais serão dadas soluções iguais), razão pela qual é fundamental que o sistema crie mecanismos de uniformização da jurisprudência, bem como técnicas que imponham sua observância em todas as instâncias (de "cima" para "baixo").

6. REFERÊNCIAS BIBLIOGRÁFICAS

ASSIS, Araken de. *Manual dos recursos*. São Paulo: RT, 2007.

BARBOSA MOREIRA, José Carlos. Exceção de Pré-Executividade: Uma denominação Infeliz. In: *Temas de direito processual – Sétima Série*, São Paulo: Saraiva, 2001.

BANDEIRA DE MELLO, Celso Antônio. *Curso de direito administrativo*. 13. ed., São Paulo: Malheiros, 2001.

CABRAL, Antonio do Passo. Estabilidade e alteração de jurisprudência consolidada: proteção da confiança e a técnica de julgamento-alerta. In: GALLOTTI, Isabel, et al., *O papel da jurisprudência no STJ*. São Paulo: RT, 2014.

DI PIETRO, Maria Sylvia Zanella. *Direito administrativo*. 13. ed., São Paulo: Atlas, 2001.

DIDIER JR. Fredie; BRAGA, Paula Sarno; OLIVEIRA, Rafaeal. *Curso de direito processual civil*. 3. ed., Salvador: JusPodivm, 2008. v. 2.

DONOSO, Denis. Motivação da sentença. Características e Perspectivas extra e endoprocessuais. Consequências resultantes da ausência de fundamentação. *Revista Dialética de Direito Processual* (RDDP), São Paulo: Dialética, v. 59, p. 25-45, 2008.

FREITAS, Juarez. Existe uma única resposta jurídica correta? *Revista Del Rey Jurídica*, ano 7, n. 15, Belo Horizonte, 2005.

GONÇALVES, Tiago Figueiredo. A garantia fundamental da motivação das decisões judiciais. Dissertação (mestrado). Or. Teresa Arruda Alvim Wambier, São Paulo: PUC, 2003.

MARINONI, Luiz Guilherme. *Precedentes obrigatórios*. São Paulo: RT, 2010.

PAULINI, Umberto. Breves notas sobre a polêmica que medeia as construções teóricas de H.L.A. Hart e Ronald Dworkin. *Revista Eletrônica do CEJUR*, v. 1, n. 1. Disponível em: <http://www.ojs.c3sl.ufpr.br/ojs2/index.php/cejur/article/view/14840/9961>. Acesso em: 14 jan. 2014.

PINTO, Nelson Luiz. *Manual dos recursos cíveis*. 2. ed. São Paulo: Malheiros, 2001.

PUGLIESE, Márcio. *Por uma teoria do direito*. São Paulo: RCS, 2005.

RASELLI, Alessandro. *Studi sul potere discrezionale del giudice civile*. Milão: Giuffré, 1975.

SACCO NETO, Fernando. Análise das novas redações dos incisos IX e X do art. 93 da Constituição Federal de acordo com a EC n. 45. In: WAMBIER, Teresa Arruda Alvim, *et al*. *Reforma do Judiciário – primeiras reflexões sobre a emenda constitucional n. 45/2004*. São Paulo: RT, 2005.

SCARPINELLA BUENO, Cassio. *Curso sistematizado de direito processual civil*. 2. ed. São Paulo: Saraiva, 2010. v. 5.

SERAU JR., Marco Aurélio. *Curso de processo judicial previdenciário*. 3. ed. São Paulo: Método, 2010.

_____; REIS, Silas Mendes dos. *Manual dos recursos extraordinário e especial*. São Paulo: Método, 2012.

REFLEXÕES SOBRE O PROCESSO CIVIL PREVIDENCIÁRIO A PARTIR DO NOVO CÓDIGO DE PROCESSO CIVIL: DA (FALTA DE) COERÊNCIA E INTEGRIDADE *DA* E *NA* JURISPRUDÊNCIA À VIOLAÇÃO MANIFESTA À NORMA JURÍDICA

DIEGO HENRIQUE SCHUSTER

Advogado e pesquisador da Lourenço e Souza Advogados Associados; Especialista em Direito Ambiental e Mestrando em Direito Público pela Universidade do Vale do Rio dos Sinos – UNISINOS. Diretor-Adjunto da Diretoria Científica do Instituto Brasileiro de Direito Previdenciário – IBDP. Email: vidarcal33@bol.com.br.

1. INTRODUÇÃO

O presente artigo não trata apenas do novo, como propõe uma (re)leitura do velho a partir de uma interpretação hermenêutica adequada do Novo Código de Processo Civil, convidando os leitores a saírem de um lugar de onde, pelo esgotamento das fontes, nada ou pouco se esperava (é como quando a gente bate o olho no centroavante ajeitando as meias e vê que dali não vai sair gol!) e ir além, para agora falar sobre (in)segurança jurídica, (des)igualdade e (in)justiça, discussão que, com a incorporação dos princípios da coerência e integridade do direito, começa a fazer sentido e/ou merecer uma atenção especial, sobretudo em matéria previdenciária.

A motivação da pesquisa tem como influência, direta e indireta, os ensinamentos do Prof. Lenio Luiz Streck, sendo, portanto, o foco da pesquisa menos a simples discussão – mera apresentação – da legislação em si mesma considerada e mais aquilo que a antecede, ou seja, os problemas de paradigmas filosóficos.

Para apresentar algumas inquietações e reflexões sobre o assunto, sem qualquer pretensão de esgotá-las, o artigo será dividido em três partes. Na primeira, serão feitos alguns esclarecimentos preliminares, a fim de bem contextualizar o problema. Na segunda, ganha destaque a noção dworkiniana e, consequentemente, a distinção entre coerência e integridade *da* e *na* jurisprudência.[1] Na terceira e última parte, irá se projetar algumas (possíveis) mudanças em razão da substituição da referência à violação literal de disposição de lei, pela violação *manifesta* a norma jurídica, para efeitos de ação rescisória.

2. A JURISPRUDÊNCIA PREVIDENCIÁRIA E SUAS VARIAÇÕES SOBRE O MESMO TEMA

Nos últimos anos, inúmeras ações previdenciárias de concessão de aposentadoria especial foram ajuizadas com fundamento na conversão do tempo de serviço comum em especial em relação a todo e qualquer período de trabalho prestado até 28.4.1995, confortadas em uma orientação pacificada pelo Tribunal Regional Federal. Muitas dessas ações terminaram com decisão procedente, para o fim de conceder o benefício postulado mediante tal conversão; outras, contudo, foram tomadas de assalto pelo novo entendimento do Superior Tribunal de Justiça, que, uma vez acatado pelos tribunais e juízes singulares, acabou justificando a negativa do referido benefício previdenciário.[2]

Da mesma forma, ações foram propostas na "vigência" dos seguintes entendimentos acerca da incidência do prazo decadencial previsto no art. 103 da Lei de Benefícios, todos pacificados pela jurisprudência à época: (a) *não há que se falar em decadência para aqueles benefícios concedidos antes da Medida Provisória (MP) n. 1.523-9/1997*; (b) *a decadência não alcança aquelas questões não apreciadas e/ou resolvidas no ato*

---

(1) A nossa jurisprudência permeia influências formativas de verdade calcadas na jurisprudência de valores, conceitos, interesses e analítica. O NCPC contempla outras tantas teorias, para além da coerência e integridade, em razão da falta de técnica jurídica que é estabelecida pelo legislador contemporâneo.

(2) Vale aqui transcrever trecho da decisão: "O Colendo Superior Tribunal de Justiça, em sede de recurso repetitivo (REsp 1.310.034/PR), estabeleceu que, à conversão entre tempos de serviço especial e comum, aplica-se a lei em vigor à época da aposentadoria. Desse modo, deve ser julgado improcedente pedido de conversão de tempo comum em especial (fator 0,71), nos casos em que, na data da aposentadoria, já vigia a Lei n. 9.032, de 28.04.1995. 3. Tem direito à aposentadoria especial o segurado que possui 25 anos de tempo de serviço especial e implementa os demais requisitos para a concessão do benefício". BRASIL. Tribunal Regional Federal (4. Região). *Apelação civil n.* AC 5002480-31.2013.404.7122. Apelante: Arlei Amaral Dos Reis. Apelado: Instituto Nacional do Seguro Social. Relator: Desembargador Federal Rogério Favreto. Porto Alegre, 5 de agosto de 2015. Disponível em: <http://jurisprudencia.trf4.jus.br/pesquisa/inteiro_teor.php?orgao=1&documento=7635571>. Acesso em: 17 ago. 2015.

de concessão. Contudo, após o julgamento do RE 626.489, mesmo existindo dúvida sobre o não dito pelo Ministro Luis Roberto Barroso, a jurisprudência passou a aplicar a decadência para ambas as situações, a partir da reprodução do argumento de que *o prazo decadencial introduzido pela Lei n. 9.528/1997 atinge somente a pretensão de rever o benefício, ou seja, de discutir a graduação econômica do benefício já concedido*, como se a revisão tivesse outra finalidade que não a deliberada intenção de majorar o valor do benefício. Após a poeira baixar, novas decisões do Superior Tribunal de Justiça reafirmaram a tese "b" (AgRg no REsp 1407710/PR) e a Turma Nacional de Uniformização editou a Súmula n. 81: "Não incide o prazo decadencial previsto no art. 103, *caput*, da Lei n. 8.213/91, nos casos de indeferimento e cessação de benefícios, *bem como em relação às questões não apreciadas pela Administração no ato da concessão*".

Outros tantos são os exemplos de variações (guinadas!) na jurisprudência, operadas, a meu sentir, sem um ônus argumentativo superlativo da construção e justificação dos novos fundamentos e/ou desconstituição dos argumentos jurídicos que embasavam a anterior orientação,[3] cujo ponto comum é a (im)procedência de casos iguais (mesma matéria jurídica) por parte do Poder Judiciário em razão do mês em que foram julgados, o que, do ponto de vista do presente – uma espécie de determinismo retrospectivo –, faz sugerir a existência de melhores e piores meses para ver julgada a ação, sobretudo para o vizinho que teve seu direito negado.

Neste retrato, capturado pelos sinais dos tempos atuais, há que se perguntar como interpretar a exigência de "coerência" e "integridade" *da* e *na* jurisprudência pelo NCPC, como se observa no seu art. 926 ("os tribunais devem uniformizar sua jurisprudência e mantê-la estável, **íntegra e coerente**"), bem assim se uma interpretação divergente daquela que foi dada na sentença que julgou improcedente ação de concessão de aposentadoria e/ou revisão de benefício previdenciário pode ser rescindida, considerando a substituição da referência à violação literal de disposição de lei (art. 485, V, da Lei n. 5.869/73), pela violação *manifesta a norma jurídica* (art. 966, V, da Lei n. 13.105/2015).

3. DA COERÊNCIA E INTEGRIDADE *DA* E *NA* JURISPRUDÊNCIA: CONFORME RONALD DWORKIN

Ronald Dworkin é quem mostrou a prática da coerência e integridade em sua melhor luz, esta última tanto do ponto de vista legislativo, que pede aos legisladores que tendem tornar o conjunto de leis moralmente coerentes, como fora dele, no direito, onde o princípio jurisdicional da integridade demanda que a lei seja vista como coerente[4]. Para Lenio Luiz Streck[5], a sugestão de caráter dworkiniano poderá mudar a história da aplicação do direito de *terrae brasilis* e explica a distinção:

> [...] Coerência significa dizer que, em casos semelhantes, deve-se proporcionar a garantia da isonômica aplicação principiológica. Haverá coerência se os mesmos princípios que foram aplicados nas decisões o forem para os casos idênticos; mas, mais do que isto, estará assegurada a integridade do direito a partir da força normativa da Constituição. A coerência assegura a igualdade, isto é, que os diversos casos terão a igual consideração por parte dos juízes. Isso somente pode ser alcançado através de um holismo interpretativo, constituído a partir do círculo hermenêutico. Já a integridade é duplamente composta, conforme Dworkin: um princípio legislativo, que pede aos legisladores que tentem tornar o conjunto de leis moralmente coerente, e um princípio jurisdicional, que demanda que a lei, tanto quanto o possível, seja vista como coerente nesse sentido. A integridade exige que os juízes construam seus argumentos de forma integrada ao conjunto do direito. Trata-se de uma garantia contra arbitrariedades interpretativas. A integridade limita a ação dos juízes; mais do que isso, coloca efetivos freios, através dessas comunidades de princípios, às atitudes solipsistas-voluntaristas. A integridade é uma forma de virtude política. A integridade significa rechaçar a tentação da arbitrariedade.

Um exemplo de desrespeito ao princípio da coerência e integridade é a aplicação do Decreto n. 2.172/1997, que exige exposição permanente a ruído em nível superior àquele (cientificamente) conhecido como prejudicial à saúde do trabalhador/segurado, para o período de trabalho prestado entre 6.3.1997 a 18.11.2003, como se nesse intervalo o segurado estivesse imune a tal agente nocivo. Em poucas palavras, haveria coerência se os mesmos princípios, da igualdade e da proteção social, que foram aplicados – mesmo quando o próprio operador jurídico pensa estar aplicando, exclusivamente, uma regra e/ou a Súmula n. 198 do TFR[6] – para reconhecer como especial a atividade prestada com exposição a agentes não constantes da lista exemplificativa

---

(3) CASSIANO apud *SEM fundamentação, mudança na jurisprudência é ilegítima*. Juslegal. Associação Justiça e Legalidade, Porto Alegre, p. 13, fev. 2009. Disponível em: <http://www.juslegal.com.br/juslegal/download/jornal_juslegal.pdf>. Acesso em: 2 out. 2009.

(4) DWORIKN, Ronald. *O império do direito*. 3. ed. São Paulo: Martins Fontes, 2014. p. 213.

(5) STRECK, Lenio Luiz. Por que agora dá para apostar no projeto do novo CPC! *Revista Consultor Jurídico*, São Paulo, 21 out. 2013. Disponível em: <http://www.conjur.com.br/2013-out-21/lenio-streck-agora-apostar-projeto-cpc>. Acesso em: 16 ago. 2015.

(6) Lenio Luiz Streck atrás de cada regra há um princípio que não a deixar se "desvencilhar do mundo prático". STRECK, Lenio Luiz. A resposta hermenêutica à discricionariedade positivista em tempos de pós-positivismo. In: DIMOULIS, Dimitri; DUARTE, Écio Oto (Coord.). *Teoria do direito neoconstitucional*: superação ou reconstrução do positivismo jurídico? São Paulo: Método, 2008. p. 288-289.

do Decreto n. 2.172/1997 o forem aplicados para os casos em que o nível do ruído é superior a 85 decibéis.[7]

O direito como integridade "é tanto o produto da interpretação abrangente da prática jurídica quanto a sua inspiração", o que reclama dos juízes uma interpretação contínua do mesmo material, mesmo depois de já tê-lo interpretado com sucesso[8]. Por esta razão, a "integridade não exige coerência de princípios em todas as etapas históricas do direito de uma comunidade", tampouco "exige que os juízes tentem entender as leis que aplicam como uma continuidade de princípio com o direito de um século antes, já em desuso, ou mesmo de uma geração anterior"[9]. Em tal sentido, Lenio Luiz Streck[10] completa: "[...] o juiz deverá optar pela interpretação que, do ponto de vista moral política, melhor reflita a estrutura das instituições e decisões da comunidade, ou seja, a que melhor represente o direito histórico e o direito vigente, sendo que esta seria, assim, a resposta correta para o caso concreto".

É importante, portanto, destacar que para Ronald Dworkin deve prevalecer o ideal de integridade do Direito, como bem anota José Emílio Medauar Ommati, ao citar Gustavo Binenbojm:

> A integridade a que se refere Dworkin significa sobretudo uma atitude interpretativa do Direito que busca integrar cada decisão em um sistema coerente que atente para a legislação e para os precedentes jurisprudenciais sobre o tema, procurando discernir um princípio que os haja norteado. Ao contrário da hermenêutica tradicional, baseada fortemente no método subsuntivo, numa aplicação mecânica das regras ilegais identificadas pelo juiz ao caso concreto, o modelo construtivo de Dworkin propõe a inserção dos princípios, ao lado das regras, como fonte de Direito[11].

Assim, o juiz deve conhecer a história institucional do Direito, uma vez que, para Ronald Dworkin "[...] o Direito não é apenas uma questão de fato, mas é principalmente uma questão interpretativa"[12]. Entretanto, o direito como integridade "começa no presente e só volta ao passado na medida em seu enfoque contemporâneo assim o determine", ou melhor:

> O direito como integridade, portanto, começa no presente e só volta ao passado na medida em que seu enfoque contemporâneo assim o determine. Não pretende recuperar, mesmo para o direito atual, os ideais ou objetivos práticos dos políticos que o primeiro o criaram. Pretende, sim, justificar o que eles fizeram (às vezes incluindo, como veremos, o que disseram) em uma história geral digna de ser contada aqui, uma história que traz consigo uma afirmação complexa: a de que a prática atual pode ser organizada e justificada por princípios suficientemente atraentes para oferecer um futuro honrado. O direito como integridade deplora o mecanismo do antigo ponto de vista de que "lei é lei", bem como o cinismo do novo "realismo". Considera esses dois pontos de vista como enraizados na mesma falsa dicotomia entre encontrar e inventar a lei. [...] o princípio se ajusta a alguma parte complexa da prática jurídica e a justifica; oferece uma maneira atraente de ver, na estrutura dessa prática, a coerência de princípio que a integridade requer[13].

Nesse ponto, ganha destaque a noção de "romance em cadeia". Ronald Dworkin compara o trabalho do juiz ao de um romancista em cadeia. Este romance deve ser escrito de forma coletiva, o que impõe a quem incumbe dar continuidade um dever de coerência. Assim, não é possível o seu autor simplesmente ressuscitar um personagem que morreu no capítulo anterior, por ser mais conveniente, isto é, por achar que tudo começa e termina nele, sem compromisso com a história iniciada antes dele ou com a sua própria continuação[14]. Ou seja, o STJ não pode dizer que o pedido de AJG deve ser renovado[15], – *sob o pretexto de impedir a subida de recursos* –, mas, se depois resolver aban-

---

(7) Se dermos razão ao STJ, *chegaremos à seguinte conclusão lógica*: um mero decreto executivo (exemplificativo) vale mais do que a Constituição Federal, que exige tão somente que a atividade seja exercida *sob condições especiais que prejudiquem a saúde ou a integridade física*, orientação consolidada na Súmula 198 do extinto TFR e aplicada pelo próprio STJ, ou seja, restando comprovado que a atividade tem potencialidade de prejudicar a saúde ou a integridade física do trabalhador é devido o reconhecimento da natureza especial, mesmo que os agentes nocivos não estejam previstos nas listas das atividades e dos agentes nocivos, mesmo que algum decreto diga o contrário.
(8) DWORKIN, Ronald. *O império do direito*. São Paulo: Martins Fontes, 2014. p. 273.
(9) DWORKIN, Ronald. *O império do direito*. São Paulo: Martins Fontes, 2014. p. 274.
(10) STRECK, Lenio Luiz. *Verdade e consenso*: constituição, hermenêutica e teorias discursivas. Rio de Janeiro: Lumen Juris, 2006. p. 217.
(11) OMMATI, José Emílio Medauar. O positivismo jurídico na prática jurisprudencial brasileira: Um estudo de caso a partir de uma decisão do Superior Tribunal de Justiça. In: DIMOULIS, Dimitri; DUARTE, Écio Oto (Coord.). *Teoria do direito neoconstitucional*: superação ou reconstrução do positivismo jurídico? São Paulo: Método, 2008. p. 259.
(12) OMMATI, José Emílio Medauar. O positivismo jurídico na prática jurisprudencial brasileira: Um estudo de caso a partir de uma decisão do Superior Tribunal de Justiça. In: DIMOULIS, Dimitri; DUARTE, Écio Oto (Coord.). *Teoria do direito neoconstitucional*: superação ou reconstrução do positivismo jurídico? São Paulo: Método, 2008. p. 258.
(13) DWORKIN, Ronald. *O império do direito*. São Paulo: Martins Fontes, 2014. p. 274.
(14) DWORKIN, Ronald. *Uma questão de princípio*. Trad. De Luís Carlos Borges. 2. ed. São Paulo: Martins Fontes, 2001. p. 236.
(15) Nesse sentido: EDcl no AgRg nos EAREsp 221.303/RS, Corte Especial, Rel. Ministro Sidnei Beneti, DJe de 27/3/2014; AgRg nos EDcl no AREsp 497.645/RJ, 2ª Turma, Rel. Min. Herman Benjamin, DJe de 15/08/2014; e EDcl no AREsp 399.852/RJ, 2ª Turma, Rel. Min. Eliana Calmon, DJe de 07.02.2014; AgRg nos EAREsp 321.732/RS, Corte Especial, Rel. Min. Maria Thereza de Assis Moura, DJe 23/10/2013.

donar tal entendimento, por não ser mais conveniente, ter total liberdade para fazê-lo[16].

Para finalizar essa parte, cumpre também registrar que a coerência deve ser "quebrada"[17] pela integridade, como fica claro no exemplo dado por Ronald Dworkin[18]:

> Durante algum tempo, os juízes ingleses declararam que embora os membros de outras profissões fossem responsáveis por danos causados por sua negligência, os advogados eram imunes a tal responsabilidade. Entendida em sentido estrito, a coerência teria exigido a continuidade dessa exceção, mas a integridade condena o tratamento especial dispensado aos advogados, a menos que este possa ser justificado em princípio – o que parece improvável. A Câmara dos Lordes atualmente reduziu essa isenção: ao fazê-lo, preferiu a integridade à coerência estrita. A integridade, porém, não estará satisfeita enquanto a isenção não for totalmente eliminada.

Na jurisprudência pátria, o dano moral é considerado *in re ipsa* (presumido) nas hipóteses de: (a) inserção de nome de forma indevida em cadastro de inadimplentes (REsp 1.059.663); (b) atrasos de voos, inclusive nos casos em que o passageiro não pode viajar no horário programado por causa de *overbooking* (REsp 299.532); (c) diplomas sem reconhecimento, ou seja, quando após concluído o curso, o aluno não pode exercer a profissão por falta de diploma reconhecido pelo Ministério da Educação (REsp 631.204); (d) equívocos em atos administrativos como, por exemplo, a multa de trânsito indevidamente cobrada (REsp 608.918); (e) inclusão indevida e equivocada de nomes de médicos em guia orientador de plano de saúde (REsp 1.020.936), etcétera, mas não o é quando o INSS nega, de forma flagrantemente abusiva, um benefício previdenciário, que tem caráter alimentar e corresponde a um direito de relevância social fundamental. Será que Ronald Dworkin condenaria esse tratamento diferenciado?

Essas observações poderiam ajudar a afastar uma suspeita estimulada pela discussão que até aqui desenvolvemos ou dividir ainda mais nossas opiniões. Explico: enquanto não satisfeita a integridade em determinados temas, cogita-se manter, da melhor forma possível, a coerência (em erro), em homenagem à segurança jurídica. Assim, diante das decisões dos superiores tribunais, os desembargadores e juízes singulares enfrentam um irônico dilema: ao mesmo tempo em que concordam com a falta de uma resposta constitucionalmente adequada, levam ao cabo orientações totalmente descabidas, a fim de preservar a igualdade/segurança jurídica. A coerência (em erro) permite a previsibilidade tão necessária em um sistema processual, mas não satisfaz a integridade, que, nesse caso, pode quebrar com a previsibilidade caso os julgadores rejeitem o entendimento dos superiores tribunais (e aqui não vou usar nenhum clichê!).

4. O QUE É ISTO – MANIFESTA VIOLAÇÃO À NORMA JURÍDICA? O QUE MUDA NO MUNDO DA AÇÃO RESCISÓRIA?

Acreditamos que a substituição da referência à violação literal de disposição de lei pela violação *manifesta* a norma jurídica é óbvia, mas pertinente, para se dar um passo no sentido de ampliação das possibilidades de ação rescisória. Antes de qualquer outra análise, é necessário fazer algumas considerações. É cediço que o conceito não abarca todas as hipóteses de aplicação de uma lei, bem assim de que a norma é produto da interpretação do texto legal, e não de uma "lipoaspiração".[19] Quem de fato entende sabe que tal pensamento dogmático do direito – que aposta no sentido literal da lei, na mera tradução (do "juridiquez" para o "português") – esconde a singularidade dos casos, obscurecendo o processo de interpretação jurídica.

Lenio Luiz Streck observa que "a teoria alexyana está pautada em uma visão de linguagem que, embora se dê como um *médium*, ignora a dupla estrutura da linguagem, ou seja, a existência de um plano hermenêutico – estruturante – que se antecipa, porque é condição de possibilidade, ao plano apofântico". A tese da linguagem é, segundo o

---

(16) A jurisprudência do STJ sobre determinados temas não parece – *nem de longe* – com uma única história, como se escrita por um só, mas, e isso, sim, com a famosíssima série de filmes de terror "Sexta-feira 13", o que se pode percebe pelos títulos: Sexta-Feira 13 (1980), Sexta-Feira 13 Parte 2 (1981), Sexta-Feira Parte 3 (1982), Sexta-Feira 13 – *O Capítulo Final* (1984), Sexta-Feira 13 Parte V – *Um Novo Começo* (1985), Sexta-Feira 13 Parte VI – *Jason Vive* (1986), Sexta-Feira 13 Parte VII – *A Matança Continua* (1988), Sexta-Feira 13 Parte VIII – *Jason Ataca Nova York* (1989), *Jason Vai Para o Inferno – A última Sexta-Feira* (1993), Jason X (2001). Essa franquia apresenta uma coerência maior nos oito primeiros filmes, entre 1980 a 1989, embora várias situações fiquem sem explicação. A partir de *Jason Vai Para o Inferno – A última Sexta-Feira* (1993), surgem contradições ao infinito. Quem assistiu a saga vai concordar comigo, assim como quem ler a decisão proferida nos autos do AGRAVO EM RECURSO ESPECIAL N. 595.667 –RS. Aqui, ao invés do julgador interpretar as decisões anteriores, e, como resultado dessa reconstrução da história (do passado), dar uma adequada continuação, ele preferiu inovar. Em poucas palavras, o Ministro decidiu que o advogado deve pedir a renovação do pedido de AJG, mesmo quando concedida em outra instância, barrando dezenas de recursos. Tal entendimento não tomou de assalto apenas advogados como também o próprio tribunal, que sequer teve tempo de tirar do site, no link "perguntas mais frequentes": "26- É necessário renovar o pedido de assistência judiciária quando já concedida em outra instância? Não. Prevalecerá no STJ a assistência judiciária já concedida em outra instância (art. 13, parágrafo único, da Lei n. 11.636/2007)".

(17) Têrmo utilizado pelo jurista Lenio Luis Streck. Ver: STRECK, Lenio Luiz. Novo CPC terá mecanismos para combater decisionismos e arbitrariedades? *Revista Consultor Jurídico*, São Paulo, 18 dez. 2014. Disponível em: <http://www.conjur.com.br/2014-dez-18/senso-incomum-cpc-mecanismos-combater-decisionismos-arbitrariedades>. Acesso em: 16 ago. 2015.

(18) DWORKIN, Ronald. *O império do direito*. São Paulo: Martins Fontes, 2014. p. 264.

(19) STRECK, Lenio Luiz. E Kelsen se virou na tumba diante da simplificação! *Revista Consultor Jurídico*, São Paulo, 18 abr. 2013. Disponível em: <http://www.conjur.com.br/2013-abr-18/senso-incomum-kelsen-virou-tumba-diante-simplificacao>. Acesso em: 16 ago. 2015.

autor, condição de possibilidade. Por óbvio, as regras não se sustentam em uma espécie de "suficiência ôntica", como um fundamento em si mesmo, daí a impossibilidade de se falar em exercícios subsuntivos-dedutivos nos casos fáceis. É dizer: "[...] como a norma é sempre o resultado da interpretação do texto e não sendo este apenas enunciado linguístico, mas, sim, um evento, o sentido dado ao caso é a síntese hermenêutica, que tem na diferença ontológica a sua condição de possibilidade".[20]

Na perspectiva da ação rescisória, Sérgio Gilberto Porto esclarece que a ordem jurídica não se esgota apenas naquilo que a lei expressa, mas vai além. "Integram a ordem jurídica, além da lei, o costume, a jurisprudência e os princípios gerais de direito. Hoje se violado princípio implícito haverá severa dificuldade de se buscar a rescisão que somente atende à literal violação de lei", e conclui:

[...] o projeto, ao referir violação à norma jurídica, em um só tempo, protege a norma tipo regra e a norma tipo princípio, englobando em seu conceito tanto o que estiver implícito, ampliando assim o campo de atuação da ação rescisória como instrumento de defesa da ordem jurídica, o que, sem dúvida, tornará ainda maior o poder de assepsia da demanda rescisória.[21]

Assim, o autor vislumbra a aceitação de ação rescisória atípica, afirmando:

[...] não há como, nos dias atuais, p. ex. desconsiderar os reflexos da Constituição sobre a disciplina processual bem como não há como desconsiderar o avanço hermenêutico da ideia de que a Carta Magna se constitui em catálogo com primados expressos e implícitos e, por decorrência, contempla igualmente garantias expressas e implícitas e se viola uma ou outra, em face da idêntica hierarquia de ambas na ordem jurídica constitucional, enseja a invalidação do julgado por violação da garantia implícita não se encontraria contemplada expressamente pelo artigo 485, CPC, [...] essa circunstância, por si só, aponta para a necessidade de revista às hipóteses de rescisão do julgado, promovendo-se a releitura do alcance da ideia de desconstituição da decisão passada em julgado.[22]

É bem verdade que a doutrina se encontra claramente dividida em relação à nova redação. Em sentido contrário, Lucas Ristes de Souza Lima defende uma visão restritiva sobre as hipóteses ensejadoras da ação rescisória, argumentando que esta conclusão se impõe "sob pena de se gerar insegurança e burlar o sistema adrede preparado/estatuído pelo legislador para desconstituição da coisa julgada, a qual se trata de um valor sobremaneira precioso para o ordenamento pátrio".[23] Flávio Luiz Yarshell[24] aponta:

Com isso, consagra-se que a rescisória não se limita à violação da lei em sentido estrito; o que é positivo. Contudo, é duvidosa a conveniência da adoção do conceito de "violação manifesta". A alteração, salvo melhor juízo, parece sugerir maior subjetividade na determinação do tipo legal e parece indicar que se terá maior complacência com decisões que derem a determinada norma interpretação "razoável" – algo semelhante ao que um dia se consagrou no verbete 400 da súmula da jurisprudência dominante do Supremo Tribunal Federal.

Sob o enfoque exclusivo da aplicação do referido dispositivo diante de intepretações divergentes, Luiz Guilherme Marinoni, Sérgio Cruz Arenhart e Daniel Metidiero[25] argumentam:

Obviamente, não se admite a utilização da ação rescisória nos casos em que existe ao tempo da formação da coisa julgada *divergência sobre a interpretação* acolhida na decisão de mérito, porque isso importaria em manifesta violação da regra da irretroatividade da ordem jurídica e, portanto, manifesta violação do direito à segurança jurídica (daí a razão pela qual é oportuna e adequada a solução constante da Súm. n. 343, STF). Ação rescisória constitui remédio extremo e assim não pode ser confundida com *mero recurso*. Em outras palavras: a sentença que possui interpretação divergente daquela que é estabelecida pela doutrina e pelos tribunais, *exatamente pelo fato de que interpretações diversas são plenamente viáveis e lícitas enquanto inexiste precedente constitucional ou federal firme sobre a questão*, não abre ensejo para a ação rescisória. [...]. Assim, é irrelevante saber a categoria da norma jurídica em discussão (se constitucional ou

---

(20) STRECK, Lenio Luiz. *Verdade e consenso*: constituição, hermenêutica e teorias discursivas. 5. ed., rev., mod. e ampl. São Paulo: Saraiva, 2014. p. 148, 225 e 239.
(21) PORTO, Sérgio Gilberto. *Comentários ao projeto de lei n. 8.046/2010*: proposta de um novo Código de Processo Civil, Coord. Elaine Harzheim Macedo, Porto Alegre: EdiPUC, 2012. p. 534-535.
(22) PORTO, Sérgio Gilberto. *Comentários ao projeto de lei n. 8.046/2010*: proposta de um novo Código de Processo Civil, Coord. Elaine Harzheim Macedo, Porto Alegre: EdiPUC, 2012, p. 531. A posição do autor é explicada mais detalhadamene na obra *Ação rescisória atípica*. São Paulo: Revista dos Tribunais, 2009.
(23) LIMA, Lucas Ristes de Souza. Rescisória por violação à literal disposição de lei – aspectos polêmicos atuais, Revista de processo, vol. 222, ago/2013. p. 295.
(24) YARSHELL, Flávio Luiz. A disciplina da ação rescisória no Projeto de CPC, *Jornal Carta Forense*, 4.11.2010.
(25) MARINONI, Luiz Guilherme; ARENHART, Sério Cruz; MITIDIERO, Daniel. *O novo processo civil*. São Paulo: Revista dos Tribunais, 2015. p. 574-575.

infraconstitucional), razão pela qual é *incorreto admitir ação rescisória no caso em que o STF conferiu à norma constitucional interpretação divergente daquela que lhe foi dada pela sentença que se pretende rescindir*. De outro modo, estar-se-ia legitimando evidente paradoxo no sistema jurídico nacional, *em que o ordenamento pátrio autorizaria mais de uma interpretação adequada e aceitável aos textos normativos infraconstitucionais, mas não faria o mesmo com os preceitos constitucionais, para quais somente uma interpretação seria correta e, por consequência, válida.*

Por nossa parte, acreditamos que se a decisão transitada em julgado desrespeita os princípios da coerência e integridade do direito, não é apenas possível como devida a ação rescisória, seja porque à época o tribunal não observou interpretação conforme a Constituição (entendida, à toda evidência, no seu todo principiológico), seja porque a resposta correta-adequada-à-Constituição ocorreu mais tarde,[26] ou seja, sempre que se fizer clara e *manifesta* a necessidade de esclarecimentos constitucionais acerca da *holding* ou do *dictum* da decisão, independentemente de se tratar de matéria pacificada antes ou depois do julgamento rescindendo.[27] É nesse contexto que questões como a do agente físico ruído na vigência do Dec. n. 2.172/97 deve (deveriam) ser analisadas.[28]

Não por coincidência, mas a questão da coerência e integridade do direito reaparece na discussão, considerando a relação conceitualmente necessária entre norma jurídica e o conjunto do direito (tradição jurídica). Com isso, não se pretende sustentar que existe uma única resposta correta. Segundo Lenio Luiz Streck, tal afirmação é um paradoxo e, ao mesmo tempo, uma redundância, na medida em que "a única resposta acarretaria o sequestro da diferença e do tempo (não esqueçamos que o tempo é a força do ser na hermenêutica)". Com efeito, a resposta correta "[...] só pode ocorrer levando em conta a conteudística", ou seja, a resposta é (correta ou não) na situação concreta do caso jurídico.[29]

A preocupação com a possibilidade de o juiz escolher entre duas ou mais alternativas interpretativas extraídas dos textos normativos infraconstitucionais, e não dos preceitos constitucionais, se dá pelo fato de boa parte da doutrina ignorar que a lei infraconstitucional deve ser (sempre) interpretada conforme a Constituição, e não o contrário. Afinal, o que importa é induzir o agente a compreender que "*cada cidadão tem de obter uma resposta adequada à Constituição*" (grifo do autor).[30] Nesse sentido, Lenio Luiz Streck[31] é categórico:

> Negar a possibilidade de que possa existir (sempre) – para cada caso – uma resposta conformada com à Constituição – portanto, uma resposta correta sob o ponto de vista hermenêutico –, pode significar a admissão de discricionariedades interpretativas, o que se mostra antitético ao caráter não relativista da hermenêutica filosófica e ao próprio paradigma do novo constitucionalismo principiológico introduzido pelo Estado Democrático de Direito, incompatível com a existência de múltiplas respostas.

Por outro lado, a referência à violação literal de dispositivo legal não foi revogada (se me entendem a ironia).[32] E isso porque o juiz não está livre para decidir segundo

---

(26) Dentro do prazo de 2 (dois) anos, que foi mantido pelo NCPC (art. 975).
(27) Sobre a necessidade de jurisprudência pacificada, a 4ª Turma do STJ, no julgamento do REsp 1.163.267, entendeu que a desobediência judiciária não pode ser referendada em detrimento da segurança jurídica, da isonomia e da efetividade da jurisdição, e firmou o entendimento de que a sentença rebelde, que desconsidera jurisprudência sumulada, pode ser desconstituída por Ação Rescisória.
(28) Mesmo que a meio caminho, posto que seu voto-revisão foi no sentido de negar provimento ao recurso, nos autos da ação rescisória 5.186/RS (2013/01231-7), o Ministro Ari Pargendler fundamentou: "Se o direito, com certeza influenciado para estabelecer em 85 decibéis o limite de tolerância ao ruído, a norma do art. 57 será violada se o tempo de serviço prestado em condições que ultrapassem esse teto não for considerado para os efeitos de aposentadoria especial". BRASIL. Superior Tribunal de Justiça. *Ação rescisória n. 5.186*. Recorrente: Giovani Goulart Kuball. Recorrido: Instituto Nacional do Seguro Social. Relator: Ministro Ari Pargendler. Brasília, 28 de maio de 2014. Disponível em: <https://ww2.stj.jus.br/processo/revista/documento/mediado/?componente= ITA&sequencial=1326639&num _registro=201301231117&data=20140604&formato=PDF>. Acesso em: 3 jun. 2015.
(29) STRECK, Lenio Luiz. *Verdade e consenso*: constituição, hermenêutica e teorias discursivas. Rio de Janeiro: Lumen Juris, 2006. p. 213.
(30) STRECK, Lenio Luiz. A resposta hermenêutica à discricionariedade positivista em tempos de póspositivismo. In: DIMOULIS, Dimitri; DUARTE, Écio Oto (Coord.). *Teoria do direito neoconstitucional*: superação ou reconstrução do positivismo jurídico? São Paulo: Método, 2008. p. 307; 311.
(31) STRECK, Lenio Luiz. A resposta hermenêutica à discricionariedade positivista em tempos de pós-positivismo. In: DIMOULIS, Dimitri; DUARTE, Écio Oto (Coord.). *Teoria do direito neoconstitucional*: superação ou reconstrução do positivismo jurídico? São Paulo: Método, 2008. p. 298.
(32) O que dizer então de uma sentença que destina os honorários de sucumbência à parte e não ao seu advogado? Parece desnecessário, mas se "honorários" é o nome que se dá comumente à remuneração recebida por um profissional liberal sem vínculo empregatício, como médico, despachante, arquiteto, advogado etcétera, o artigo 20 do CPC não deixa dúvida de que esse profissional é o advogado. Na interpretação das normas há que se observar um "mínimo é" (Lenio Luiz Streck), passível de objetificação, suficiente para que se diga que uma caneta é uma caneta, e não um ônibus. E isso em razão de uma intersubjetividade compartilhada, na medida em que todos possuem uma representação mental do objeto que chamamos de caneta. O TRF4 acertou ao promover a revisão do julgado que não observou as atividades e agentes nocivos expressamente enquadrados como especiais nos Decretos ns. 53.831/64 e 83.080/79: PROCESSUAL CIVIL. AÇÃO RESCISÓRIA. ARTIGOS 57 E 58 DA LEI N. 8.213/91 (REDAÇÃO ORIGINAL). VIOLAÇÃO À LITERAL DISPOSIÇÃO DE LEI. ARTIGO 485, V, DO CPC. APLICAÇÃO DE CRITÉRIO DISTINTO DO ENTENDIMENTO PACIFICADO NOS TRIBUNAIS ACERCA DAS NORMAS QUE DISCIPLINAM A CONSIDERAÇÃO DO TEMPO ESPECIAL NO PERÍODO LABORADO. SENTENÇA RESCINDIDA PARA QUE NOVA DECISÃO SEJA PROFERIDA EM JUÍZO RESCISÓRIO. AÇÃO

a sua vontade, "há limites no processo interpretativo",[33] como bem ressaltou Lenio Luiz Streck:

> [...] interpretar a lei não é, como queria Kelsen (um dos pais do positivismo), um ato de vontade. Essa concepção está no oitavo capítulo da Teoria Pura do Direito de Kelsen, é que levou os juristas a sustentarem aquilo que hoje chamamos de "decisionismo". Mas, na democracia, isso não pode ser assim. Interpretar é atribuir sentidos, que devem preservar os limites semânticos do texto, além do respeito que devemos ter ao princípio da integridade, como aliás, diz muito bem Ronald Dworkin, um dos autores com quem trabalho. Por isso a Constituição assume caráter compromissório e dirigente.[34]

Acreditamos, ainda, que, no que diz respeito à Súmula 343 do STF (*não cabe ação rescisória por ofensa a literal disposição de lei, quando a decisão rescindenda se tiver baseado em texto legal de interpretação controvertida nos tribunais*), esta não encontra espaço em matéria previdenciária, por envolver a ação (quase) sempre matéria de índole constitucional. Sequer é relevante discutir se o direito à previdência social é ou não fundamental. É evidente que todos os dispositivos (e respectivas normas) que integram o conjunto de preceitos relativos à matéria podem ser efetivamente fundamentais enquanto normas assecuratórias de diversos benefícios.[35]

5. CONSIDERAÇÕES FINAIS

Considerando alguns temas até então abordados, podem ser apontadas algumas considerações finais:

1. Não é novidade, mas nem todos têm presente o fato de estarmos vivendo um momento crucial que se convencionou chamar de crise do Poder Judiciário, um momento de profunda instabilidade jurídico-social, com uma jurisprudência oscilante em termos de entendimentos e orientações sobre matéria jurídica, com decisões que desagradam a confiabilidade dos tribunais superiores e que vão na contramão de princípios e direitos fundamentais garantidos a todos, basta um olhar perfunctório para verificar o estado da arte da crise. Mas não podemos fazer terra arrasada.

2. Uma interpretação a partir da obrigação da coerência e da integridade, além da igualdade, da isonomia, da adequação social, enfim, da incorporação dos princípios constitucionais, jamais resultará na diferenciação entre causas idênticas e/ou na impossibilidade de uma resposta constitucionalmente adequada. A coerência aparece no sentido de o julgador ter consciência de que nada começa ou termina nele, ou seja, o julgador não pode adequadamente decidir sem interpretar/reconstruir a história jurídico-institucional. A Constituição e seus princípios constituem o "DNA" da integridade de que fala Ronald Dworkin. No interior de um Estado Democrático de Direito não existe espaço para o convencionalismo positivista e o pragmatismo realista (discricionariedade), sem compromisso com a lei, a Constituição e a jurisprudência com DNA constitucional.

3. Foi ousada a substituição da referência à violação literal de disposição de lei pela violação *manifesta* da norma jurídica, para efeitos de ação rescisória. Agora cabe aos juristas extraírem do art. 966, V, do NCPC solução que, ao mesmo tempo, melhor proteja os direitos fundamentais-sociais e não fragilize a autonomia do direito pelo moralismo. A norma como produto da interpretação do texto legal voltada a uma decisão (evento), com observação dos princípios da coerência e integridade do direito, deve estar de acordo com a Constituição, por esta oferecer deontológica, e não axiologicamente, a noção de vida boa do projeto constitucional, – como já vi dizer Lenio Luiz Streck –, ou seja, uma moral, histórica e temporal, introduzida por princípios socialmente reconhecidos.

Nada disso é tudo; tudo isso é fundamental. A construção da justiça é, doravante, marcada pelo estudo, o inconformismo, o diálogo – formal ou informal – desenvolvido por seus autores, com especial atenção para os doutrinados – que têm a missão de doutrinar, e não reproduzir verbetes. A doutrina deve ser o motor das mudanças, porque tem força e influência. O doutrinador não pode, simplesmente, "esperar para ver o que diz a jurisprudência"!

6. REFERÊNCIAS BIBLIOGRÁFICAS

BRASIL. Superior Tribunal de Justiça. *Ação rescisória n. 5.186.* Recorrente: Giovani Goulart Kuball. Recorrido: Instituto Nacional do Seguro Social. Relator: Ministro Ari Pargendler.

JULGADA PARCIALMENTE PROCEDENTE PARA RECONHECER A ESPECIALIDADE DOS PERÍODOS REQUERIDOS. 1. Viola a literalidade dos arts. 57 e 58 da Lei n. 8.213/91 (redação original) decisão que aplica critérios distintos dos previstos na lei para fins de consideração do tempo especial no período laborado, uma vez que proferida após a pacificação dos Tribunais quanto ao assunto. Rescisão do julgado de acordo com o inciso V do art. 485 do CPC. 2. Comprovada a exposição do segurado a agente nocivo, na forma exigida pela legislação previdenciária aplicável à espécie, possível reconhecer-se a especialidade da atividade laboral por ele exercida. Comprovado o exercício de atividade profissional enquadrável como especial, o respectivo período deve ser computado como tal. BRASIL. Tribunal Regional Federal (4. Região). *Ação rescisória n. AC 0000384-23.2014.404.0000*. Apelante: Sérgio Nunes. Réu: Instituto Nacional do Seguro Social. Relator: Desembargador Federal Rogério Favreto. Porto Alegre, 21 jan. 2015. Disponível em: <http://jurisprudencia.trf4.jus.br/pesquisa/inteiro_teor.php?orgao=1&documento=7292855>. Acesso em: 17 ago. 2015.

(33) STRECK, Lenio Luiz. *Verdade e consenso*: constituição, hermenêutica e teorias discursivas. Rio de Janeiro: Lumen Juris, 2006. p. 117.

(34) STRECK apud INTERPRETAR *a lei não é um ato de vontade do juiz*. Juslegal. Associação Justiça e Legalidade, Porto Alegre, p. 16, fev. 2009. Disponível em: <http://www.juslegal.com.br/juslegal/download/jornal_juslegal.pdf>. Acesso em: 2 out. 2009.

(35) Em resposta à indagação feita por SARLET, Ingo Wolfgang. *A eficácia dos direitos fundamentais*: uma teoria geral dos direitos fundamentais na perspectiva constitucional. 10. ed. ver. atual. e ampl.; 3. tir. Porto Alegre: Livraria do Advogado, 2011. p. 315.

Brasília, 28 de maio de 2014. Disponível em: <https://ww2.stj.jus.br/processo/revista/documento/mediado/?componente=ITA&sequencial=1326639&num_registro=201301231117&data=20140604&formato=PDF>. Acesso em: 3 jun. 2015.

BRASIL. Tribunal Regional Federal (4. Região). *Ação rescisória* n. AC 0000384-23.2014.404.0000. Apelante: Sérgio Nunes. Réu: Instituto Nacional do Seguro Social. Relator: Desembargador Federal Rogério Favreto. Porto Alegre, 21 jan. 2015. Disponível em: <http://jurisprudencia.trf4.jus.br/pesquisa/inteiro_teor.php?orgao=1&documento=7292855>. Acesso em: 17 ago. 2015.

BRASIL. Tribunal Regional Federal (4. Região). *Apelação civil* n. AC 5002480-31.2013.404.7122. Apelante: Arlei Amaral Dos Reis. Apelado: Instituto Nacional do Seguro Social. Relator: Desembargador Federal Rogério Favreto. Porto Alegre, 05 de agosto de 2015. Disponível em: <http://jurisprudencia.trf4.jus.br/pesquisa/inteiro_teor.php?orgao=1&documento=7635571>. Acesso em: 17 ago. 2015.

CASSIANO apud SEM fundamentação, mudança na jurisprudência é ilegítima. Juslegal. Associação Justiça e Legalidade, Porto Alegre, p. 13, fev. 2009. Disponível em: <http://www.juslegal.com.br/juslegal/download/jornal_juslegal.pdf>. Acesso em: 2 out. 2009.

DWORIKN, Ronald. *O império do direito*. 3. ed. São Paulo: Martins Fontes, 2014.

LIMA, Lucas Ristes de Souza. Rescisória por violação à literal disposição de lei – aspectos polêmicos atuais, *Revista de processo*, vol. 222, ago/2013.

MARINONI, Luiz Guilherme; ARENHART, Sério Cruz; MITIDIERO, Daniel. *O novo processo civil*. São Paulo: Revista dos Tribunais, 2015.

OMMATI, José Emílio Medauar. O positivismo jurídico na prática jurisprudencial brasileira: Um estudo de caso a partir de uma decisão do Superior Tribunal de Justiça. In: DIMOULIS, Dimitri; DUARTE, Écio Oto (Coord.). *Teoria do direito neoconstitucional*: superação ou reconstrução do positivismo jurídico? São Paulo: Método, 2008. p. 247-266.

PORTO, Sérgio Gilberto; MACEDO, Elaine Harzheim (coord.). *Comentários ao Projeto de Lei n. 8.046/2010*: proposta de um novo Código de Processo Civil. Porto alegre: EdiPUC, 2012.

SARLET, Ingo Wolfgang. *A eficácia dos direitos fundamentais*: uma teoria geral dos direitos fundamentais na perspectiva constitucional. 10. ed. ver. atual. e ampl.; 3. tir. Porto Alegre: Livraria do Advogado, 2011.

STRECK apud INTERPRETAR a lei não é um ato de vontade do juiz. Juslegal. Associação Justiça e Legalidade, Porto Alegre, p. 16, fev. 2009. Disponível em: <http://www.juslegal.com.br/juslegal/download/jornal_juslegal.pdf>. Acesso em: 2 out. 2009.

STRECK, Lenio Luiz. A resposta hermenêutica à discricionariedade positivista em tempos de pós-positivismo. In: DIMOULIS, Dimitri; DUARTE, Écio Oto (Coord.). *Teoria do direito neoconstitucional*: superação ou reconstrução do positivismo jurídico? São Paulo: Método, 2008. p. 285-316.

STRECK, Lenio Luiz. E Kelsen se virou na tumba diante da simplificação! *Revista Consultor Jurídico*, São Paulo, 18 abr. 2013. Disponível em: <http://www.conjur.com.br/2013-abr-18/senso-incomum-kelsen-virou-tumba-diante-simplificacao>. Acesso em: 16 ago. 2015.

STRECK, Lenio Luiz. Novo CPC terá mecanismos para combater decisionismos e arbitrariedades? *Revista Consultor Jurídico*, São Paulo, 18 dez. 2014. Disponível em: <http://www.conjur.com.br/2014-dez-18/senso-incomum-cpc-mecanismos-combater-decisionismos-arbitrariedades>. Acesso em: 16 ago. 2015.

STRECK, Lenio Luiz. Por que agora dá para apostar no projeto do novo CPC! *Revista Consultor Jurídico*, São Paulo, 21 out. 2013. Disponível em: <http://www.conjur.com.br/2013-out-21/lenio-streck-agora-apostar-projeto-cpc>. Acesso em: 16 ago. 2015.

STRECK, Lenio Luiz. *Verdade e consenso*: constituição, hermenêutica e teorias discursivas. Rio de Janeiro: Lumen Juris, 2006.

STRECK, Lenio Luiz. *Verdade e consenso*: constituição, hermenêutica e teorias discursivas. 5. ed., rev., mod. e ampl. São Paulo: Saraiva, 2014.

YARSHELL, Flávio Luiz. *A disciplina da ação rescisória no Projeto de CPC*, Jornal Carta Forense, 4.11.2010.

Concentração de atos processuais no novo CPC e seu impacto nas ações previdenciárias

Jane Lucia Wilhelm Berwanger

Doutora em direito previdenciário pela PUC-SP. Advogada e Consultora jurídica. Presidente do IBDP – Instituto Brasileiro de Direito Previdenciário. Professora de diversos cursos de graduação e pós graduação no Brasil

1. CONSIDERAÇÕES INICIAIS

É da natureza do Direito sofrer mudanças constantes. Algumas áreas são mais suscetíveis, outras menos. As normas processuais tendem a ser mais permanentes que o Direito material. Todavia, também precisam se modernizar e atender às novas necessidades que a sociedade apresenta. O texto original do novo CPC foi apresentado em 2010, redigido por uma Comissão de Juristas presidida pelo atual Ministro Luiz Fux, e sua redação final foi aprovada em dezembro de 2014, passando a vigorar a partir de março de 2016.

O processo é muitas vezes necessário para que Direito material se concretize. Por isso, ele pode ou não ser um instrumento eficaz nessa concretização. Assim, o direito processual é essencial e precisa ser estudado nessa perspectiva.

Uma lei processual estabelece suas bases em determinados princípios, que podem alterar, manter ou até reforçar da lei anterior. A Lei n. 13.105, de 16 de março de 2015, vem impregnada das bases estabelecidas pela Constituição Federal, embora, por óbvio, esta já se aplicava inclusive aos atos processuais.

Assim como o Direito material, o processual também não pode ignorar a realidade. O alto índice de litígios submetidos ao Judiciário faz com que seja necessário criar meios de se adaptar, de dar contas das demandas. O legislador adotou, no novo CPC, certos procedimentos para atender a essa enorme quantidade de processos.

Esse texto se propõe, a partir do método dedutivo, com pesquisa bibliográfica e histórica, a trazer os avanços e desafios processuais já presentes nos Juizados Especiais Federais como referência para a análise da concentração dos atos processuais no novo.

2. OPÇÕES POLÍTICAS DO NOVO CPC

Diferentemente do Código de 1973, que foi concebido em pleno período de ditadura militar, a nova lei processual foi estabelecida em bases mais democráticas, na mesma linha da Constituição Federal de 1988. Os princípios basilares da democracia se internalizam no CPC. Koplin explica que "o novo CPC nasceu imbuído da elevada missão de reconhecer (o que é óbvio) e concretizar, de modo pormenorizado, os direitos fundamentais processuais consagrados na Constituição Cidadã de 1988".[1]

Se é verdade que não seria necessário um novo Código de Processo Civil ou qualquer código para que os princípios constitucionais fossem integrados à legislação e à prática forense, também é de se observar que a internalização na lei processual reforça o peso que devem ter os pressupostos constitucionais basilares de um processo justo.

Por processo justo, Koplin esclarece que nada mais é que o desdobramento dos direitos fundamentais, dentre os quais, sumariamente, ampla defesa e contraditório, isonomia, juiz natural e imparcial, publicidade e motivação das decisões, segurança jurídica no processo, assistência de advogado, assistência jurídica integral e gratuita, razoável duração do processo, dentre outras garantias. Trata-se das "diretrizes mínimas e fundamentais da própria atuação do Poder Judiciário".[2]

A inclusão de um capítulo com as Normas Fundamentais do Processo Civil demonstra a preocupação do legislador com o restabelecimento e a maior concretização da base constitucional sobre o processo.

Valores como a segurança jurídica e a efetividade são fundamentais para que a jurisdição se concretize. Rubin sustenta que:

---

(1) KOPLIN, Klaus Cohen. O novo CPC e os direitos fundamentais processuais: uma visão geral, com destaque para o direito ao contraditório. IN: RUBIN, Fernando; REICHELT, Luis Alberto. Grandes temas do novo Código de Processo Civil. Porto Alegre: Livraria do Advogado, 2015. p. 15-51.

(2) *Ibidem*.

[...] a prioridade é pela segurança jurídica, já que realmente antes de qualquer coisa o processo precisa devolver legitimidade aos litigantes envolvidos, oferecendo decisão justa e fundamentada, após todos os trâmites possíveis e necessários para se atingir tal desiderato.[3]

Sintetiza Fachin da seguinte forma a segurança jurídica: "a confiança na jurisdição pressupõe respeito à lei e julgamentos sólidos sem surpresas".[4]

Complementa Rubin:

Nessa primeira acepção, a segurança jurídica (conferida pelo enfeixamento do "procedimento" com a "preclusão") consolida o princípio da não surpresa, já que as partes litigantes, em linhas gerais, passam a saber previamente como se desenrolará o feito, e assim como devem se pautar, em cada oportunidade processual, para garantir melhor sorte no juízo final.[5]

A inclusão desse, bem como de outros princípios na norma processual básica, demonstra uma opção política pela restituição do Estado Democrático de Direito e uma tentativa de convencimento de todos os atores do processo de respeito às garantias constitucionais.

Não se poderia deixar de abordar as bases constitutivas do novo CPC, para então tratar dos princípios atinentes ao tema deste texto: a economia processual e a celeridade.

3. OS PRINCÍPIOS DA ECONOMIA E DA CELERIDADE PROCESSUAL: UM OLHAR SOBRE A SUA APLICAÇÃO NO DIREITO PREVIDENCIÁRIO

O princípio constitucional da razoável duração do processo, estampado no art. 5º, LXXVIII, da Lei Maior, aliado à grande litigiosidade (cujas razões não convém analisar aqui) levam à preocupação de criar procedimentos que garantam a celeridade processual. A Justiça não fecha as portas (nem o protocolo) a ninguém, em nome do princípio do acesso pleno à jurisdição. Afinal "a lei não excluirá da apreciação do Poder Judiciário lesão ou ameaça a direito" (art. 5º, XXXV, da Constituição Federal).

Não se quer dizer que não possa haver medidas para reduzir as demandas judiciais, principalmente as ações de massa e aquelas em que o Estado figura no polo passivo. Muitas ações poderiam ser evitadas se houvesse realmente maior preocupação com a solução administrativa dos litígios. Triches e Mauss defendem inclusive uma preocupação maior da Advocacia Geral da União com a solução administrativa:

Assim, ganha relevância a atuação do procurador federal junto ao processo administrativo, em especial, na formação de uma procuradoria que atue no monitoramento das Agências da Previdência Social, visando mapear as falhas, os acertos, e, acima de tudo, acompanhar o exercício da função administrativa. Ainda, sua função sempre deve ser exercida levando em consideração o papel a ser exercido pelo Estado com relação à Previdência Social que, em última medida, é garantir a tutela administrativa no âmbito do benefício previdenciário.[6]

Entretanto, é crescente a demanda, no Poder Judiciário, de ações relacionadas à conflitos previdenciários. São milhares de processos em todo Brasil, especialmente nos Juizados Especiais Federais, ajuizados todos os meses. Serau Jr. trabalha o conceito de conflito previdenciário: "uma modalidade de controvérsia em torno das políticas públicas previdenciárias"[7]. O autor classifica o conflito em pauta de legalidade, que refere-se ao efetivo cumprimento dos direitos previstos em lei e pauta interpretativa, que trata dos avanços e novas interpretações em matéria previdenciária.[8]

Uma pesquisa desenvolvida em 2011 pelo Instituto de Pesquisa Econômica Aplicada (IPEA) informa que milhões de processos foram julgados nos JEFs, desde o seu surgimento, há dez anos. Apenas no primeiro ano de funcionamento dos Juizados, o número de processos aumentou 2,6 vezes. Atualmente, a quantidade de ajuizamentos é de cerca de 1,2 milhão por ano. Em 73,1% dos processos que tramitam nos Juizados Especiais Federais o INSS está no polo passivo.[9] No Tribunal Regional Federal da 4ª Região (fora do âmbito dos Juizados) as causas envolvendo benefícios previdenciários somaram 55.181 ações em 2014, quase a metade do total distribuído.[10]

Essa quantidade de processos – cujo ajuizamento não se consegue evitar – precisa ser resolvida pelo Judiciário.

---

(3) RUBIN, Fernando. Efetividade versus Segurança jurídica: cenários de concretização dos dois macro princípios processuais no Novo CPC. Disponível em: <http://fernandorubin.jusbrasil.com.br/artigos/194410938/efetividade-versus-seguranca-juridica-cenarios-de-concretizacao--dos-dois-macro-principios-processuais-no-novo-cpc>. Acesso em: 26 dez. 2015.
(4) FACHIN, Luiz Edson. Segurança jurídica entre ouriços e raposas. Disponível em: <http://www.cartaforense.com.br/conteudo/artigos/seguranca-juridica-entre-ouricos-e-raposas/11727>. Acesso em: 26 dez. 2015.
(5) RUBIN, Fernando. Efetividade versus Segurança jurídica: cenários de concretização dos dois macro princípios processuais no Novo CPC. Disponível em: <http://fernandorubin.jusbrasil.com.br/artigos/194410938/efetividade-versus-seguranca-juridica-cenarios-de-concretizacao--dos-dois-macro-principios-processuais-no-novo-cpc>.Acesso em: 26 dez. 2015.
(6) MAUSS, Adriano; TRICHES, Alexandre Schumacher. *Processo administrativo previdenciário*: Prática para um processo de benefício eficiente. 3. ed. rev. atual. e ampl. Caxias do Sul: Plenum, 2015. p. 35-36.
(7) SERAU JR., Marco Aurélio. *Resolução do conflito previdenciário e direitos fundamentais*. São Paulo: LTr, 2015. p. 56.
(8) Idem, p. 73.
(9) INSTITUTO DE PESQUISA ECONÔMICA APLICADA. Série Pesquisas do CEJ: Acesso à Justiça Federal: Dez Anos de Juizados Especiais. Disponível em: <http://www.jf.jus.br/cjf/CEJ-Coedi/pesquisas/serie%20pesquisa%20cej%2014.pdf>. Acesso em: 13 mar. 2015.
(10) TRIBUNAL REGIONAL FEDERAL DA QUARTA REGIÃO. *TRF4: processos previdenciários são quase a metade do total ajuizado em 2014*. Disponível em: <http://www2.trf4.jus.br/trf4/controlador.php?acao=noticia_visualizar&id_noticia=10792>. Acesso em: 15 mar. 2015.

E, de preferência, de forma rápida. Por isso, tomam maior importância os princípios da celeridade e economia processual. Não se quer dizer que estes se sobrepõem a outros princípios, muito menos que a qualidade pode ser reduzida em nome da solução rápida dos litígios, mas que são fundamentais para o cumprimento da função estatal jurisdicional.

O aumento da demanda de ações previdenciárias está na contramão da história, na medida em que o Direito e a sociedade vêm buscando formas alternativas de conflito. Ou seja, enquanto em outras áreas do Direito a conciliação e a mediação são perseguidas, quando se trata de previdência, cresce o número de processos. Desde já, não se defende aqui, como forma de acelerar o processo, a conciliação a qualquer custo. Em se tratando de demandas sociais tão sensíveis, como as de matéria previdenciária, não se pode abrir mão de parte do direito, que já é pouco. Não é demais lembrar que dois terços dos benefícios previdenciários são de salário mínimo, portanto, de notório caráter alimentar e essencial.[11] Vale-se aqui das palavras de Savaris:

> O direito material cuja satisfação se pretende no processo previdenciário é um bem de índole alimentar, um direito humano fundamental, um direito constitucional fundamental.
>
> Um bem jurídico previdenciário corresponde à ideia de uma prestação indispensável à manutenção do indivíduo.[12]

Como alertam Marinoni, Arenhart e Mitidiero, a razoável duração do processo não implica em instantaneidade, pois "a natureza necessariamente temporal do processo constitui imposição democrática oriunda do direito das partes de nele participarem de forma adequada", com o necessário respeito ao contraditório.[13]

Ludwig explica que "o prazo razoável seria aquele que permitisse às partes o exercício de todos os seus direitos e faculdades processuais no menor tempo possível".[14]

Como sustenta Guerreiro, é importante que se considere o comportamento das partes (atuação processual do autor e do réu), a complexidade da causa (fática e jurídica), o comportamento das autoridades (prestação jurisdicional), a passagem do tempo (litigantes doentes ou idosos) e a importância do direito em litígio (direitos fundamentais sobre direitos meramente patrimoniais).[15]

Abordando de modo mais específico o processo em matéria previdenciária, José Antonio Savaris destaca:

> Ao dizer que "o processo deve ser célere na medida do possível e tardar o necessário", reafirma-se a ideia de que a demora necessária para mais aprofundada cognição das circunstâncias relativas ao problema de vida representado nos autos (busca da verdade real) é um componente indispensável a um processo previdenciário efetivo.[16]

Na Lei n. 9.099/95, de aplicação subsidiária nos Juizados Especiais Federais, a celeridade é um dos princípios que se traduz em procedimentos específicos. José Lourenço Torres Neto sintetiza:

> A celeridade se entende eficiente através de algumas outras medidas como a concentração dos atos processuais em única audiência, instauração imediata da audiência de conciliação, vedação das modalidades de intervenção de terceiros, simplificação dos atos e termos processuais, enfim, entre outros, que impedem condutas meramente protelatórias uma vez que não pode estar desvinculada dos outros princípios já descritos anteriormente.[17]

Como apontam Xavier e Savaris, os Juizados teriam sido criados para combater um dos grandes problemas do Judiciário, que é a morosidade. Todavia, alertam que se deve ponderar a celeridade com o respeito ao contraditório e à ampla defesa, permitindo, ainda, que o juiz faça uma adequada reflexão sobre o caso.[18]

A economia processual, por sua vez, é compreendida por Tucci como não apenas "a prerrogativa de um processo sem dilações indevidas, mas, na verdade, ainda contempla a inserção de mecanismos que *garantam a celeridade de sua tramitação*".[19]

---

(11) BRASIL. Anuário Estatístico da Previdência Social. Disponível em: <http://www.previdencia.gov.br/wp-content/uploads/2015/02/Beps122014_final.pdf>. Acesso em: 26 dez. 2015.

(12) SAVARIS, José Antonio. *Direito processual previdenciário*. 5. ed. Curitiba: Alteridade, 2014. p. 50.

(13) MARINONI, Luiz Guilherme; ARENHART, Sergio Cruz; MITIDIERO, Daniel. *Curso de direito processo civil*. São Paulo: Revista dos Tribunais, 2015. v. 1. p. 264.

(14) LUDWIG, Frederico Antonio Azevedo. A garantia constitucional à celeridade processual e os juizados especiais cíveis estaduais. Disponível em: <http://www.ambito-juridico.com.br/site/index.php/?n_link=revista_artigos_leitura&artigo_id=11642&revista_caderno=9>. Acesso em: 26 dez. 2015.

(15) GUERREIRO, Mário Augusto Figueiredo de Lacerda. Critérios para a densificação do conceito de prazo razoável no processo civil. *Revista de Direito do Tribunal de Justiça do Rio de Janeiro*, Rio de Janeiro, n. 70, p. 47-67, jan./mar.2007.

(16) SAVARIS, José Antonio. Direito Processual Previdenciário. 5. ed. Curitiba: Alteridade, 2014. p. 113.

(17) TORRES NETO, José Lourenço. Princípios norteadores da Lei n. 9.099/95 – Juizados Especiais. Disponível em: <http://ambitojuridico.com.br/site/?n_link=revista_artigos_leitura&artigo_id=10449&revista_caderno=21>. Acesso em: 26 dez. 2015.

(18) SAVARIS, José Antonio; XAVIER, Flavia da Silva. Manual dos recursos nos Juizados Especiais Federais. 5. ed. Curitiba: Alteridade, 2015. p. 73.

(19) TUCCI, José Rogerio Cruz e. Garantias Constitucionais da Duração Razoável e da Economia Processual no Projeto do CPC. *Revista Magister de Direito Civil e Processual Civil* n. 43 – jul.-ago./2011.

Bezerra defende que a economia processual é o resultado da aplicação dos princípios da oralidade, simplicidade, informalidade e celeridade.[20]

Ao fim, o que se busca é a maior efetividade do processo, ou seja, que ele consiga atender a finalidade de fazer justiça, mediante procedimentos rápidos e eficazes.[21]

Um dos mecanismos para tanto, como se verá, é a concentração dos atos processuais, tema que será abordado no próximo item.

4. A CONCENTRAÇÃO DOS ATOS PROCESSUAIS NO NOVO CPC

As formas mais clássicas, na lição de Chiovenda, citado por Heitor Vitor Mendonça Sica, de concentração dos atos processuais são por meio da oralidade, da imediatidade (entendida pelo contato direto entre o juiz e as partes), da identidade física do juiz e da irrecorribilidade (em separado) das decisões interlocutórias.[22]

O ideal para que a oralidade fosse o bastante, na análise de Sica, seria que todas as atividade ser realizassem de forma agrupada, de modo "a reunir em uma única audiência a articulação da demanda e da defesa, a instrução probatória, a solução de questões incidentes e a prolação de sentença". Mas a oralidade não é certeza de concentração, pois podem ser realizadas diversas audiências para se chegar à conclusão da mesma fase.[23]

O autor destaca também que, naturalmente, quando os atos são mais concentrados, aumentam as possibilidades de o juiz a julgar a causa ser o mesmo que realizou a instrução. No rito dos Juizados Especiais, a falta de recursos de decisões interlocutórias não causa maiores prejuízos, pois preserva-se a possibilidade em tutelas de urgência.[24]

Em suma, Marcus Vinicius Rios Gonçalves, em estudo sobre o procedimento sumário, esclarece que:

> O que caracteriza é uma maior concentração dos atos processuais, dispostos de maneira tal que, em princípio, o processo deve ter um desfecho mais breve que o ordinário. Ela revela-se pela maior proximidade temporal entre os sucessivos atos processuais e pela restrição à prática de determinados atos ou requerimentos que possam implicar delongas.[25]

Mais uma vez socorre-se do estudo de Sica, sobre a contestação:

> Já o CPC de 2015 concentra de maneira muito mais intensa as postulações do réu na contestação, reduzindo, do ponto de vista formal, a tipologia dos instrumentos de resposta. De fato, passaram a ser matérias necessariamente alegáveis no bojo da contestação a denunciação da lide (art. 126 c/c o art. 131), o chamamento ao processo (art. 131), a incompetência relativa (art. 337, II), a incorreção do valor da causa (art. 337, III) e a impugnação ao benefício de gratuidade de justiça concedido ao autor (art. 337, XIII).[26]

Na avaliação de Cordeiro, a concentração de atos na contestação é positiva, por contribuir para a celeridade e eficiência da jurisdição, sem ocasionar prejuízo às partes.[27]

Será analisado no próximo item o impacto da concentração de atos processuais, a partir da nova lei processual, nas ações previdenciárias.

5. APLICAÇÃO NO DIREITO PREVIDENCIÁRIO

A primeira questão a ser analisada aqui é se o Código de Processo Civil, em alguma medida, se aplica ao Direito Previdenciário. Tanto a Lei n. 9.099/95, que criou os Juizados Especiais Cíveis e Criminais, bem como a Lei n. 10.256/2001, que instituiu os Juizados Especiais Federais, estabelecem normas específicas, de modo a garantir a celeridade das causas submetidas a estes órgãos jurisdicionais. Por outro lado, as normas processuais gerais encontram-se no Código de Processo Civil, o que implica a obrigatoriedade de sua aplicação.

Bolmann defende que o novo Código de Processo Civil somente se aplica naquilo que expressamente determinar. Ele sustenta que:

> Ademais, o novo CPC não afirma a sua aplicabilidade com relação aos Juizados Especiais. Ao contrário: ele inicia indicando a supremacia da Constituição com relação ao trato do processo civil, observando-se as normas do Código (art. 1º) e, mais adiante, complementa apontando ser aplicável supletiva e subsidiá-

---

(20) BEZERRA, David de Medeiros. Recursos no Juizado Especial Federal Previdenciário e sua admissibilidade. São Paulo: LTr, 2013. p. 35.
(21) BALERA, Wagner; RAEFFRAY, Ana Paula Oriola. Processo previdenciário: teoria e prática. São Paulo: Conceito Editorial, 2012. p. 252.
(22) SICA, Heitor Vitor Mendonça. Recorribilidade das interlocutórias e sistema de preclusões no novo CPC – primeiras impressões. Revista Magister de Direito Civil e Processual Civil n. 65 – mar.-abr./2015.
(23) Idem.
(24) Ibidem.
(25) GONÇALVES, Marcus Vinicius Rios. Novo curso de processo civil: teoria geral de processo de conhecimento. 4. ed. rev. e atual. São Paulo: Saraiva, 2007. p. 315. v. 1.
(26) SICA, Heitor Vitor Mendonça. Recorribilidade das interlocutórias e sistema de preclusões no novo CPC – primeiras impressões. Revista Magister de Direito Civil e Processual Civil n. 65 – mar.-abr./2015.
(27) CORDEIRO, Thaís Matallo. Os princípios processuais no Código de Processo Civil projetado: alteração principiológica significativa? Disponível em: <http://www.migalhas.com.br/dePeso/16,MI187837,61044-Os+principios+processuais+no+Codigo+de+Processo+Civil+projetado>. Acesso em: 2 jan. 2016.

riamente nos processos eleitorais, administrativos e trabalhistas (art. 15). Logo, embora podendo, o legislador em nenhum momento previu expressamente a sua aplicação os juizados.[28]

O mesmo autor ainda inclui outra hipótese, que é relativa aos dispositivos do CPC que regulamentam instituto jurídico essencial ao funcionamento dos Juizados não regulamentado nas leis específicas próprias.[29]

A Escola Nacional de Formação e Aperfeiçoamento do Judiciário (ENFAM) reuniu 500 magistrados para orientar a magistratura nacional[30]. Vários enunciados tratam da não aplicabilidade do novo CPC aos Juizados, como por exemplo:

46) O § 5º do art. 1.003 do CPC/2015 (prazo recursal de 15 dias) não se aplica ao sistema de juizados especiais.

47) O art. 489 do CPC/2015 não se aplica ao sistema de juizados especiais.[31]

Percebe-se, claramente, uma tendência de afastar a aplicação do CPC no âmbito dos Juizados Especiais Federais, em especial naquilo que implicará em aparentes novas obrigações (que não são novas). Não se trata exatamente de novidades da nova lei processual, mas de inclusão no Código de princípios constitucionais que, por si, já deveriam ser respeitados, como a obrigação de fundamentação (art. 5º, IX) e a proibição do efeito surpresa, sacramentado nos princípios do contraditório e de ampla defesa (art. 5º, LV).

Com relação à concentração dos atos processuais, objeto mais específico deste estudo, observa-se que o CPC e a legislação especial dos Juizados tentam falar a mesma linguagem, sempre com vistas à maior celeridade processual. Todavia, é de se observar que tanto no rito ordinário como nos Juizados há necessidade de perícias, de produção de provas, de atos que não conseguem ser realizados de forma oral, tampouco de maneira concentrada. Até mesmo a conciliação que surgiu com muita ênfase nos Juizados não se mostra sempre possível nas demandas previdenciárias, pois de um lado está um ente público que por vezes não concilia, não faz acordo. Quando a Autarquia previdenciária se dispõe a acordar é porque vislumbra uma grande possibilidade de procedência do pedido do autor-segurado.

O que importa, qualquer que seja o procedimento, é que "para permitir a concentração dos atos, é indispensável que se evite a interrupção do curso do procedimento em primeiro grau, com a eventual permissão de impugnação de decisões interlocutórias"[32]. De acordo com Marinoni, Arenhart e Mitidiero, a intenção da concentração é não paralisar o curso do procedimento. Os autores criticam a insuficiência de compromisso do novo CPC (rito ordinário) com a oralidade, especialmente no que se refere à identidade física do juiz: o que colhe as provas é o que julga. Mas, apontam como avanço a impossibilidade, enquanto regra, de impugnação dos decisões interlocutórias.[33]

Ao fim, denota-se que a aplicação da concentração de atos, principalmente através da oralidade, desde que não comprometa princípios constitucionais fundamentais, como o contraditório e o dever de fundamentação, é um avanço para as lides previdenciárias que devem se revestir da maior celeridade possível.

6. CONSIDERAÇÕES FINAIS

A legislação processual se reveste de maior permanência do que o direito material, este mais suscetível a mudanças, especialmente na área previdenciária, que sofre constantes alterações.

O novo CPC internalizou alguns princípios constitucionais processuais basilares do Estado Democrático de Direito, tais como ampla defesa e contraditório, motivação das decisões e segurança jurídica. A Lei n. 13.105/2015 também se preocupou com a efetividade da justiça. Nesse sentido, se incorpora a preocupação com a celeridade e economia processual, em atendimento ao disposto no art. 5º, e LXXVIII, da Lei Maior, que garante o direito à razoável duração do processo, o que não implica em instantaneidade, já que é da natureza que haja uma maturação, com a participação democrática das partes. Aspectos como o comportamento das partes, a complexidade da causa, o comportamento do juiz, a passagem do tempo e a importância do direito em litígio influenciam no tempo de duração do processo.

Os Juizados foram criados para combater a morosidade, o que, por certo, não implica em desrespeito ao contraditório e à ampla defesa, permitindo, ainda, que o juiz faça

---

(28) BOLMANN, Vilian. O Novo Código de Processo Civil e os Juizados Especiais Federais. IN: REDONDO, Bruno Garcia; SANTOS, Welder Queiroz dos; SILVA, Augusto Vinicius Fonseca e; VALLADARES, Leandro Carlos Pereira. *Coleção Repercussões do Novo CPC – Juizados Especiais* (Coord. Geral Fredie Diddier Jr.). Salvador: Juspodivm, 2015. p. 33-51.
(29) BOLMANN, Vilian. O Novo Código de Processo Civil e os Juizados Especiais Federais. IN: REDONDO, Bruno Garcia; SANTOS, Welder Queiroz dos; SILVA, Augusto Vinicius Fonseca e; VALLADARES, Leandro Carlos Pereira. *Coleção Repercussões do Novo CPC – Juizados Especiais* (Coord. Geral Fredie Diddier Jr.). Salvador: Juspodivm, 2015. p. 33-51.
(30) ESCOLA NACIONAL DE FORMAÇÃO E APERFEIÇOAMENTO DA MAGISTRATURA. Magistrados de todo país aprovam 62 enunciados sobre a aplicação do novo CPC. Disponível em: <http://www.enfam.jus.br/2015/08/magistrados-de-todo-pais-aprovam-62-enunciados-sobre-a--aplicacao-do-novo-cpc/>. Acesso em: 2 jan. 2016
(31) ESCOLA NACIONAL DE FORMAÇÃO E APERFEIÇOAMENTO DA MAGISTRATURA. *O Poder Judiciário e o Novo CPC*. Disponível em: <http://www.enfam.jus.br/wp-content/uploads/2015/09/ENUNCIADOS-VERS%C3%83O-DEFINITIVA-.pdf>. Acesso em: 2 jan. 2016
(32) MARINONI, Luiz Guilherme; ARENHART, Sergio Cruz; MITIDIERO, Daniel. *Curso de Direito Processo Civil*. Vol. 1. São Paulo: Revista dos Tribunais, 2015. p. 537.
(33) *Idem*, p. 539.

uma adequada reflexão sobre o caso. A celeridade é perseguida, por vezes com exagero, nos Juizados. Juntamente com a oralidade, simplicidade e informalidade resultam em economia processual.

A concentração de atos, por meio desses mecanismos, buscando reuni-los, tanto quanto possível, em uma única audiência e com pouca possibilidade de recursos de decisões interlocutórias, já adotada nos Juizados Especiais Federais é agora integrada à legislação processual civil. Deve-se observar, porém, que há críticas quanto à insuficiência de compromisso do novo CPC (rito ordinário) com a oralidade, especialmente no que se refere à identidade física do juiz, mas há avanços com a impossibilidade, enquanto regra, de impugnação das decisões interlocutórias.

Ao fim, denota-se que a aplicação da concentração de atos, principalmente através da oralidade, desde que não comprometa princípios constitucionais fundamentais, como o contraditório e o dever de fundamentação, é um avanço para as lides previdenciárias que devem ser se revestir da maior celeridade possível.

7. REFERÊNCIAS BIBLIOGRÁFICAS

BALERA, Wagner; RAEFFRAY, Ana Paula Oriola. *Processo previdenciário*: teoria e prática. São Paulo: Conceito Editorial, 2012. p. 252.

BEZERRA, David de Medeiros. *Recursos no Juizado Especial Federal Previdenciário e sua admissibilidade*. São Paulo: LTr, 2013. p. 35.

BOLMANN, Vilian. O novo Código de Processo Civil e os Juizados Especiais Federais. IN: REDONDO, Bruno Garcia et at. *Coleção Repercussões do Novo CPC – Juizados Especiais* (Coord. Geral Fredie Diddier Jr.). Salvador: JusPodivm, 2015. p. 33-51.

BRASIL. Anuário Estatístico da Previdência Social. Disponível em: <http://www.previdencia.gov.br/wp-content/uploads/2015/02/Beps122014_final.pdf>. Acesso em: 26 dez. 2015.

CORDEIRO, Thaís Matallo. Os princípios processuais no Código de Processo Civil projetado: alteração principiológica significativa? Disponível em: <http://www.migalhas.com.br/dePeso/16,MI187837,61044-Os+principios+processuais+no+Codigo+de+Processo+Civil+projetado>. Acesso em: 2 jan. 2016.

ESCOLA NACIONAL DE FORMAÇÃO E APERFEIÇOAMENTO DA MAGISTRATURA. Magistrados de todo país aprovam 62 enunciados sobre a aplicação do novo CPC. Disponível em: <http://www.enfam.jus.br/2015/08/magistrados-de-todo-pais-aprovam-62-enunciados-sobre-a-aplicacao-do-novo-cpc/> Acesso em: 2 jan. 2016.

ESCOLA NACIONAL DE FORMAÇÃO E APERFEIÇOAMENTO DA MAGISTRATURA. *O Poder Judiciário e o novo CPC*. Disponível em: <http://www.enfam.jus.br/wp-content/uploads/2015/09/ENUNCIADOS-VERS%C3%83O--DEFINITIVA-.pdf>. Acesso em: 2 jan. 2016.

FACHIN, Luiz Edson. *Segurança jurídica entre ouriços e raposas*. Disponível em: http://www.cartaforense.com.br/conteudo/artigos/seguranca-juridica-entre-ouricos-e-raposas/11727. Acesso em: 26 dez. 2015.

GONÇALVES, Marcus Vinicius Rios. *Novo curso de processo civil*: teoria geral de processo de conhecimento. 4. ed. rev. e atual. São Paulo: Saraiva, 2007. v. 1. p. 315.

GUERREIRO, Mário Augusto Figueiredo de Lacerda. Critérios para a densificação do conceito de prazo razoável no processo civil. *Revista de Direito do Tribunal de Justiça do Rio de Janeiro*, Rio de Janeiro, n. 70, p. 47-67, jan./mar. 2007.

INSTITUTO DE PESQUISA ECONÔMICA APLICADA. Série Pesquisas do CEJ: Acesso à Justiça Federal: Dez Anos de Juizados Especiais. Disponível em: <http://www.jf.jus.br/cjf/CEJ-Coedi/pesquisas/serie%20pesquisa%20cej%2014.pdf>. Acesso em: 13 mar. 2015.

KOPLIN, Klaus Cohen. O novo CPC e os direitos fundamentais processuais: uma visão geral, com destaque para o direito ao contraditório. *IN*: RUBIN, Fernando; REICHELT, Luis Alberto. Grandes Temas do Novo Código de Processo Civil. Porto Alegre: Livraria do Advogado, 2015. p. 15-51.

LUDWIG, Frederico Antonio Azevedo. A garantia constitucional à celeridade processual e os Juizados Especiais Cíveis estaduais. Disponível em: <http://www.ambito-juridico.com.br/site/index.php/?n_link=revista_artigos_leitura&artigo_id=11642&revista_caderno=9>. Acesso em: 26 dez. 2015.

MARINONI, Luiz Guilherme; ARENHART, Sergio Cruz; MITIDIERO, Daniel. *Curso de direito processo civil*. São Paulo: Revista dos Tribunais, 2015. v. 1. p. 264.

MAUSS, Adriano; TRICHES, Alexandre Schumacher. *Processo administrativo previdenciário*: prática para um processo de benefício eficiente. 3. ed. rev. atual. e ampl. Caxias do Sul: Plenum, 2015. p. 35-36.

RUBIN, Fernando. Efetividade *versus* segurança jurídica: cenários de concretização dos dois macro princípios processuais no Novo CPC. Disponível em: <http://fernandorubin.jusbrasil.com.br/artigos/194410938/efetividade-versus-seguranca-juridica-cenarios-de-concretizacao-dos-dois-macro-principios-processuais-no-novo-cpc>. Acesso em: 26 dez. 2015.

SAVARIS, José Antonio. Direito processual previdenciário. 5. ed. Curitiba: Alteridade, 2014. p. 50.

SAVARIS, José Antonio; XAVIER, Flavia da Silva. *Manual dos recursos nos Juizados Especiais Federais*. 5. ed. Curitiba: Alteridade, 2015. p. 73.

SERAU JR., Marco Aurélio. *Resolução do conflito previdenciário e direitos fundamentais*. São Paulo: LTr, 2015. p. 56.

SICA, Heitor Vitor Mendonça. Recorribilidade das interlocutórias e sistema de preclusões no novo CPC – primeiras impressões. *Revista Magister de Direito Civil e Processual Civil*, n. 65 – mar.-abr./2015.

TORRES NETO, José Lourenço. Princípios norteadores da Lei n. 9.099/95 – Juizados Especiais. Disponível em:

<http://ambitojuridico.com.br/site/?n_link=revista_artigos_leitura&artigo_id=10449&revista_caderno=21>. Acesso em: 26 dez. 2015.

TRIBUNAL REGIONAL FEDERAL DA QUARTA REGIÃO. *TRF4*: processos previdenciários são quase a metade do total ajuizado em 2014. Disponível em: <http://www2.trf4.jus.br/trf4/controlador.php?acao=noticia_visualizar&id_noticia=10792>. Acesso em: 15 mar. 2015.

TUCCI, José Rogerio Cruz e. Garantias constitucionais da duração razoável e da economia processual no projeto do CPC. *Revista Magister de Direito Civil e Processual Civil*, n. 43 – jul.-ago./2011.

PARTE II

Impacto do Novo CPC no procedimento do Direito Processual Previdenciário

Sustentação Oral em Causas de Natureza Previdenciária no novo Código de Processo Civil

GUSTAVO FILIPE BARBOSA GARCIA

Livre-Docente pela Faculdade de Direito da Universidade de São Paulo. Doutor em Direito pela Faculdade de Direito da Universidade de São Paulo. Especialista em Direito pela Universidad de Sevilla. Pós-Doutorado em Direito pela Universidad da Sevilla. Membro da Academia Brasileira de Direito do Trabalho, Titular da Cadeira n. 27. Membro Pesquisador do IBDSCJ. Professor Universitário em Cursos de Graduação e Pós-Graduação em Direito. Advogado e Consultor Jurídico. Foi Juiz do Trabalho das 2ª, 8ª e 24ª Regiões, ex-Procurador do Trabalho do Ministério Público da União e ex-Auditor-Fiscal do Trabalho.

A *ampla defesa* é assegurada como direito de natureza fundamental, sendo essencial para a preservação do *devido processo legal*, conforme art. 5º, incisos LIV e LV, da Constituição da República Federativa do Brasil[1].

Trata-se de garantia constitucional que, como não poderia deixar de ser, também incidente em *demandas de natureza previdenciária*, versando sobre direitos sociais, voltados à preservação da dignidade da pessoa humana.

Nesse contexto, o *direito de realizar sustentação oral*, nas sessões dos tribunais, está inserido na garantia constitucional da ampla defesa, sendo relevante para que as questões de maior importância, discutidas no processo, sejam devidamente salientadas e apreciadas no julgamento pelo órgão jurisdicional colegiado.

Nos termos do art. 554 do Código de Processo Civil de 1973, na sessão de julgamento, depois de feita a exposição da causa pelo relator, o presidente, *se o recurso não for de embargos declaratórios ou de agravo de instrumento*, deve dar a palavra, sucessivamente, ao recorrente e ao recorrido, pelo prazo improrrogável de 15 minutos para cada um, a fim de sustentarem as razões do recurso.

Portanto, embora a sustentação oral não seja prevista para todas as modalidades de recursos, quando admitida, o seu exercício não pode ser cerceado, sob pela de afronta ao direito de ampla defesa e à garantia do devido processo legal[2].

Quanto ao tema, é comum a previsão, nos regimentos internos dos tribunais, de requerimento ou solicitação *prévia* do advogado para o exercício do direito de sustentar oralmente.

Discute-se, assim, se essa *inscrição prévia* seria requisito obrigatório para que a sustentação oral possa ser feita[3].

Em outras palavras, questiona-se se, mesmo sem o prévio pedido de sustentar oralmente, ainda assim o advogado teria o direito de fazê-lo, nos processos de competência originária, bem como nas modalidades recursais em que essa sustentação é prevista e admitida[4].

No Superior Tribunal de Justiça, que tem o relevante papel de uniformizar a jurisprudência, notadamente quanto ao direito infraconstitucional (art. 105, inciso III, da Constituição da República), inclusive em matéria previdenciária, conforme o art. 158 do Regimento Interno, desejando proferir sustentação oral, podem os advogados requerer que *na sessão imediata* seja o feito julgado prioritariamente, sem prejuízo das preferências legais. Se tiverem subscrito o requerimento, ou se estiverem presentes os advogados de todos os interessados, a preferência deve ser concedida para a própria sessão.

---

(1) Cf. GARCIA, Gustavo Filipe Barbosa. *Novo Código de Processo Civil – Lei n. 13.105/2015: principais modificações*. Rio de Janeiro: Forense, 2015. p. 143-149.

(2) Cf. DINAMARCO, Cândido Rangel. *Instituições de direito processual civil*. São Paulo: Malheiros, 2001. v. 2, p. 30: "O *due process of law* exige também que a cada um dos sujeitos processuais sejam *oferecidas oportunidades* previamente conhecidas para a realização de atos do processo, assim como lhe sejam *impostas certas limitações* relacionadas com o tempo, lugar e modo de realização dos atos permitidos – o que constitui fator de segurança para os demais sujeitos. O traçado do procedimento, como conjunto de atos ordenados, é por isso um dos aspectos do devido processo legal em sua projeção sobre o sistema do processo civil" (destaques do original).

(3) Cf. GARCIA, Gustavo Filipe Barbosa. *Curso de direito processual do trabalho*. 4. ed. Rio de Janeiro: Forense, 2015. p. 696-699.

(4) Cf. NERY JUNIOR, Nelson; NERY, Rosa Maria de Andrade. *Código de Processo Civil comentado e legislação processual civil extravagante em vigor*. 5. ed. São Paulo: RT, 2001. p. 1075: "Quando se tratar de agravo de instrumento ou de embargos de declaração, não se admite a sustentação oral (CPC 554). Nos demais recursos e nas causas da competência originária do tribunal ela é admissível".

Ainda exemplificando, o Regimento Interno do Tribunal Regional Federal da 3ª Região, no art. 142, dispõe que desejando proferir sustentação oral, podem os advogados *solicitar preferência* ao secretário da Turma, da Seção ou do Plenário, *antes do início da sessão*. Observadas as preferências legais dos processos em julgamento na sessão, a preferência deve ser concedida, com prioridade, aos advogados que residirem em local diverso da sede do Tribunal.

O Código de Processo Civil de 1973, no art. 565, determina que se os advogados desejarem proferir sustentação oral, eles *podem* requerer que na sessão imediata seja o feito julgado em primeiro lugar, sem prejuízo das preferências legais[5].

Ademais, se os advogados de todos os interessados tiverem subscrito o requerimento de preferência, esta deve ser concedida para a própria sessão (art. 565, parágrafo único, do CPC).

O tema em estudo é disciplinado de forma mais completa pelo novo Código de Processo Civil.

Nesse sentido, o CPC de 2015, no art. 937, prevê que na sessão de julgamento, *depois da exposição da causa pelo relator*, o presidente dará a palavra, sucessivamente, ao recorrente, ao recorrido e, nos casos de sua intervenção, ao membro do Ministério Público, pelo prazo improrrogável de 15 minutos para cada um, a fim de *sustentarem suas razões*, nas seguintes hipóteses, nos termos da parte final do *caput* do art. 1.021 (que faz referência às regras do *regimento interno* do tribunal):

I – no recurso de apelação;

II – no recurso ordinário;

III – no recurso especial;

IV – no recurso extraordinário;

V – nos embargos de divergência;

VI – na ação rescisória, no mandado de segurança e na reclamação;

VII – (vetado);

VIII – no agravo de instrumento interposto contra decisões interlocutórias que versem sobre tutelas provisórias de urgência ou da evidência;

IX – em outras hipóteses previstas em lei ou no regimento interno do tribunal.

A sustentação oral no incidente de resolução de demandas repetitivas deve observar o disposto no art. 984 do novo CPC, no que couber[6].

Como explicita o art. 937, § 2º, do CPC de 2015, o procurador que desejar proferir sustentação oral *pode* requerer, *até o início da sessão*, que o processo seja julgado em primeiro lugar, sem prejuízo das preferências legais.

Nos processos de competência originária previstos no inciso VI (ação rescisória, mandado de segurança e reclamação) cabe sustentação oral no *agravo interno* interposto contra decisão de relator que o extinga.

É permitido ao advogado com domicílio profissional em cidade diversa daquela onde está sediado o tribunal realizar sustentação oral por meio de videoconferência ou outro recurso tecnológico de transmissão de sons e imagens em tempo real, desde que o requeira até o dia anterior ao da sessão.

Observados esses aspectos, na verdade, o entendimento mais adequado, em consonância com as garantias da ampla defesa e do devido processo legal, é no sentido de que *a ausência de inscrição ou solicitação prévia pelo advogado*, em consonância com os regimentos internos dos tribunais, *apenas acarreta a ausência de preferência na ordem dos julgamentos na sessão*.

O advogado, portanto, tem o direito fundamental de exercer, nos processos judiciais, a prerrogativa de utilizar a palavra, da tribuna, em favor do seu cliente, ainda que não tenha manifestado essa intenção por meio de requerimento prévio para a realização da sustentação oral.

Trata-se, como já destacado, de *prerrogativa essencial ao direito constitucional de ampla defesa*.

Sendo assim, o indeferimento do requerimento de sustentação oral, formulado pelo advogado devidamente habilitado, *mesmo no momento em que o processo é apregoado em sessão*, acarreta manifesto cerceamento do direito de defesa, violação direta ao devido processo legal e, portanto, nulidade do julgamento pelo órgão colegiado do tribunal.

Evidentemente, se o julgamento for favorável justamente à parte prejudicada, pode deixar de ser declarada, em razão do *princípio da instrumentalidade das formas*.

Nesse sentido, consoante o art. 249, § 1º, do Código de Processo Civil de 1973, o ato não deve ser repetido, nem ser suprida a falta, *quando não prejudicar a parte*.

---

(5) Cf. MACHADO, Antônio Cláudio da Costa. *Código de Processo Civil interpretado*: artigo por artigo, parágrafo por parágrafo. 12. ed. Barueri: Manole, 2013. p. 704: "Seja como for, o fato é que o advogado que queira realizar sustentação deve requerê-la ao presidente do órgão fracionário do tribunal. Tal pedido – *que não se restringe à sustentação em sessão subsequente, mas que pode ser formulado na própria sessão em curso, desde que não iniciado o julgamento da causa* – há de ser deduzido verbalmente ou por escrito e, uma vez deferido, dará ensejo à prática desse importante ato postulatório pelo patrono da parte. Se o pedido for realizado antes do início da sessão, o processo será julgado antes de todos os outros processos da pauta, salvo as preferências legais (art. 559, *caput* e parágrafo único, além do art. 562); iniciada a sessão, antecipa-se o julgamento do processo aos remanescentes" (destaquei).

(6) "Art. 984. No julgamento do incidente, observar-se-á a seguinte ordem: I – o relator fará a exposição do objeto do incidente; II – poderão sustentar suas razões, sucessivamente: a) o autor e o réu do processo originário e o Ministério Público, pelo prazo de 30 (trinta) minutos; b) os demais interessados, no prazo de 30 (trinta) minutos, divididos entre todos, sendo exigida inscrição com 2 (dois) dias de antecedência. § 1º Considerando o número de inscritos, o prazo poderá ser ampliado. § 2º O conteúdo do acórdão abrangerá a análise de todos os fundamentos suscitados concernentes à tese jurídica discutida, sejam favoráveis ou contrários".

O § 2º do mesmo dispositivo legal determina, ainda, que quando o juiz puder decidir o mérito a favor da parte a quem aproveite a declaração da nulidade, esta não deve ser pronunciada, nem se deve mandar repetir o ato, ou suprir-lhe a falta.

As mesmas previsões estão no art. 282, §§ 1º e 2º, do Código de Processo Civil de 2015.

No sentido acima exposto, podem ser destacados os seguintes julgados:

"AÇÃO RESCISÓRIA. RECURSO ORDINÁRIO. ADVOGADO IMPEDIDO DE SUSTENTAR ORALMENTE NA SESSÃO DE JULGAMENTO. NULIDADE. É facultado aos Tribunais inserir em seus regimentos internos condições para que o advogado obtenha preferência no julgamento em que pretende fazer sustentação oral. Não pode, porém, impedir o advogado de sustentar oralmente, independentemente de inscrição prévia, se ele aguarda a ordem normal da pauta de julgamento. Violação do art. 7º, IX, da Lei n. 8.906/94. Nulidade que se decreta. Retorno dos autos ao grau de origem, para que se faculte ao advogado sustentar oralmente e novo julgamento se profira, como se entender de direito. Recurso a que se dá provimento" (TST, Pleno, ROAR – 630314-25.2000.5.09.5555, Rel. Min. Gelson de Azevedo, DJ 19.10.2001).

"CERCEAMENTO DO DIREITO DE DEFESA. ADVOGADO. SUSTENTAÇÃO ORAL. ART. 5º, LIV E LV, DA CONSTITUIÇÃO FEDERAL. ARTS. 140 E 141 DO RITST. VÍCIO PROCEDIMENTAL NASCIDO NO JULGAMENTO DE RECURSO DE REVISTA. EMBARGOS NÃO ADMITIDOS. INADEQUADA INVOCAÇÃO DA SÚMULA N. 297/TST. AGRAVO PROVIDO.

1. Aos advogados assiste o direito público subjetivo de, em processo judicial, valer-se da prerrogativa de utilizar a palavra, da tribuna, em favor de seus clientes, mesmo nas hipóteses em que não externada tal intenção mediante inscrição prévia para o exercício da sustentação oral. Trata-se de – prerrogativa jurídica de essencial importância –, que compõe o estatuto constitucional do direito de defesa- (STF, HC 109098/RJ, 2ª Turma, Rel. Min. Ricardo Lewandowski, DJe 24.8.2012).

2. O Regimento Interno do TST assegura aos advogados a garantia de assomar à tribuna e exercer o direito à sustentação oral, no momento em que houverem de intervir (art. 140 do RITST). O fato de o advogado não efetuar inscrição, nos moldes do art. 141 do RITST, significa apenas que não terá precedência na ordem de julgamento.

3. O indeferimento do pedido de sustentação oral, formulado por advogado devidamente habilitado, no momento em que apregoado o processo de seu interesse profissional, importa em cerceamento do direito de defesa e acarreta a nulidade do julgamento.

4. Vício procedimental nascido no julgamento de recurso de revista, a prescindir de prequestionamento. Inadequada invocação da Súmula n. 297 do TST como óbice à admissibilidade de embargos.

5. Agravo a que se dá provimento para determinar o regular processamento dos embargos. Embargos conhecidos, por divergência jurisprudencial, e providos para anular o acórdão impugnado e determinar o retorno dos autos à Turma de origem, a fim de que promova novo julgamento do recurso de revista, após assegurado ao advogado o exercício do direito à sustentação oral" (TST, SBDI-I, Ag-ED-E-ED-RR – 131000-35.2005.5.03.0004, Redator Min. João Oreste Dalazen, DEJT 1.7.2013).

"I – AGRAVO DE INSTRUMENTO. RECURSO DE REVISTA. PRELIMINAR. CERCEIO DE DEFESA. SUSTENTAÇÃO ORAL.

Mostra-se prudente o provimento do agravo de instrumento para determinar o processamento do recurso de revista, ante a provável violação do 5º, LV, da Constituição Federal. Agravo de instrumento provido.

II – RECURSO DE REVISTA. PRELIMINAR. CERCEIO DE DEFESA. SUSTENTAÇÃO ORAL.

Assiste ao advogado o direito de fazer sustentação oral em favor de seus clientes, em processo judicial, ainda que não externada tal intenção mediante inscrição prévia, a qual é mero procedimento inserido nos Regimentos Internos dos Tribunais, como condição para que o causídico tenha preferência no julgamento. Nesse sentido, precedente da SBDI-1 (Ag-ED-E-ED-RR-131000-35.2005.5.03.0004) e Tribunal Pleno (ROAR – 630314-25.2000.5.09.5555). Conhecido e provido." (TST, 5ª T., RR – 2582-64.2011.5.12.0054, Rel. Min. Emmanoel Pereira, DEJT 1.7.2014).

O tema, como se pode notar, é de especial importância, inclusive em processos sobre matéria previdenciária, pois muitas vezes é justamente por meio do exercício da sustentação oral que se permite ao advogado demonstrar e chamar a atenção dos julgadores quanto a aspectos de especial relevância na causa, mas que poderiam passar despercebidos sem essa intervenção.

REFERÊNCIAS BIBLIOGRÁFICAS

DINAMARCO, Cândido Rangel. Instituições de direito processual civil. São Paulo: Malheiros, 2001. v. 2.

GARCIA, Gustavo Filipe Barbosa. Novo Código de Processo Civil – Lei n. 13.105/2015: principais modificações. Rio de Janeiro: Forense, 2015.

GARCIA, Gustavo Filipe Barbosa. Curso de direito processual do trabalho. 4. ed. Rio de Janeiro: Forense, 2015.

MACHADO, Antônio Cláudio da Costa. Código de Processo Civil interpretado: artigo por artigo, parágrafo por parágrafo. 12. ed. Barueri, SP: Manole, 2013.

NERY JUNIOR, Nelson; NERY, Rosa Maria de Andrade. Código de Processo Civil comentado e legislação processual civil extravagante em vigor. 5. ed. São Paulo: RT, 2001.

PROVA TÉCNICA NOS BENEFÍCIOS POR INCAPACIDADE E EFETIVIDADE DA JUSTIÇA: A POSSIBILIDADE DE SUA ANTECIPAÇÃO, À LUZ DA CONSTITUIÇÃO E DO NOVO CÓDIGO DE PROCESSO CIVIL

HERBERT CORNELIO PIETER DE BRUYN JÚNIOR

Doutorando e Mestre em Direito do Estado pela PUC/SP, Especialista em Direito Público pela PUC/SP, em Direito Aduaneiro pela Escola Superior de Administração Fazendária (ESAF) e em Direito Tributário pelo CEEU. Juiz Federal da 6ª Turma Recursal de São Paulo.

1. INTRODUÇÃO

Sendo o homem ser social, só capaz de atingir a plenitude em interação com "o outro"[1], é inevitável, diante de seu voluntarismo e sua individualidade – cada ser é único e fruto de suas circunstâncias –, a existência de uma multiplicidade de interesses, a favorecer a irrupção de conflitos, efetivos ou potenciais, só dirimíveis mediante a prévia imposição de regras claras e objetivas sobre o comportamento esperado de cada um. Preferencialmente, estabelecidas de molde a harmonizar os interesses individuais com os da coletividade.

Essa a razão última do Direito: o estabelecimento de um código de condutas, capaz de assegurar a paz social.

Evidentemente, na medida em que, em cada quadrante e a cada época, diversas são as concepções de mundo, isto é, o modo de agir, pensar e sentir de uma sociedade, diferente será a concepção de "paz social", assim como as soluções passíveis de serem levadas em conta para dirimir esses confrontos. É reflexo do caráter cultural do Direito.

A depender da cultura, a ideia de "paz social" tanto poderá decorrer de uma perspectiva totalitária, frequente na História, que julga atingi-la pela mera repressão e consideração exclusiva dos interesses da organização política (estatal ou primeva) ou de seus dirigentes, quanto sob uma perspectiva holística, que prenuncia a harmonização dos interesses da coletividade com os do indivíduo, visando ao equilíbrio.

É sob esse último olhar que se insere a concepção do Estado Democrático de Direito, organização política concebida para ser instrumento insuperável na asseguração dos direitos e garantias fundamentais – em seu aspecto mais global, voltado à pluralidade de pessoas, ideias, interesses e sentimentos na comunidade – perante o Estado, que se encontra submetido às leis representativas da vontade geral e atrelado à persecução da finalidade pública (o bem de todos), nisso incluídos os direitos coletivos e difusos.

Erigido à luz dos valores fundamentais que permeiam a sociedade (e não os de um governante ou grupo), o primeiro objetivo do Estado Democrático de Direito, que indubitavelmente deve visar a coexistência pacífica de seus membros, há de ser atender aos interesses daqueles em favor dos quais ele foi constituído, assegurando-lhes existência digna em todos os aspectos.

Não por outra razão, enuncia a Constituição Federal da República, que entre nós instituiu o Estado Democrático de Direito (art. 1º, *caput*), estar ele fundado nos valores da cidadania (art. 1º, inc. II), da dignidade da pessoa humana (inc. III) e do trabalho (inc. IV, primeira parte), e ter por objetivo a construção de uma sociedade livre, justa e solidária (art. 3º, I), voltada ao desenvolvimento nacional e à redução das desigualdades (art. 3º, II e III).

Obviamente, alicerçado em valores que perpassam toda a Constituição, avulta, na construção dessa espécie de Estado, a importância dos princípios constitucionais. Principalmente no caso da Carta brasileira, pródiga em sua explicitação, a despeito da existência dos preceitos implícitos, basilares nessa edificação. É o caso dos princípios da supremacia e da força normativa da Constituição[2], pelos quais, para garantia dos cidadãos e da sociedade, é imprescindível conferir o máximo de eficácia ao texto constitucional, bem como da segurança jurídica, interligado ao da boa-fé, que impede surpreender os destinatários das normas com mudanças bruscas da legislação, vinculando-os aos procedimentos conhecidos e aceitos na comunidade.

Fruto do lento desenvolvimento do constitucionalismo, que o revelou em seu ápice, o Estado Democrático de

---

(1) GASSET, José Ortega y. *O homem e a gente* – intercomunicação humana. 2. ed. Rio de Janeiro: Livro Ibero-Americano Ltda., 1973. p. 143.
(2) Ver, a respeito, HESSE, Konrad. *A força normativa da Constituição*. Porto Alegre: Fabris, 1991.

Direito distancia-se do modelo de Estado de Direito que lhe foi antecedente por não se satisfazer com a aplicação das normas só no sentido formal, mas ir além, ao objetivar a efetiva e pronta implantação dos valores sociais vigentes segundo critérios democráticos[3].

Nele, as normas constitucionais (dentre as quais os princípios) não são meramente programáticas: são normas jurídicas autênticas, aptas a estabelecer, no plano fático e no jurídico, consequências. Não basta, portanto, assegurar a submissão de todos à lei formal ou a proteção do cidadão contra o arbítrio do Poder Público. É mister, ainda, aplicar a lei de modo isonômico, atentando às diferenças de cada um e ao bem da coletividade.

Há, enfim, que buscar o difícil equilíbrio entre o reconhecimento e a preservação dos direitos e garantias fundamentais, propiciando às pessoas, tanto quanto possível, o máximo desenvolvimento de suas potencialidades, e o interesse coletivo, sem olvidar os dos subgrupos sociais que o compõem (respeito aos direitos das minorias, com fundamento no princípio pluralista).

É esse o contexto no qual as normas jurídicas se estruturam, em sua tríplice dimensão (sintática, semântica e pragmática).

2. DIREITO E LINGUAGEM

Independentemente da teoria que se leve em conta a respeito do surgimento da linguagem, fruto do caráter gregário do homem, é inegável sua importância para a construção da vida social, não só por permitir e perfazer a comunicação entre os seres humanos, mas também por traduzir a construção de uma visão da realidade[4], correspondente ao modo como conhecemos o mundo.

Fato cultural por excelência, de caráter unificador, seja a arte, seja a ciência ou o cotidiano, sempre o conjunto de signos construído pelo homem, em conformação com sua cultura, revelará uma mensagem do emissor, dirigida ao destinatário, referente a determinado conteúdo do qual advirá certa significação. Nesse sentido, ela é inafastável da condição humana.

Deveras inevitável, o contato entre o "eu" e o "outro" é a linguagem, independentemente de seu conteúdo, que cumpre o papel de torná-lo possível, a despeito das dificuldades.

Baseada em signos que formam, no dizer de Husserl, uma relação triangular entre o suporte físico (gestos, ondas sonoras da fala, a tinta no papel escrito etc.), seu significado (aquilo que o suporte representa) e sua significação (a compreensão deste último pelo receptor da mensagem), em qualquer caso, para perfeita compreensão da ideia, é imprescindível que, além da precisão semântica haja adequada interpretação pelo destinatário, sob pena de inúmeros mal entendidos, cuja gravidade será tanto mais intensa conforme o grau de comprometimento do respectivo conteúdo.

No âmbito do direito positivo, conhecida a interação entre o emissor e o receptor das "mensagens" – os enunciados jurídicos – é preciso levar em conta tanto as expectativas criadas em torno de cada um desses atores, como a importância dos signos, de seu frequente caráter polissêmico e da imprescindibilidade do processo hermenêutico.

Tampouco se desconhece o processo mediante o qual a autoridade constitucionalmente legitimada elege os fatos sociais considerados relevantes para serem juridicizados, isto é, virarem objeto de norma jurídica, bem como a maneira pela qual se instrumentaliza a norma, sob o aspecto sintático[5], para compor o dever-ser correspondente ao fim colimado pelos valores constitucionais, paradigmas para a edição, interpretação e aplicação de normas.

Menos discutido é o procedimento pelo qual fatos hipoteticamente descritos na norma, quando concretizados no mundo fenomênico, sofrem a incidência da norma jurídica, irradiando os efeitos desejados pelo ordenamento.

Embora a corrente tradicional, majoritária, lastreada em Pontes de Miranda e Miguel Reale[6] refira-se ao fenômeno da incidência como a automática e infalível projeção da norma jurídica sobre o fato abstratamente nela descrito, no instante de sua ocorrência, de modo a incorporá-lo ao mundo jurídico pelo desencadeamento da consequência prevista (advento de um direito ou dever jurídico), é cediço que, para os que compartilham da visão do construtivismo lógico-semântico[7], os fatos sociais só se tornam jurídicos – e, portanto, dá-se a incidência – se, depois de concretizados, eles forem incorporados ao direito mediante linguagem própria.

Se, ensina Paulo de Barros Carvalho, a norma é sempre expressa em linguagem, há "*linguagem que relate o evento acontecido no mundo da experiência e linguagem que relate o vínculo jurídico que se instaura entre duas pessoas*". Se essas alterações da realidade social, mesmo descritas no antecedente da norma jurídica, "*não vierem a encontrar a forma*

---

(3) TORRES, Heleno Taveira. Direito e poder na atividade financeira do Estado Democrático de Direito, In: LEMBO, Claudio; CAGGIIANO, Mônica Herman; ALMEIDA NETO, Manoel Carlos (org.). *Juiz constitucional. Estado e poder no século XXI*: homenagem ao ministro Enrique Ricardo Lewandowski. São Paulo: Revista dos Tribunais, 2015. p. 226.
(4) Ainda que não se reconheça a linguagem como construtora do real (como teorizam alguns).
(5) Referente à estrutura da norma: hipótese e consequência.
(6) Essa ideia aparece claramente exposta por Alfredo Augusto Becker, quando disserta que a "incidência da regra jurídica projeta-se e atua com automatismo, instantaneidade e efeitos muito semelhantes a uma descarga eletromagnética." (Teoria geral do direito tributário, p. 308, citado por CARVALHO, Aurora Tomazini de. *Curso de teoria geral do direito*, 3. ed., p. 431).
(7) No Brasil, seu maior expoente é o Prof. Paulo de Barros Carvalho.

própria de linguagem, não serão considerados fatos jurídicos" e, por consequência, não propagarão os direitos e deveres correlatos[8].

Explico: pressuposta determinada norma jurídica definidora, no plano hipotético, da consequência jurídica decorrente do advento do fato nela descrito, caso este efetivamente venha a se concretizar, os efeitos da norma só serão gerados se dessa ocorrência tomar ciência o agente competente para sobre eles atuar, nos moldes designados no ordenamento. Sem que os fatos cheguem à autoridade legitimada, não se desencadeiam efeitos.

Sob esse enfoque, disserta Aurora Tomazini de Carvalho, não há diferença entre incidência e aplicação da norma; só há incidência, que consiste na produção dos efeitos nela previstos no instante em que a autoridade for aplicá-la[9]. Um exemplo singelo, dado pela autora, auxiliará a compreensão: se, dirigindo, cruzarmos sinal vermelho, infringimos norma de direito administrativo que comina de multa essa infração de trânsito. A despeito disso, porém, e do aspecto moral resultante da circunstância de termos ciência da infração voluntariamente cometida e de sua consequência – a obrigação de pagar multa –, o que ocorre, na realidade, é que só seremos juridicamente obrigados a adimpli-la se, de algum modo, a autoridade administrativa competente vier a ter ciência dessa ocorrência (por via de radar, observação pessoal etc.) e formalizá-la devidamente, apurando o montante devido, o responsável e o prazo do vencimento. Igualmente se dá com a obrigação tributária: não obstante a ocorrência do fato gerador previsto na norma, o dever jurídico só se materializa se a autoridade fiscal disso tomar conhecimento; seja por ação do contribuinte (pagamento no lançamento por homologação, oferecimento de declaração), seja da autoridade (autuação). Por isso, entende-se que o lançamento "constitui" o crédito tributário e "declara" a ocorrência do respectivo fato gerador (art. 142 do CTN). Para Aurora Tomazini, assim como para Paulo de Barros Carvalho, não se podem confundir os efeitos de ordem moral, ética ou religiosa com os efeitos jurídicos ocorrentes em planos, ou seja, linguagens distintas[10].

No caso dos benefícios previdenciários, essa ideia assim se traduz: não basta a existência, no plano fático, dos requisitos impostos à percepção do benefício (qualidade de segurado, carência, quando o caso, e incapacidade, nos termos requeridos na lei). Tal condição, por si só, não desencadeará as pretendidas consequências jurídicas. Para que isso ocorra, será preciso, ainda, que o segurado se apresente à autoridade administrativa ou judicial e verbalize a situação.

O entendimento desse fenômeno é importante para a compreensão do que se passa com a prova no processo judicial: se, diante de uma pretensão resistida, é mister intentar ação com o fito de lograr a realização da consequência jurídica negada pelo réu, como quando se indefere benefício previdenciário sob alegação de ausência de requisito básico para sua concessão, é preciso que, simultaneamente, com a petição inicial, o suposto titular do direito subjetivo apresente, pelos meios adequados (a linguagem competente), a prova dos seus argumentos. Ele não poderá fazê-lo fora do processo (administrativo ou judicial, conforme o caso), nem língua estrangeira. Tampouco poderá dirigir o pleito a qualquer um ou utilizar prova obtida por meio ilícito. Deverá acatar as normas pertinentes à produção de provas (para preservar o resultado pretendido pelos princípios constitucionais) e demonstrar, por documentos, inclusive fotos, provas periciais, depoimentos orais obtidos e, por vezes, inspeção judicial, o alegado direito. É essa "linguagem", interpretada pelo agente público a partir de seus fragmentos ou, por vezes, por demonstração cabal, que dará a conhecer o perfeito alinhamento entre a descrição hipotética feita na norma jurídica e o fato concreto ocorrido, de modo a ensejar a produção das consequências jurídicas nela previstas.

Nesse plano, a observância à linguagem própria, consoante o direito positivado, é o que melhor atende, dentre outros, aos princípios da segurança jurídica e do devido processo legal, pilares do Estado Democrático de Direito.

3. DA SEGURIDADE SOCIAL

Muito embora a preocupação com a indigência seja antiga, calcada em valores morais e religiosos, do ponto de vista jurídico essa realidade social só veio a ser considerada a partir de 1881, quando, pela primeira vez, aprovou-se, na Alemanha, por iniciativa de Bismarck, o primeiro projeto de seguro social destinado a amparar trabalhadores em situação vulnerável decorrente de acidente de trabalho, de modo a tornar-lhes possível a subsistência[11]. Logo depois, em 22.06.1889, foi aprovado o seguro social para as hipóteses de invalidez e velhice.

Embora Bismarck estivesse menos condoído pelos desvalidos do que ávido por estender a influência do recém-nascido *Reich* sobre a numerosa classe proletária, em favor da unificação alemã[12], é certo que não só a medida mostrou-se benéfica para reduzir as tensões sociais como,

---

(8) CARVALHO, Paulo de Barros. *Direito tributário, fundamentos jurídicos da incidência*. 6. ed. São Paulo: Saraiva, 2008. p. 10.

(9) CARVALHO, Aurora Tomazini, *Teoria geral do direito tributário*, p. 435.

(10) CARVALHO, Aurora Tomazini, *Curso de teoria geral do direito*, p. 346/437.

(11) A justificativa desse primeiro projeto, apresentado em 8.3.1881, invocava os valores cristãos e a necessidade de amparo à indigência (preocupação demonstrada, embora sob nuances diversas, já na Antiguidade e Idade Média). VENTURI, Augusto. *Los fundamentos científicos de la seguridad social*. Madrid: Ed. Ministerio do Trabajo e Seguridad Social, 1994. p. 109).

(12) VENTURI, Augusto. *Los fundamentos científicos de la seguridad social*. Madrid: Ed. Ministerio do Trabajo e Seguridad Social, 1994. p. 111.

também, considerada a perspectiva atual, para ressaltar o valor da pessoa humana e o do trabalho por ela feito durante a vida.

À evidência, o reconhecimento dessa origem e do escopo da Seguridade Social – proteção de pessoa vulnerável – torna imprescindível que a interpretação das normas jurídicas não se compraza com a mera literalidade dos enunciados, mas os tome como ponto de partida (e chegada), considerando-as segundo sua perspectiva teleológica e sistemática.

Por sua importância, o seguro social em razão de invalidez, ligada ou não ao acidente do trabalho, foi o primeiro a difundir-se no mundo, sendo objeto, entre outras, da Conferência Internacional do Trabalho de 1927[13].

Superada a teoria da culpa, aplicável aos acidentes do trabalho e às doenças profissionais, cedo se passou à teoria do risco social, pela qual qualquer indivíduo que contribuísse para o sistema de Previdência teria direito, nos termos da lei, aos benefícios estatuídos em seu favor.

Verificada, posteriormente, a insuficiência do conceito de risco social, pois nem todos teriam assegurado, pela relação securitária, o mínimo vital, delineou-se, a partir do Plano Beveridge (1942), o conceito de Seguridade Social, com o fito de cobrir ampla gama de contingências sociais impeditivas do trabalho, inclusive àqueles sem meios de requerer os benefícios do seguro (previdência) social[14]. Tamanha a importância da Seguridade Social que ela consta da Declaração Universal dos Direitos do Homem, de 1948.

Assentado sobre o princípio da solidariedade, que preconiza a participação de todos na Seguridade Social, o sistema mantém-se tanto pelas contribuições dos segurados – que, para auferir benefícios da Previdência devem fazer aportes ao sistema –[15] como da arrecadação tributária do Estado, com a qual todos, indiretamente, arcam.

Assim, a Seguridade Social não salvaguarda somente aqueles que adimpliram suas contribuições; vai além, ao proteger todos em situação de risco, independentemente de pagamento. Mais abrangente que o seguro, daí nasce a distinção entre seus dois ramos: a previdência, custeada por contribuições dos segurados, empregadores e pelo Poder Público, e a assistência social, hábil a proteger os demais, provida exclusivamente pelo Tesouro, com fundamento no princípio da solidariedade em sua acepção mais larga (art. 195, *caput*, CF).

No Brasil, o esteio da seguridade encontra-se, além dos arts. 194 a 203, explicitadores dos princípios a ela pertinentes, nos arts. 1º, incisos III e IV, 3º, incisos I, III e IV, e 6º da Constituição.

4. DOS BENEFÍCIOS PREVIDENCIÁRIOS POR INCAPACIDADE NO ORDENAMENTO BRASILEIRO

No sistema jurídico pátrio, em que a Constituição (art. 201, *caput*) confere à lei competência para criar, estabelecendo requisitos que preservem o equilíbrio financeiro e atuarial, benefícios que cubram o evento invalidez, dentre outros (art. 201, I, CF), a previsão legal da aposentadoria por invalidez e do auxílio-doença encontra-se, respectivamente, plasmada nos arts. 42 e 59 da Lei n. 8.213/91 (Lei de Benefícios), que determinam:

> "Art. 42 – A aposentadoria por invalidez, uma vez cumprida, quando for o caso, a carência exigida, será devida ao segurado que, estando ou não em gozo de auxílio-doença, for considerado incapaz e insusceptível de reabilitação para o exercício de atividade que lhe garanta a subsistência, e ser-lhe-á paga enquanto permanecer nesta condição".
>
> [...]
>
> "Art. 59 – O auxílio-doença será devido ao segurado que, havendo cumprido, quando for o caso, o período de carência exigido nesta Lei, ficar incapacitado para o seu trabalho ou para a sua atividade habitual por mais de 15 (quinze) dias consecutivos".

Assim, para sua obtenção, é preciso atender, em ambos os casos, aos seguintes requisitos: (i) qualidade de segurado; (ii) prazo de carência (salvo caso de doenças relacionadas no art. 151 da Lei n. 8.213/1991); (iii) incapacidade para o exercício de atividade garantidora de subsistência. A diferença residirá apenas no grau de incapacidade para cada benefício: total e permanente para qualquer atividade sem possibilidade de reabilitação (aposentadoria por invalidez); ou temporária (auxílio-doença).

Coberto o benefício pela Previdência Social, e, por consequência, pelo seguro social, que o art. 201 da CF explicita dever ser custeado por regime contributivo, com filiação obrigatória para as pessoas situadas nas hipóteses mencionadas na Lei n. 8.213/1991 (arts. 10 a 13), é evidente que para obtê-lo a pessoa deverá possuir a qualidade de segurado que advém dessa filiação, a qual é mantida nos prazos do art. 15 da citada Lei.

De outra parte, se o conceito de risco – para cuja prevenção faz-se o seguro – corresponde à "*possibilidade de perigo incerto, mas previsível*"[16], ou, em termos técnicos "*qualquer evento futuro e incerto, se bem que previsto no contrato, que, independente da vontade das partes, possa afetar o interesse segurado*"[17], é certo que, embora descaiba, no seguro social, falar-se em "contrato", por vincular-se apenas ao implemento fático dos requisitos abstratamente previstos na Lei de Benefícios (circunstância a ser reconhecida

---

(13) VENTURI, Augusto. *Los fundamentos científicos de la seguridad social*. Madrid: Ed. Ministerio do Trabajo e Seguridad Social, 1994. p. 156/157.
(14) SANTOS, Marisa Ferreira dos. *Direito previdenciário esquematizado*. São Paulo: Saraiva, 2011. p. 33/34.
(15) CASTRO, Carlos Alberto Pereira e LAZZARI, João Batista. *Manual de Direito Previdenciário*. 10. ed. Florianópolis: Conceito Ed., 2008. p. 55.
(16) MICHAELIS. *Moderno dicionário da língua portuguesa*. São Paulo: Melhoramentos, 1998. p. 1.849.
(17) MARTINS, Fran. *Contratos e obrigações comerciais*. 7. ed. Rio de Janeiro: Forense, 1984. p. 415.

pelo agente público), a noção aplica-se, quanto a isso, também à seara social, por fugir à razoabilidade a utilização do vernáculo e a instituição de seguro com referência a fato certo e atual. Diante da certeza, inexiste risco; apenas a inafastabilidade do evento.

Por essa razão, dita o art. 42, § 2º, da Lei n. 8.213/1991, descabe à parte que se inscrever no regime geral da Previdência, sendo portadora de doença, salvo se a incapacidade sobrevier por agravamento da moléstia ou lesão, lograr a concessão dessa espécie de benefício. Prescrição diversa, além de contrariar postulado lógico, possibilita o cometimento de fraudes, as quais devem ser coibidas pela negativa do benefício. Mais do que a proteção do Estado, trata-se da salvaguarda do interesse público primário, isto é, de toda a sociedade, que, pelo aporte de contribuições ou pelo financiamento indireto, por via do orçamento, arcará com o dano.

Quanto aos requisitos legais vinculados estritamente à incapacidade, indiscutivelmente eles mantêm correlação lógica com o bem constitucionalmente protegido, isto é, obedecem ao critério da razoabilidade, de forma que devem ser fielmente observados.

Há ordenamentos jurídicos que requerem, para concessão de benefício por incapacidade, não só a comprovação de sua existência, mas, também, da necessidade de assistência médica. Outros satisfazem-se apenas com o primeiro aspecto[18], quando ele torna inviável o labor habitual.

No Brasil, independent o direito à previdência ou à assistência social da questão relativa à assistência médica (o direito à saúde é objeto dos arts. 196 a 200 da CF e da Lei n. 8.080/1990), verificada a qualidade de segurado e o cumprimento do prazo de carência, quando este é requerido, basta comprovar a incapacidade para haver direito ao benefício.

A considerar que, na hipótese de aposentadoria por invalidez, esta deve ser total, permanente e insuscetível de reabilitação para outra função, e, na de auxílio-doença, total e temporária para o exercício da função habitual, desde que superior a quinze dias, cabendo proceder, quando viável, à readaptação para outra função, decerto as circunstâncias pertinentes devem estar demonstradas no processo para admitir-se a concessão do benefício.

5. A PROVA NOS BENEFÍCIOS POR INCAPACIDADE

Partindo da premissa de que, para defesa dos direitos fundamentais, todo procedimento, judicial ou administrativo, dirigido à aplicação da norma jurídica, deve dar-se em consonância com lei democraticamente positivada (princípios da legalidade e democrático) e estruturar-se de modo dialético[19] (princípio do contraditório) de forma a admitir ampla defesa (o devido processo legal), é cediço que, para êxito no estabelecimento da certeza (ao menos formal) com respeito a uma controvérsia, impende oferecer às partes oportunidade para apresentarem suas razões e produzirem as provas do alegado. Só assim poder-se-á almejar uma solução justa, aplicando o direito ao caso concreto[20].

Em regra, como no Código anterior (art. 333), também no novo diploma a prova é ônus de quem alega (art. 373). A exceção reside apenas em que, no estatuto recém aprovado, que acolheu a teoria da carga dinâmica das provas, nos casos previstos em lei ou diante de peculiaridades da causa relacionadas à impossibilidade ou à excessiva dificuldade de cumprir o encargo ou à maior facilidade de obtenção da prova do fato contrário, o juiz poderá atribuir o ônus de modo diverso, desde que por decisão fundamentada (art. 373, § 1º, CPC/2015).

Na linha do Código de Processo Civil de 1973, o desencargo desse ônus, inevitavelmente atrelado ao processo de conhecimento,[21] seguia a seguinte cadeia de acontecimentos: (i) *petição inicial* da parte autora, com as provas essenciais; (ii) *citação do réu*; (iii) *resposta do réu* (contestação, reconvenção e exceções de incompetência, impedimento ou suspeição ou reconhecimento do pedido), com as provas cabíveis; (iv) *providências preliminares* (réplica, declaração incidente, determinação de suprimento de irregularidades e intimação para a especificação de provas); (v) *julgamento conforme o estado do processo* (que se dá pela extinção do processo, sem ou com julgamento de mérito (neste último caso nas hipóteses de decadência, prescrição, renúncia do direito ou transação) ou pelo julgamento antecipado da lide, quando referente à matéria exclusivamente de direito ou, sendo de direito e de fato, é desnecessária prova (art. 330); ou, ainda, pela designação de audiência preliminar de conciliação, se não for o caso das hipóteses anteriores; (vi) decisão sobre a admissão de provas, caso não obtida a conciliação; (vii) audiência de instrução e julgamento; (viii) sentença.

Basta essa descrição e ciência do extraordinário número de demandas em trâmite[22] para notar ser evidente, nesse modelo, o risco de lesão irreparável decorrente da necessidade de aguardo do laudo médico pericial – único meio de prova capaz de conferir verossimilhança à alegação de incapacidade do autor – antes de decidir, em sede

---

(18) VENTURI, Augusto. *Los fundamentos científicos de la seguridad social*. Madrid: Ed. Ministerio do Trabajo e Seguridad Social, 1994. p. 158.
(19) Como afirma Couture, "a justiça se serve da dialética porque o princípio da contradição é o que permite, por confrontação dos opostos, chegar à verdade" COUTURE, Eduardo, *Introdução ao estudo do processo civil*. 3. ed. Rio de Janeiro: Forense, 1995. p. 43.
(20) "O processo é um instrumento de produção jurídica e uma forma incessante de realização do direito" COUTURE, Eduardo. *Introdução ao estudo do processo civil*. 3. ed. Rio de Janeiro: Forense, 1995. p. 46.
(21) Embora também aos assistenciais.
(22) Atualmente, cerca de 1 milhão em todos os ramos da Justiça.

de tutela de urgência, sobre o cabimento do benefício. Risco que se potencializa, principalmente, quando o processo não é eletrônico e às suas numerosas fases, com os prazos que lhe são inerentes, soma-se a delonga com os trâmites burocráticos (para lograr a autuação, o encaminhamento físico dos autos, para efetivar a citação etc.). Podem transcorrer meses ou anos até que seja alcançada a fase na qual, em princípio, a prova deveria ser produzida.

Não por outra razão, quanto mais patente a inadequação do procedimento para a proteção do bem da vida – sobrevivência do trabalhador incapaz para o trabalho e de auferir alimentos (a pô-lo, com sua família, em situação de extrema vulnerabilidade) – mais se viam juízes, buscando dar efetividade ao processo, subverter o procedimento usual e determinar, logo no despacho de citação, a designação de perícia sempre que (como é frequente nesta matéria) concedida a assistência judiciária gratuita instituída pela Lei n. 1.060/1950. Afinal, qual a função do processo senão servir de instrumento voltado à justa composição do litígio?

Com efeito, verificada hipossuficiência e deferida a assistência judiciária, previamente à citação e à resposta do réu, se antes não fosse preciso sanar irregularidade, não raro os juízes nomeavam profissional hábil para a perícia médica, neste momento designada. Com frequência, ainda, a Vara ou o Fórum possuem quesitos uniformes (recomendável para maior celeridade dos trabalhos do perito e do Juízo), sem prejuízo da apresentação de outros pertinentes ao caso, com os quais se espera sejam esclarecidas as principais dúvidas relativas aos pontos relevantes.

Publicado o Novo Código de Processo Civil (Lei n. 13.105/2015), todavia, dúvidas podem surgir com pertinência a essa questão, diante da alteração do procedimento, que, em primeiro grau, passou a ser, simplificadamente, o seguinte: (i) distribuição da petição inicial; (ii) análise de sua regularidade (arts. 330/331) ou da improcedência liminar do pedido (art. 332); (iii) citação do réu; (iv) audiência de conciliação ou de mediação (art. 334); (v) resposta do réu (arts. 335 a 343); (vi) providências preliminares e saneamento (arts. 347 a 352); (vii) julgamento conforme o estado do processo (arts. 353 a 357); (viii) audiência de instrução e julgamento (arts. 358 a 368); (ix) sentença (arts. 485 e 487).

Mais particularmente, o problema é o seguinte: se, para a verossimilhança necessária à antecipação da tutela jurídica é preciso comprovação da incapacidade e verificação do grau de comprometimento – se total, parcial, temporária ou permanente – bem como da possibilidade de reabilitação, e essa prova só é prevista, no Código (tal como antes), posteriormente à resposta do réu ou à réplica, como será possível conceder a antecipação da tutela e tornar efetiva a audiência de conciliação, que o novo Código quis prestigiar, se, à luz do princípio da razoabilidade e da indisponibilidade do interesse público, só se pode conceber a conciliação se o INSS for capaz de vislumbrar alguma plausibilidade na alegação (o que se alcança com a prova técnica)? Pior no caso da antecipação da tutela, quando deve haver verossimilhança na alegação. Será admissível, também no novo regime, antecipar a prova para momento anterior à audiência de conciliação mencionada no art. 334 da Lei n. 13.105/2015?

Em princípio, para a autarquia previdenciária, não há óbice para firmar acordo sobre a matéria. Afinal, o interesse público protegido pela cláusula de indisponibilidade não é o da pessoa jurídica de direito público, mas o da coletividade, que aspira à concretização dos valores estampados na Constituição[23].

Não será postergando a tutela jurídica de urgência ou obstaculizando o acordo que se atenderá aos princípios constitucionais que, por sua força (normativa), irradiam efeitos sempre que confrontados com os fatos sobre os quais devem incidir. Sua aplicação eficaz, por sua vez, só ocorrerá se, com a máxima presteza possível, conceder-se a resposta adequada a cada conflito, o que inclui, senão a celebração de acordo, ao menos, se satisfeitos os requisitos, a pronta antecipação da tutela em face da situação emergencial. Só assim atender-se-á ao princípio de justiça – dar a cada um o que é seu – do qual é corolário tanto o da igualdade quanto o do acesso à justiça, que, sob a vertente de impelir ao rápido fim e eficácia das demandas, alinha-se ao princípio da celeridade e eficiência do processo.

Se houve modificação do rito processual pela previsão, entre os primeiros atos do processo, de audiência visando à solução consensual do conflito, e esta só pode lograr sucesso diante do indicativo mínimo da plausibilidade do direito[24] – só alcançável mediante prova pericial cuja produção, em regra, ocorre em momento posterior –, deve-se atentar que os princípios que regem o processo, mais minudentemente explicitados no novo Código, são os mesmos que regiam o estatuto anterior desde a promulgação da Constituição de 1988.

De fato, os princípios constitucionais aludidos no Código de 2015 – acesso à justiça, inclusive sob a ótica da possibilidade de conciliação ou mediação (art. 3º); celeridade (art. 4º), boa-fé (arts. 5º e 6º), isonomia processual e contraditório (arts. 7º e 10º), dignidade da pessoa humana,

---

(23) PALMA, Juliana Bonacorsi de. *A consensualidade na administração pública e seu controle judicial*; SALLES, Carlos Alberto de. *A indisponibilidade e a solução consensual de controvérsias* In: GABBAY, Daniela Monteiro; TAKAHASHI, Bruno. *Justiça federal: inovações nos mecanismos consensuais de solução de conflitos.* Brasília: Gazeta Jurídica, 2015.

(24) Ver, a propósito, SERAU JÚNIOR, Marco Aurélio. *Apontamentos críticos às conciliações realizadas em ações previdenciárias.* In: GABBAY, Daniela Monteiro; TAKAHASHI, Bruno. *Justiça federal: inovações nos mecanismos consensuais de solução de conflitos.* Brasília: Gazeta Jurídica, 2015. p. 447.

proporcionalidade, razoabilidade, publicidade e eficiência (art. 8º), assim como as exigências do bem comum (art. 8º) – já eram aplicáveis aos procedimentos do Código anterior, em especial sob a égide da Constituição de 1988. A alteração, nesse ponto, foi somente torná-los expressos e dar maior ênfase à necessidade de busca da solução consensual, que Mauro Cappelletti e Bryant Garth, desde a década de 1970[25], relacionam ao acesso à justiça.

Assim, se a instrumentalidade do processo converge a um fim – a solução adequada do conflito (consensual ou mediante sentença) – e sua estrutura e operacionalidade dialética devem afinar-se com os valores e princípios constitucionais, o mais apropriado é antecipar a prova da incapacidade de modo a conferir maior efetividade à audiência de mediação ou conciliação e dar substrato à antecipação da tutela.

Tranquilo esse entendimento, alcançável por via de interpretação finalística e sistemática, tampouco brota do Novo CPC qualquer óbice à produção antecipada de prova. Admite-a a Lei n. 13.105/2015 sempre que *"II – a prova a ser produzida seja suscetível de viabilizar a autocomposição ou outro meio adequado de solução de conflito"* e *"III – o prévio conhecimento dos fatos possa justificar ou evitar o ajuizamento da ação"*.

No novel Código, é desnecessária a urgência para a antecipação. Embora ela até possa enseja-la, nunca será o único motivo para isso (como sugeriam os arts. 846 e 847 do CPC/73), por autorizá-la, o inciso II do art. 381, também tendo em vista a autocomposição das partes. Haveria, na dicção da doutrina mais recente[26], um "direito autônomo à prova", que à sua dimensão natural (comprovação de fatos), acresce a de possibilitar às partes vislumbrar a posição jurídica de cada uma em meio ao conflito, que passa a ser visto como um "jogo", passível de ser encerrado tanto mediante solução consensual (para o que o conhecimento da situação é útil), como por sentença, para a qual importa a possibilidade de ganho à luz da jurisprudência, tão valorizada no CPC/2015.

A esse propósito, disserta a doutrina sobre o art. 381:

"Esse dispositivo legal traz importante inovação no campo da instrução probatória, na medida em que passa a considerar a prova não só como instrumento processual adequado para formar o convencimento do juiz a respeito das alegações de fato que embasam a pretensão da parte, mas também como meio voltado a auxiliar as partes na avaliação de suas chances de êxito numa demanda futura"[27] (ao que acrescentaríamos, na solução consensual do conflito).

Por fim, releva notar não ter havido a mínima alteração com respeito à apreciação da prova pelo juiz – em virtude de o Novo Código haver omitido a palavra "livre", que no anterior compunha a expressão "livre convencimento" –, pois, no sentido eidético[28], nunca a convicção do juiz foi inteiramente livre, fruto de seu arbítrio. Ela sempre foi construída sob o influxo da interpretação, feita pelo juiz, da mensagem por ela trazida, certamente afetada pelo texto, sua experiência de vida, seus valores e limitações normativas referentes às provas (tudo isso também passível de interpretação). Quanto à prova pericial, o próprio CPC/2015 é expresso em destacar seu prevalecimento sobre a experiência técnica do juiz (art. 375), motivo pelo qual, no que tange ao exame da incapacidade, ela é inafastável, ainda que outros aspectos devam ser levados em consideração.

6. CONCLUSÃO

Não obstante qualquer alteração de porte no sistema jurídico, como o derivado da adoção de novo Código Processual, invariavelmente enseje reflexos na maneira de se resolverem os conflitos na via judicial, é inolvidável que sempre os valores, veiculados pelos princípios constitucionais, estão a ditar, ao legislador, a diretriz a ser seguida no estabelecimento de normas desse tipo e, aos demais operadores do direito, os limites dentro dos quais eles podem agir para alcançar o resultado proposto.

Assente o princípio da supremacia da Constituição e, portanto, a hierarquia normativa, é impossível aplicar as normas processuais olvidando-se das circunstâncias fáticas pertinentes e dos valores que envolvem cada situação. É preciso atentar para todo o contexto, verificando, em cada caso, as peculiaridades e os princípios aplicáveis, sem perder de vista não passar o processo de instrumento para a consecução de um fim.

Afinal, se o escopo do Direito é regular as condutas em atenção a um propósito – a pacificação social – e o processo é o meio de alcançá-lo, tanto quanto possível, com segurança e justiça, jamais o julgador poderá, se antes o conflito não se resolver pela via consensual, ignorar pormenores, sob pena de não dar a solução adequada à controvérsia.

Para esse desiderato, não só é vital ao juiz agir com transparência e atento a devido processo legal que admita contraditório, ampla defesa e duplo grau de jurisdição, mas também que as partes apresentem, mediante a linguagem apropriada às provas[29], tudo que seja capaz de refletir, com fidelidade, os fatos sobre os quais embasam suas alegações.

---

(25) CAPPELLETTI, Mauro; GARTH, Bryant. *Acesso à justiça*. Porto Alegre: Sergio Fabris, 1988.
(26) WAMBIER, Teresa Arruda Alvim et al. *Primeiros comentários ao novo Código de Processo Civil artigo por artigo*. São Paulo: Revista dos Tribunais, 2015. p. 660.
(27) *Idem*, p. 660.
(28) Estudo da essência. ABBAGNANO, Nicola. *Dicionário de filosofia*. São Paulo: Martins Fontes, 2000. p. 308.
(29) TOMÉ, Fabiana del Padre. *A prova no direito tributário*. 3. ed. São Paulo: Noeses, 2012. p. 33.

Com isso, basta ao julgador bem interpretá-los, assim como a norma[30], para determinar a consequência cabível.

Particularmente no caso dos benefícios por incapacidade, é evidente haver, ao menos em tese, dada a situação (pessoa privada do sustento), urgência na apreciação da questão, sob pena de violação não só da dignidade da pessoa segurada, mas também a de seus dependentes.

A melhor prova, senão a única, dependerá do resultado da perícia médica, que não só precisa ser agendada, mas carece de cuidados para aperfeiçoar-se: há de ser elaborado laudo técnico, intimar as partes de sua apresentação, dar oportunidade para discuti-lo, quando não, por vezes, de requerer esclarecimentos. Em suma, trata-se de um microprocedimento dentro do processo, que inevitavelmente se protrai no tempo.

Por outro lado, independentemente da importância e urgência dessa prova para a análise da antecipação de tutela, é certo que a audiência de conciliação só será eficaz se, antes, a parte adversa (INSS) puder vislumbrar o mínimo de plausibilidade do pedido. Dado o interesse público subjacente, não se pode pactuar com aventura jurídica consistente no comparecimento à audiência sem conhecimento dos interesses envolvidos e seu exato contexto.

Nesses termos, difícil imaginar a hipótese de solução adequada do processo, seja pela via consensual, seja pela adjudicatória de sentença, se, em situações dessa índole, a prova não for celeremente produzida.

Admitida, pela Lei n. 13.105/2015 (Novo CPC), a produção antecipada de prova independentemente da urgência, apenas com fundamento na necessidade de se obter solução célere, adequada e eficaz para o conflito, é recomendável, para esse fim, determinar a imediata realização de perícia. Esse trâmite deve ser feito no mesmo momento da designação da audiência de conciliação, não sem antes verificar, ao menos perfunctoriamente, a presença dos demais requisitos atinentes ao benefício previdenciário.

Deveras, não faz sentido dilatar o processo se, a toda evidência, pelos documentos acostados à inicial e pelo discurso da parte (v.g. que afirma não contribuir há mais de trinta e seis meses e junta extratos do CNIS nesse sentido) resta clara a improbabilidade de existência do direito.

Existente, contudo, ínfima possibilidade de restarem atendidas todas as demais condições para a percepção do benefício, a saber, a qualidade de segurado e, quando for o caso, da carência, cumpre logo designar perícia, não apenas para verificar a incapacidade, mas seu grau (total ou parcial e permanente ou temporária), possibilidade de reabilitação para outra função, data de início e, em se tratando de doença anterior à filiação ao sistema previdenciário, se a incapacidade, posterior a esse momento, derivou da progressão desse quadro clínico.

Tudo observado, é certo que se atenderá não apenas as regras processuais estabelecidas no Novo Código, mas também aos valores constitucionais e à finalidade da norma jurídica material estampada no art. 201, I, da Constituição Federal e nos arts. 42 e 59 da Lei n. 8.213/91.

7. REFERÊNCIAS BIBLIOGRÁFICAS

ABBAGNANO, Nicola. *Dicionário de filosofia*. São Paulo: Martins Fontes, 2000.

CAPPELLETTI, Mauro; GARTH, Bryant. *Acesso à justiça*. Porto Alegre: Sergio Fagris Ed., 1988.

CARVALHO, Aurora Tomazini de. *Curso de teoria geral do direito* – o constructivismo lógico-semântico. 3. ed. São Paulo: Noeses, 2013.

CARVALHO, Paulo de Barros. *Direito tributário, fundamentos jurídicos da incidência*. 6. ed. São Paulo: Saraiva, 2008.

CASTRO, Carlos Alberto Pereira; LAZZARI, João Batista. *Manual de Direito Previdenciário*. 10. ed. Florianópolis: Conceito Ed., 2008.

COUTURE, Eduardo. *Introdução ao Estudo do processo Civil*. 3. ed. Rio de Janeiro, Forense, 1995.

GASSET, José Ortega y. *O homem e a gente* – intercomunicação humana. 2. ed. Rio de Janeiro: Livro Ibero-Americano Ltda., 1973.

MARTINS, Fran. *Contratos e obrigações comerciais*. 7. ed. Rio de Janeiro: Forense, 1984.

MICHAELIS. *Moderno dicionário da língua portuguesa*. São Paulo: Melhoramentos, 1998.

PALMA, Juliana Bonacorsi de. A Consensualidade na Administrção Pública e seu Controle Judicial. GABBAY, Daniela Monteiro e TAKAHASHI, Bruno. *Justiça Federal*: inovações nos mecanismos consensuais de solução de conflitos. Brasília: Gazeta Jurídica, 2015.

SALLES, Carlos Alberto de. *A indisponibilidade e a solução consensual de controvérsias*. GABBAY, Daniela Monteiro e TAKAHASHI, Bruno. *Justiça Federal*: inovações nos mecanismos consensuais de solução de conflitos. Brasília: Gazeta Jurídica, 2015.

SANTOS, Marisa Ferreira dos. *Direito previdenciário esquematizado*. São Paulo: Ed. Saraiva, 2011.

SERAU JÚNIOR, Marco Aurélio. Apontamentos críticos às conciliações realizadas em ações previdenciárias. In: GABBAY, Daniela Monteiro e TAKAHASHI, Bruno. *Justiça Federal*: inovações nos mecanismos consensuais de solução de conflitos. Brasília: Gazeta Jurídica, 2015.

TOMÉ, Fabiana del Padre. *A prova no direito tributário*. 3. ed. São Paulo: Noeses, 2012.

TORRES, Heleno Taveira. Direito e Poder na Atividade Financeira do Estado Democrático de Direito, In: LEMBO, Claudio; CAGGIIANO, Mônica Herman; ALMEIDA NETO, Manoel Carlos (org.). *Juiz constitucional. Estado e poder no século XXI*: homenagem ao ministro Enrique Ricardo Lewandowski. São Paulo: Revista dos Tribunais, 2015.

VENTURI, Augusto. *Los fundamentos científicos de la seguridad social*. Madrid: Ed. Ministerio del Trabajo e Seguridad Social, 1994.

WAMBIER, Teresa Arruda Alvim et al. *Primeiros comentários ao novo Código de Processo Civil* – artigo por artigo. São Paulo: Revista dos Tribunais, 2015.

---

(30) Partindo da literalidade do texto, a interpretação deverá ser sistemática e teleológica.

AS POSSIBILIDADES DA EFETIVAÇÃO DA PERÍCIA BIOPSICOSSOCIAL NO NOVO CÓDIGO DE PROCESSO CIVIL

José Ricardo Caetano Costa

Doutor em Serviço Social pela PUC-RS. Mestre em Direito pela UNISINOS e Mestre em Desenvolvimento Social pel UCPEL. Professor Titular da cadeira de Políticas Públicas e Justiça Social do Programa de Pós-Graduação em Direito e Justiça Social da FADIR/FURG.

INTRODUÇÃO

Podemos começar esta investigação perguntando-nos da possibilidade, a partir do novo CPC, da efetivação da perícia biopsicossocial no campo da seguridade social. E aqui devemos nos reportar especialmente à Previdência Social, haja visto que tanto na saúde como na assistência essa modalidade de perícia já vem se efetivando, como veremos no decorrer deste trabalho. Será que o novo CPC dá suporte para repensarmos a prova perícial médica, tão dramática na dinâmica administrativa e judicial? Afinal, a quem caberá a reivindicação desta modalidade de prova, diante de sua complexidade e onerosidade?

Talvez várias destas questões permaneçam ainda sem respostas, sendo mais importante, neste momento, levantá-las do que necessariamente respondê-las.

Não há dúvidas, por outro lado, que o novo CPC inaugura uma fase mais democratizante, referindo-se ao processo de escolha, seleção e manutenção dos próprios peritos[1].

Pretendemos, portanto, analisar as alterações trazidas pelo novo CPC no espinhoso campo das perícias na clara da seguridade social, mormente quando deles dependem a concessão dos benefícios previdenciários por incapacidade, a novel aposentadoria dos deficientes e todos os benefícios assistenciais da LOAS. Isso não é pouco.

Para enfrentarmos essas questões, dividimos este estudo em três partes. Na primeira, enfocaremos a importância da Classificação Internacional de Funcionalidade (CIFI-2001), lavrada pela Organização Mundial da Saúde, com ativa participação do Brasil em sua construção e a Convenção de Nova York (ONU-2007), recepcionada pelo Brasil e incorporada ao nosso sistema com *status* de norma constitucional. Na segunda parte, enfrentamos a questão da perícia, do perito e das provas no novo CPC. Por fim, na última parte, já concluindo este trabalho, procuramos identificar a quem pertence a perícia biopsicossocial proposta.

1. A FORÇA REVIGORANTE DA CIF-2001 E DA CONVENÇÃO DE NOVA YORK (ONU-2007): REFLEXOS EM NOSSO SISTEMA SECURITÁRIO

Buscaremos, neste tópico, demonstrar que o conceito de incapacidade e de deficiência sofreu uma significativa alteração no últimos anos, notadamente a partir de 2001, quando a Organização Mundial da Saúde (OMS) emitiu a CLASSIFICAÇÃO INTERNACIONAL DE FUNCIONALIDADE, INCAPACIDADE E SAÚDE (CIF)[2]. Utilizaremos, igualmente, a força vinculante trazida pela CONVENÇÃO SOBRE OS DIREITOS DAS PESSOAS COM DEFICIÊNCIA, da ONU, assinada em Nova Yorke em 2007, passando a ser conhecida como Convenção de Nova York[3].

Esses dois estatutos, a nosso ver, fundamentam o que denominamos Perícia BIOPSICOSSOCIAL, conforme analisamos no decorrer deste tópico. Por outro lado, buscaremos fornecer três exemplos da aplicabilidade deste modelo perícial em nosso sistema: a) a concessão dos benefícios assistenciais da LOAS; b) a dinâmica para a apuração da deficiência e seus graus, constantes na nova Aposentadoria Especial dos Deficientes e, c) o sistema perícial adotado no Estatuto dos Deficientes, recentemente promulgado.

---

(1) Registre-se que os arts. 156, 157 e 158 do novo CC refere-se aos peritos em geral. Para os fins propostos neste artigo, nos interessa somente os peritos médicos, no caso da perícia médica tradicional, e também outros profissionais (terapeutas, psicólogos e especialmente assistentes sociais) quando da perspectiva holística da biopsicossocial.

(2) A CIF de 2001 é uma revisão da Classificação Internacional de Deficiências, Incapacidades e Limitações (ICIDH), publicada pela OMS em 1980, de forma experimental. A CIF atual é fruto de cinco anos de trabalho, reunindo vários países, inclusive com uma participação efetiva do Brasil, vindo a ser aprovada pela 54ª Assembleia Mundial de Saúde, em maio de 2001.

(3) Convenção esta que ingressou no Brasil com o *status* de Emenda Constitucional, diante da obediência aos critérios de aprovação tanto no Congresso como no Senado Federal, sendo promulgada por meio do Decreto n. 6.949/2009.

Mas por que estas questões dizem respeito ao novo CPC e a possibilidade da perícia biopsicossocial?, poderíamos nos perquirir em um primeiro momento. Entendemos ser inexorável a assimilação, no âmbito do judiciário, da perícia complexa (biopsicossocial, leia-se), quando as ações versarem sobre incapacidade/deficiência. O art. 475 do novo CPC, frise-se, abriga essa possibilidade[4].

A começar pelo primeiro Estatuto, que denominaremos simplesmente CIF-2001, veremos que essa classificação deve ser vista conjuntamente com a CID-10[5], vez que esta fornece um modelo etiológico das condições de saúde, repousando na fixação dos critérios de avaliação fundados em dois domínios: funções e estruturas do corpo e atividades e participação (CIF-CJ, 2011, p. 35)[6].

Quiçá o maior mérito da CIF-2001 é ter agregado outros elementos, relacionados ao estado de saúde, dando novo enfoque ao que se denomina incapacidade e deficiência. Como registra a CIF-2011, "duas pessoas com a mesma doença podem ter níveis diferentes de funcionamento, e duas pessoas com o mesmo nível de funcionamento não têm necessariamente a mesma condição de saúde" (CIF-2011, p. 35).

Vejamos os domínios da saúde e os relacionados à saúde, a partir da perspectiva do corpo, do indivíduo e da sociedade:

"(1) Funções e estruturas do Corpo e (2) Atividades e participação. Como uma classificação, a CIF agrupa sistematicamente diferentes domínios de uma pessoa em uma determinada condição de saúde (e. g., o que uma pessoa com uma doença ou transtorno faz ou pode fazer). Funcionalidade é um termo que abrange todas as funções do corpo, atividades e participação; de maneira similar, incapacidade é um termo que abrange deficiências, limitação de atividades ou restrição na participação. A CIF também relaciona os fatores ambientais que interagem com todos estes construtos" (CIF-201, p. 35).

Por outro lado, a utilização da CIF-2001 não exclui a conhecida Classificação Internacional de Doenças (CID-10). Pelo contrário, a própria CIF-2001 aconselha o uso conjunto da CID-10 com o modelo construído a partir das condições ambientais e de participação dos indivíduos. Ocorre que somente a classificação das doenças e suas etiologias não são suficientes para avaliar a incapacidade de um indivíduo. O eixo se desloca da doença para a saúde. Nesse sentido, podemos afirmar que, para sabermos se um indivíduo é incapaz, torna-se necessário que tenhamos uma visão etiológica associada ao estado de saúde: "A CIF transformou-se, de uma classificação de 'consequência da doença' (versão de 1980) em uma classificação dos 'componentes da saúde'." (CIF-2011).

No que refere à sua aplicação na Previdência Social, na Saúde e na formulação de políticas públicas, constou na CIF que:

"A CIF é útil para uma ampla gama de aplicações diferentes, por exemplo, previdência social, avaliação do gerenciamento da assistência à saúde e estudos de população em níveis local, nacional e internacional. Oferece uma estrutura conceitual para as informações aplicáveis à assistência médica individual, incluindo prevenção, promoção da saúde e melhoria da participação, removendo ou mitigando os obstáculos sociais e estimulando a provisão de suportes e facilitadores sociais. Ela também é útil para o estudo dos sistemas de assistência médica, tanto em termos de avaliação como de formulação de políticas públicas." (CIF-2011, p. 38).

A CIF propõe a análise da incapacidade e da funcionalidade através de uma interação dinâmica de diversos fatores, como já acenamos. Nos Fatores Contextuais encontramos os fatores ambientais e pessoais, sendo que estes últimos interagem com todos os componentes da funcionalidade e da incapacidade. Vale relembrar, pela importância que assumem nesta concepção, os conceitos de incapacidade e de funcionalidade: no termo incapacidade estão presentes as deficiências, limitações de atividades ou restrições na participação, enquanto no termo funcionalidade estão presentes todas as funções do corpo, atividades e participação.

Podemos extrair da CIF-2001 os seguintes componentes e definições:

– funções do corpo = são as funções fisiológicas dos sistemas do corpo (incluindo as funções psicológicas).

– estruturas do corpo = são as partes anatômicas do corpo, tais como órgãos, membros e seus componentes.

– deficiências = são problemas nas funções ou nas estruturas do corpo, como um desvio significativo ou uma perda.

– atividade = é a execução de uma tarefa ou ação por um indivíduo.

---

(4) Tratando-se de perícia complexa que abranja mais de uma área de conhecimento especializado, o juiz poderá nomear mais de um perito, e a parte, indicar mais de um assistente técnico.
(5) Como explica NUBILA (2008), a CID surgiu em 1893 como forma de classificar a causa dos óbitos. A partir de sua sexta revisão, a CID passou a incluir todas as doenças, bem como o motivo das consultas, passando, a partir da décima revisão, a agregar os tipos de patologia por "famílias", o que ficou conhecida como CIF-10, ainda segundo esta mesma autora.
(6) Esclarecemos que iremos utilizar a versão da CIF publicada pela Universidade de São Paulo, cujo título é Classificação Internacional de Funcionalidade, Incapacidade e Saúde – Versão para Crianças e Jovens, em conjunto com a Organização Pan-americana da Saúde e Organização Mundial da Saúde, publicado pela EDUSP. Para fins de citação utilizaremos somente (CIF-2011).

- participação = é o envolvimento em situações de vida diária.
- limitações de atividades = são as dificuldades que um indivíduo pode encontrar na execução de atividades.
- restrições de participação = são os problemas que um indivíduo pode enfrentar ao se envolver em situações de vida.
- fatores ambientais = compõem o ambiente físico, social e atitudinal no qual as pessoas vivem e conduzem a sua vida.

A partir dessa compreensão conceitual veremos que a CIF restou dividida em duas partes, com dois componentes cada. Vejamos:

PARTE 1 – Funcionalidade e Incapacidade, que dividem-se em Funções e Estruturas do Corpo e Atividades e Participação.

PARTE 2 – Fatores Contextuais, os quais dividem-se em Fatores Ambientais e Fatores Sociais.

A questão que está colocada, e a própria CIF-2011 traz isso à tona (p. 48), é o confronto entre o "modelo médico" e o "modelo social". Segundo o primeiro sistema, até hoje reinante entre nós, "a incapacidade é um problema da pessoa, causado diretamente pela doença, trauma ou outro estado de saúde, que requer assistência médica fornecida através de tratamento individual por profissionais. Os cuidados em relação à cura ou a adaptação do indivíduo e a mudança de comportamento".

Na outra perspectiva, representada pela segunda concepção, que passou a se denominar "biopsicossocial", justamente por agregar a perspectiva biológica, individual e social, encontramos a incapacidade focada em outras bases. Ela é um problema criado socialmente, não sendo "um atributo de um indivíduo, mas sim um conjunto complexo de condições, muitas das quais criadas pelo ambiente social. Assim, o enfrentamento do problema requer ação social e é responsabilidade coletiva da sociedade fazer as modificações ambientais necessárias... (...) a incapacidade é uma questão política" (CIF-2011, p. 48-49).

No Anexo 5 da CIF encontramos uma breve, mas profícua, análise das pessoas com incapacidades. Resumindo, diante dos fins propostos neste trabalho, a CIF não se apresenta como uma forma de classificação de pessoas. Se trata de uma classificação das características de saúde das pessoas, dentro de um contexto em que considera as questões individuais e os impactos ambientais. Essa lógica, portanto, muda completamente o que entendemos por incapacidade, na acepção tradicional vigente. Exemplo: segundo a CIF, não existe pessoa mentalmente incapacitada, mas sim com problema de aprendizado.

A CIF teve o devido cuidado de não rotular sistematicamente as pessoas, de modo que as categorias são neutras, justamente para evitar a depreciação, o estigma e as conotações inadequadas (CIF-2011, p. 252).

Para reforçar a tese da mudança de paradigma, até agora esposada, entendemos ser importante uma análise em outro documento internacional, qual seja a Convenção Internacional sobre os Direitos das Pessoas com Deficiência, homologado pela ONU em 13.12.2006.

Segundo esta Convenção, a incapacidade/deficiência "é um conceito em evolução e que resulta da interação entre pessoas com deficiência e as barreiras devidas às atitudes e ao ambiente, que impedem a plena e efetiva participação dessas pessoas na sociedade em igualdade de oportunidades com as demais pessoas" (conforme exposto pela Convenção Internacional sobre os Direitos das Pessoas com Deficiência da ONU, ratificada pelo Brasil por meio do Decreto Legislativo n. 186, de 9.7.2008 e promulgadas pelo Decreto n. 6.949, de 25.8.2009).

Segundo ainda esta Convenção Internacional, as pessoas portadoras de deficiência "são aquelas que têm impedimentos de longo prazo, de natureza física, mental, intelectual ou sensorial, as quais, em interação com diversas barreiras, podem obstruir sua participação plena e efetiva na sociedade em igualdade de condições com as demais pessoas".

Percebe-se, pela leitura do exposto na Convenção, uma nítida influência da CIF de 2001, vez que as barreiras sociais podem obstruir a participação efetiva dos indivíduos em sociedade, conduzindo, necessariamente, à mudança da concepção vigente do que é doença e incapacidade.

Fruto desta Convenção Internacional da ONU, a qual o Brasil referendou e passou a ter o *status* de Emenda Constitucional, o Decreto n. 6.564/2008 alterou significativamente o critério biomédico até então utilizado para verificação da deficiência, prevista na LOAS de 1993. Segundo esta, a avaliação da deficiência e do grau de incapacidade passa a ser composta da avaliação médica e social, cabendo a estas áreas específicas as seguintes incumbências: a avaliação médica da deficiência e do grau de incapacidade considerará as deficiências nas funções e nas estruturas do corpo, e a avaliação social considerará os fatores ambientais, sociais e pessoais, e ambas considerarão a limitação do desempenho de atividades e a restrição da participação social, segundo suas especialidades.

O INSS, por sua vez, em 29 de maio de 2009, através da Portaria Conjunta n. 1, instituiu os instrumentos para a avaliação da deficiência e do grau de incapacidade dos pretendentes ao benefício assistencial da LOAS, buscando o cumprimento dos ditames estabelecidos na CIF de 2001 e na Convenção Internacional mencionada.

No mesmo sentido, a Instrução Normativa INSS/Pres. n. 77/2015 trouxe no Capítulo V, Seção XIV, que trata "Do Serviço Social", vários dispositivos que convergem ao argumento aqui exposto. Vejamos: no art. 409 consta que o Assistente Social deverá realizar o parecer e a pesquisa social, bem como avaliar a pessoa com deficiência. Os §§ **4º e 6º deste mesmo artigo, todos da IN** n. 77/2015, são dignos de citação literal.

Art. 409.

[...]

§ 4º A avaliação social, em conjunto com a avaliação médica da pessoa com deficiência, consiste num instrumento destinado à caracterização da deficiência, e considerará os fatores ambientais, sociais, pessoais, a limitação do desempenho de atividades e a restrição da participação social dos requerentes do Benefício de Prestação Continuada da Assistência Social.

[...]

§ 6º O Serviço Social terá como diretriz a participação do beneficiário na implementação e fortalecimento da Seguridade Social, especialmente no que tange à política previdenciária e da assistência social, e com as outras áreas do INSS, entidades governamentais e organizações da sociedade civil.

Não se trata, porém, como pensam alguns, da necessidade dos dois peritos para realizar seus trabalhos estanques e descolados um do outro: o Perito Médico para avaliar a deficiência ou incapacidade duradoura dos segurados e o Perito Social para verificar a questão da renda. Não é isso. Trata-se de um trabalho interdisciplinar, em conjunto, diante da complexidade com que se apresentam os casos que versam sobre estas questões.

Com efeito, esse procedimento já está sendo feito no âmbito da Assistência Social quando se trata da concessão dos benefícios assistenciais.

A pergunta que fazemos é: por que este mesmo procedimento não foi implementado para os benefícios previdenciários, quando é necessária a avaliação da incapacidade laboral ou a invalidez dos segurados? Responder que estes dois importantes marcos (a CIF-2001 e a Convenção...2007) aplicam-se somente aos benefícios assistenciais não possui nenhum embasamento. Como vimos, podem – e devem – ser aplicados em todos os campos da seguridade social.

Parece, ao nosso ver, ser inexorável o caminho da perícia biopsicossocial como forma de avaliação da incapacidade/invalidez/deficiência, tal como eleita na dinâmica dos Benefícios dos Deficientes, objeto deste trabalho.

Aliás, é de bom alvitre lembrar que nem sempre esse entendimento, o da Perícia Complexa (Médica e Social), quando da avaliação dos pedidos do BPC da LOAS, é mantida nos processos judiciais vindicando este benefício. É comum o entendimento de magistrados que designarão os Peritos Médicos para realizar a análise das patologias e o Assistente Social, como Perito Social, para verificar a questão da renda mensal da família do requerente.

Analisando criticamente essa sistemática, ver-se-á que a perícia social não se restringe somente à avaliação da renda *per capita* à família do requerente ao BPC da LOAS, mas também na aferição de todos os outros componentes expostos na CIF-2001. Adotar outra sistemática é causar enormes prejuízos aos segurados, mormente em se tratando de benefício assistencial.

Em outras palavras, podemos, infelizmente, afirmar que em alguns tantos casos o sistema judicial, que deveria alargar o acesso dos mais pobres ao BPC assistencial vindicado, termina por ser mais restrito do que os tortuosos caminhos da Previdência Social.

De qualquer modo, o caminho aberto pela sistemática de avaliação do Benefício de Prestação Continuada da LOAS é indicativo da aplicação deste mecanismo para os demais casos envolvendo benefícios previdenciários[7].

Por outro lado, o benefício trazido pela Lei Complementar n. 142/2014, por seu turno, coroa este método de PERÍCIA BIOPSICOSSOCIAL por nós defendido.

A Portaria Interministerial AGU/MPS/MF/SEDH/MP n. 1, de 27.1.2014[8], publicada no *Diário Oficial da União* em 30.1.2014, é o ato no qual o INSS "aprova o instrumento destinado à avaliação do segurado da Previdência Social e à identificação dos graus de deficiência, bem como define impedimento de longo prazo, para os efeitos do Decreto n. 3.048, de 6 de maio de 1999", ou seja, ela definiu os procedimentos nos quais o Instituto irá avaliar o requerente no ato pericial, bem como estabeleceu os critérios para avaliação dos graus de deficiência (leve, moderado e grave) estabelecidos pela LC n. 142/2013. Essa Portaria foi baseada na CIF, embora alguns de seus procedimentos introduzam inovações próprias, inspiradas naquela Convenção. No seu art. 1º, a portaria estabeleceu o seguinte:

Art. 1º Esta Portaria Interministerial aprova o instrumento destinado à avaliação do segurado da previdência social e à identificação dos graus de deficiência, bem como define impedimento de longo prazo para os efeitos do Decreto n. 3.048, de 6 de maio de 1999.

É com base nessa Portaria que o INSS irá realizar a perícia médica e social do segurado que requer um benefício de acordo com a LC n. 142/2013. Será esta modalidade de perícia complexa que irá determinar a deficiência, para fins da Aposentadoria por Idade prevista na LC n. 142/93, bem como os níveis ou graus de deficiência para a configuração da Aposentadoria por Tempo de Contribuição, o que implica a redução do tempo de contribuição conforme for o grau de deficiência: quanto maior, menor o tempo para esse fim (MAUSS; COSTA, 2015).

Na arena do Judiciário, é necessário que se diga que a perícia biopsicossocial, pelo menos na perspectiva da avaliação da incapacidade/deficiência nos direitos assistenciais da LOAS, andou muito bem. A Turma Nacional de Uniformização de Jurisprudência dos Juizados Especiais Federais – TNU, emitiu duas Súmulas que apontam para a

---

(7) Para uma análise mais detalhada do benefício assistencial na dinâmica da LOAS ver SERAU; COSTA, 2015.
(8) Para fins de simplificação da denominação nesse trabalho, trataremos tal instrumento normativo simplesmente pelo nome de Portaria n. 1/2014.

construção e efetivação da Perícia Biopsicossocial, muito embora em ambas não conste esta expressão nominalmente. A Súmula de n. 78 assim determinou: "Comprovado que o requerente de benefício é portador do vírus HIV, cabe ao julgador verificar as condições pessoais, sociais, econômicas e culturais, de forma a analisar a incapacidade em sentido amplo, em face da elevada estigmatização social da doença". Na Súmula n. 80 restou consignado: "Nos pedidos de benefício de prestação continuada (LOAS), tendo em vista o advento da Lei n. 12.470/11, para adequada valoração dos fatores ambientais, sociais, econômicos e pessoais que impactam na participação da pessoa com deficiência na sociedade, é necessária a realização de avaliação social por assistente social ou outras providências aptas a revelar a efetiva condição vivida no meio social pelo requerente".

Não há dúvidas de que a TNU vem apontando no prestígio dos componentes da CIF-2001, como vimos, o que vem sendo traduzido nos julgados como a avaliação das "condições pessoais e sociais" dos jurisdicionados que buscam no Judiciário o resguardo dos seus direitos.

Não há dúvidas, também, de que este processo é prenhe de contradições, avanços e retrocessos. Não é a esmo a construção da Súmula n. 77, também da TNU, mas anterior a estas duas citadas, em que consta que "o julgador não é obrigado a analisar as condições pessoais e sociais quando não reconhecer a incapacidade do requerente para a sua atividade habitual". Seguir esta Súmula à risca, e muitos juízes ainda a utilizam justamente para não realizar a perícia biopsicossocial, lamentavelmente, significa partir do pressuposto de que a perícia médica é suficiente para dirimir a complexa questão da incapacidade/deficiência.

Com efeito, mesmo que estas construções jurisprudenciais, que caminham no sentido apontado pela CIF-2001 e pela Convenção de Nova York de 2007, se reportem ao âmbito dos benefícios assistenciais, não há dúvidas de que serão apropriadas no contexto dos benefícios previdenciários. Frise-se, mais uma vez, que a *novel* Aposentadoria dos Deficientes está no âmbito da Previdência Social, tendo adotado explicitamente a perícia biopsicossocial na sua dinâmica.

Por fim, como reflexo destes dois estatutos ora trabalhados, citamos o denominado ESTATUTO DA PESSOA COM DEFICIÊNCIA, aprovado pela Lei n. 13.146, de 6 de julho de 2015. Este importante Estatuto, que instituiu a Lei Brasileira de Inclusão da Pessoa com Deficiência, assim denomina a condição de deficiente em seu art. 2º: "Considera-se pessoa com deficiência aquela que tem impedimento de longo prazo de natureza física, mental, intelectual ou sensorial, o qual, em interação com uma ou mais barreiras, pode obstruir sua participação plena e efetiva na sociedade em igualdade de condições com as demais pessoas". No que respeita à forma de avaliação da deficiência, no § 1º do art. 1º, e seus incisos, assim dispôs: "A avaliação da deficiência, quando necessária, será biopsicossocial, realizada por equipe multiprofissional e interdisciplinar e considerará: I – os impedimentos nas funções e nas estruturas do corpo; II – os fatores socioambientais, psicológicos e pessoais; III – a limitação no desempenho de atividades; e IV – a restrição de participação".

O legislador, por sua vez, concedeu um prazo de dois anos para a efetivação da perícia biopsicossocial enquanto política pública. Esse prazo, contado a partir dos cento e oitenta dias de vacância da lei, terminará em 5 de janeiro de 2018.

Entendemos, desse modo, que não somente os entes públicos gestores das políticas securitárias deverão se adequar a essa nova realidade, mas também o Judiciário como um todo. Não é possível que cheguemos à uma realidade em que os critérios utilizados nas vias administrativas sejam mais benéficos, leia-se justos, do que aqueles utilizados pela via judicial. Aliás, a Súmula n. 80 da TNU veio no sentido de corrigir a inadequação do procedimento utilizado na avaliação do BPC da LOAS, em que era prestigiada somente a prova pericial médica para avaliação da incapacidade duradoura. Parece-nos que podemos ancorar a perícia complexa, diga-se biopsicossocial, dentro da lógica trazida pelo novo Código Processual.

2. DOS PERITOS, DAS PERÍCIAS E DAS PROVAS NO NOVO CÓDIGO DE PROCESSO CIVIL

O novo CPC traz, a nosso ver, várias inovações no que respeita a Perícia e ao ato pericial propriamente dito. Sem dúvidas, há um avanço significativo em relação às disposições do antigo Código. Encontramos, destarte, na Seção II, que se refere ao perito propriamente dito, e na Seção X, que se refere à prova pericial, vários dispositivos e normas que podem ser aplicadas, direta ou indiretamente, na seara previdenciária.

Para os fins colimados no presente artigo, em virtude da pesquisa acerca da perícia biopsicossocial, parece-nos que reside no art. 475 o seu fundamento: tratando-se de perícia complexa que abranja mais uma área de conhecimento especializado, o juiz poderá nomear mais de um perito, e a parte, indicar mais de um assistente técnico". Vejamos que esta disposição é a mesma encontrada no art. 432-B do Código antigo, cuja redação foi dada em 2001 pela Lei n. 10.358.

De qualquer modo, é de fundamental importância esse dispositivo, muito embora o verbo de ligação seja "poderá" e não "deverá", como seria o correto em se tratando de perícia para avaliação de incapacidade ou deficiência dos segurados quando de pedidos de benefícios ou prestações.

Já discorremos em diversos outros trabalhos na defesa do ato pericial como um ato complexo, diante da perícia biopsicossocial que se apresenta como a única forma de verificação das incapacidades, mesmo que temporárias (COSTA, 2014; COSTA, 2015). De qualquer modo, fizemos um resumo apertado: se a perícia médica, por si, não é suficiente para avaliar os demais componentes que extrapolam o mero aspecto fisiológico e patológico, somente uma avaliação social poderá permitir o conhecimento das outras condições que circundam o indivíduo. Essas condições, que na CIF-2001, como vimos, é mais bem detalhada, a jurisprudência vem simplificando na expressão "condições pessoais e sociais". Por certo que os peritos médicos não possuem habilidades e competências, muito menos disposição para enfrentar a realidade social, in loco, e fazer um detalhado estudo da realidade concreta do cidadão, em sua mediação com o meio ambiente em que vive, suas interpelações pessoais e sociais, sua interação com a comunidade, o acesso às demais políticas de proteção social, suas atitudes, entre outros elementos de igual importância nesse contexto.

Diante disso, não temos nenhuma dúvida de que a avaliação da incapacidade/deficiência somente pode ser conhecida mediante uma análise mais holística, inter/multidisciplinar, ou seja, biopsicossocial.

Aliás, é bom que se frise que esta modalidade de avaliação está presente nos outros dois campos da seguridade social: na saúde, em que as equipes multidisciplinares fazem isso há muitos anos e na assistência social, cuja prática da avaliação médica e social é uma regra na própria dinâmica do INSS, quando da avaliação ao benefício assistencial. E mais: na novel aposentadoria dos deficientes, introduzida pela Lei Complementar n. 143/2013, regulamentada pelo Decreto n. 8.145/2013, a modalidade eleita para a avaliação dos níveis de deficiências é expressamente a biopsicossocial (MAUSS; COSTA, 2015). E mais ainda: no recém promulgado Estatuto do Deficiente, é igualmente a perícia biopsicossocial responsável para a verificação da condição de deficiência conforme disposto no art. 2º, § 1º da Lei n. 13.146/2015.

Não há dúvidas, portanto, que quando tratamos de benefícios da seara da Previdência Social, e é bom lembrar que a Aposentadoria dos Deficientes está no catálogo dos direitos previdenciários, pois não é assistencial, que envolvam a incapacidade para o trabalho ou a invalidez dos segurados, estaremos diante de uma questão que somente poderá ser avaliada por meio das perícias sociais e médicas.

Muito embora a redação taquigráfica do art. 475 do novo CPC deixe de forma alternativa ao Juiz a designação de duas perícias, a social e a médica, não temos dúvidas de que, se mantiver somente esta última, como vem acontecendo até então, a avaliação será sempre parcial, deficitária, não reveladora da realidade concreta da vida do segurado. Parece que o modelo de perícia médica já adoeceu há muito tempo (COSTA; SERAU, 2014), cabendo urgentemente a adequação do procedimento perícial à concepção biopsicossocial.

Vejamos, por seu turno, algumas importantes regras atinentes ao perito, na nossa visão, aos peritos (médico e social). Primeiro, embora possa passar despercebido, o parágrafo 1º do art. 156 merece uma reflexão. Segundo esse dispositivo, é necessário um cadastro de peritos legalmente habilitados, junto ao Tribunal ao qual o juiz está vinculado, de modo que ele possa utilizar o trabalho desses profissionais. Não é o que vem acontecendo atualmente: existe um registro do profissional junto à Justiça, mas não é obedecida uma ordem ou rodízio entre os profissionais habilitados. O que vale dizer, simplificando, que o Juiz designa um profissional da área traumatológica/ortopédica, somente para tomar o exemplo mais comum, e este faz perícias a atacado, em massa, quase que de forma coletiva. A ideia de cadastro, pelo que nos faz crer, supera o mero registro que qualquer profissional possa ter junto ao Tribunal. A ideia é de um cadastro sistemicamente organizado, de modo que seja permitido o acesso aos trabalhos periciais de todos os inscritos, sem privilégio de um ou de outro profissional. Aliás, essa distribuição equitativa dos misteres entre os peritos constantes no cadastro está prevista no § 2º do art. 157 do novo Código.

Também, neste mesmo artigo, o § 2º merece uma salutar análise. Torna-se publicizada e mais democrática a escolha dos peritos, evitando aqueles casos, comuns na vida da justiça brasileira, em que o Juiz escolhe os seus peritos, tendo em vista o critério único da "confiança" no profissional. Com isso, não somente deixa-se de divulgar a possibilidade de outros tantos profissionais poderem, em tese, ser habilitados para realizar estes trabalhos, como é velada a escolha, quase que secreta, permanecendo nos quadros cadastrais somente alguns peritos de confiança do Juiz. Este dispositivo traz uma ordem, pois a expressão é "devem realizar" consultas públicas, seja por meio das redes sociais, jornais de grande circulação, além de consultas direta a universidades, aos conselhos de classe, ao Ministério Público e à própria OAB. Tudo para dar maior divulgação e permitir uma maior participação de todos os interessados nesta fundamental habilidade, pois sabemos que os resultados periciais são fundamentais no resultado da demanda.

No que diz respeito à prova perícial, encontramos um misto de avanço com retrocesso, em se comparando ao Código anterior. A principal disposição, a nosso julgar, está no art. 473 e seus quatro incisos, muito embora tenhamos que analisar esse artigo com uma certa cautela.

O dispositvo enumera as partes que devem constar do laudo perícial: o objeto da perícia, a análise técnica ou científica utilizada pelo perito, a indicação do método utilizado e as respostas conclusivas aos quesitos elaborados no processo. Em uma análise epistêmica, podemos concluir, pelo conjunto das disposições trazidas, que o legislador adotou uma postura tecnicista que talvez pouco ajude no trato das perícias judiciais. No próprio inciso II deste artigo resta assumida essa postura: análise técnica ou científica realizada pelo perito. E o § 2º complementa: "é vedado ao perito ultrapassar os limites de sua designação, bem como emitir opiniões pessoais que excedam o exame técnico ou científico do objeto da perícia". Talvez em grande parte das perícias, que ficam adstritas à análise de uma realidade mais objetiva, tal como dirimir a metragem de uma área, a demarcação de uma propriedade, por exemplo, seja possível essa avaliação mais técnica. Nas demais, não é possível essa avaliação. Talvez, pelo contrário, as impressões subjetivas do perito médico, por exemplo, sejam o componente mais importante para subsidiar o Juiz na decisão da demanda. Nas análises sociais, por sua vez, é a subjetividade, e não o objetivismo cientificista, que irá demonstrar as questões sociais e pessoais que circundam o meio em que o Autor vive. Estes dados são mais importantes do que uma mera descrição dos móveis e utensílios que guarnecem o lar, por exemplo.

A disposição da indicação do método utilizado pelo perito, constante no inciso III, por sua vez, reforça ainda mais essa concepção epistêmica positivista. Vejamos que o perito deve declinar o método utilizado, e não a metodologia, como entendemos seja o correto. Isso porque método e metodologia não são a mesma coisa[9]. No campo da seguridade social, o que deve ser explícito não é o método, mormente quando podem e devem ser utilizados mais de um método de forma conjugada, mas sim a metodologia. E por metodologia entende-se o conjunto de procedimentos, métodos, técnicas e instrumentais utilizados para o conhecimento de uma determinada realidade. O que interessa objetivamente, e deve ficar explícito no laudo pericial, são os procedimentos utilizados pelo perito médico, em se tratando de perícia nesta área do conhecimento, que conduziram o seu trabalho de *expert*. O que vale dizer, amiúde: se realizou entrevista com o periciando, se analisou os exames juntados aos autos, se solicitou ao periciando a realização de movimentos específicos, se avaliou outros documentos, se ouviu outras pessoas, entre outros procedimentos. Se foi dedutivista ou indutivista é de pouca importância. Não ajudará em nada ao Juiz. Talvez até o atrapalhe. Já no último inciso deste mesmo artigo, consta um dispositivo de vital importância para a seara pericial: a necessária fundamentação e justificação dos quesitos formulados no processo. Não é mais admissível que as respostas aos quesitos sejam registradas monossilabicamente em um "sim", "não", "não se aplica", "já respondido", "nada a declarar", somente para citar os mais usuais.

Frise-se que nossa experiência com os trabalhos periciais médicos, até o presente, são extremamente insatisfatórias: louvados somente na CID-10, os peritos médicos cingem-se a narrar que "existe a patologia, mas esta não é incapacitante". Nos demais quesitos subsequentes, repetem tão somente que "não existe incapacidade." Essa constatação acaba sendo fundamental no julgamento da ação previdenciária proposta, que termina por ser improcedente, não havendo a designação da perícia biopsicossocial devido ao uso da Súmula n. 77 da TNU[10].

Talvez resida no art. 479 do novo CPC o ponto mais alto no prestígio à clareza e honestidade em busca da verdade real, em se tratando das avaliações que tem por objeto os benefícios por incapacidade. Reza esse artigo que o Juiz apreciará a prova pericial, indicando as razões que o conduziram a adotar ou a rejeitar as conclusões a que o perito chegou. Vemos a importância deste dispositivo quando, atualmente, a prática forense indica que as sentenças que julgam os pedidos de benefícios por incapacidade (auxílio-doença, aposentadoria por invalidez, especialmente), tão somente reportam-se ao laudo pericial *en passant*, não restando qualquer apreciação do Juiz acerca da metodologia utilizada pelo perito e suas conclusões. E pior: nas Turmas Recursais dos Juizados Especiais Federais, como pudemos analisar em outro trabalho (COSTA, 2010), a sentença é mantida "por seus próprios fundamentos". A distância do caso concreto é visível demais: a conclusão do laudo pericial é pela capacidade laboral, vindo a sentença, em uma página, ou meia, cingir-se a narrar que "segundo o laudo pericial não existe incapacidade", logo, impõe-se a improcedência do pedido. De fato, falando-se de método, atualmente é o método silogístico ou entinemático, vindo da lógica formal, que dita o resultado do processo. Lamentável!

Seguindo essa nova metodologia, para utilizarmos a expressão que mais se adequa, um simples copia e cola não será suficiente para fundamentar a sentença. Será necessário que o magistrado se reporte ao laudo, sua metodologia, que poderá ser desconstituída, frise-se, fundamentando sua posição.

Quanto à antecipação da prova, constante na Seção II do novo CPC, talvez aqui sim tenhamos uma grande inovação que poderá ser aplicada na seguridade social como um todo, especialmente no que se refere às perícias médica e social.

Primeiro, entendemos que a antecipação da prova pericial, *lato sensu*, está conectada com as tutelas diversas constantes a partir do art. 294 do novo CPC[11]. A experiência e a prática forense vêm demonstrando que, nas causas que versam sobre a incapacidade dos postulantes, os juízes so-

---

(9) Por metodologia compreende-se o conjunto de métodos e procedimentos utilizados em uma pesquisa, enquanto o método pode ser definido como o conjunto das atividades sistemáticas e racionais que, com maior segurança e economia, permite alcançar os objetivos, ou seja, os conhecimentos válidos e verdadeiros (DEMO, 2000).

(10) Segundo esta Súmula, o juiz não é obrigado a avaliar as demais condições, pessoais e sociais, se for constatada a capacidade do autor postulante da ação. Ocorre que, contrariamente, é impossível a análise da incapacidade sem avaliar estas condições. Veremos mais detalhadamente essa questão no final do tópico antecedente.

(11) Segundo a sistemática adotada pelo novo CPC, a tutela provisória poderá ser fundamentada nos critérios de urgência ou evidência (art. 294), podendo ser concedida em caráter antecedente ou incidental. Diante da natureza evidente e inquestionavelmente alimentar das causas previdenciárias e assistenciais, não há dúvidas de que estes mecanismos de antecipação dos efeitos da sentença possuem uma importância vital na proteção dos direitos dos segurados. Por isso, entendemos fundamental a conexão da antecipação da prova pericial com o instituto da tutela provisória, mormente quando os benefícios por incapacidade demandam a prova pericial biopsicossocial, a nosso julgar, para maior segurança do juízo na concessão destas medidas.

mente sentem-se seguros para concederem os provimentos tutelares, independente da espécie que se apresentam, após a realização dos trabalhos periciais.

Com efeito, a antecipação da prova pericial é de vital importância na perspectiva autocompositiva trazida pelo novo CPC. Vejamos, por exemplo, as possibilidades fundamentadoras dessa antecipação da prova na esfera da seguridade social a partir dos dois primeiros incisos do indigitado artigo: primeiro, a dificuldade da constatação de determinado fato, em nosso caso a incapacidade, se não for feita a prova no seu tempo exato. Ex.: pedido de auxílio-doença por incapacidade temporária, estando a capacidade laboral restabelecida quando da realização da perícia e, segundo, a possibilidade de, a partir da prova pericial, haver a autocomposição do conflito.

A essas duas possibilidades, ensejadoras da antecipação da prova, deve ser elencado o carácter essencialmente alimentar dos benefícios previdenciários e assistenciais, o que pode ensejar inclusive o risco da existência do próprio indivíduo em caso de demora na entrega da prestação jurisdicional.

Neste caso, por se tratar de perícia complexa, como vimos, tanto a perícia médica como a perícia social poderão ser requeridas de forma antecipada, inclusive antes da citação da própria Autarquia Securitária, de modo a facilitar tanto a autocomposição da lide (mediação e conciliação) como a antecipação de medicas cautelares que permitam a prestação alimentar buscada como bem maior nestas ações.

3. À GUISA DE CONCLUSÃO: A QUEM PERTENCE A PERÍCIA BIOPSICOSSOCIAL?

Há duas décadas e meia nos dedicamos ao estudo e labor junto ao Direito Previdenciário. Sempre ficamos incomodados com a prova pericial como forma única para constatação da incapacidade laboral. Seja na via administrativa, seja na via judicial, a rapidez com que os cidadãos (segurados e autores, respectivamente) são atendidos pelos espertos merece, no mínimo, certa desconfiança. Não é possível que em vinte minutos, ou menos, os espertos possam realizar uma avaliação nos exames, atestados e demais documentos juntados pelos cidadãos. Os reclames de que nem sequer são olhados nos olhos ou perguntados sobre a patologia, seus misteres, suas vidas, são correntes e recorrentes[12].

Os causídicos vêm tentando, sem êxito algum, indagar aos peritos médicos sobre as condições pessoais e sociais que circundam os casos concretos a que se dedicam. Por mais que os peritos sejam bem intencionados, nada podem contribuir nesse sentido. Não faz parte de suas especialidades essa investigação. Não possuem competência técnica para tanto.

A investigação das condições pessoais e sociais merece uma análise mais profunda da realidade em que os segurados e autores vivem. Arriscamos afirmar que nem sequer uma inspeção judicial, conforme previsto no art. 481 do novo CPC, poderá contribuir para essa investigação. Seja pela falta de especialidade dos magistrados, que também não possuem formação para tanto, seja pela absoluta falta de tempo para deixar as dependências do fórum deslocar-se até a residência dos autores das ações. Aliás, é de bom alvitre analisar a redação desse artigo. Isso porque consigna que o Juiz poderá, de ofício ou a pedido das partes, realizar inspeção de pessoas ou coisas. A ideia, portanto, não é de investigação da realidade social, buscando analisar as questões pessoais e sociais dos autores. Não podemos compreender esta realidade como uma "coisa", o que não resistiria a qualquer prova ontológica.

Por outro lado, a designação de avaliação das condições sociais e pessoais por meio de Oficial de Justiça, como está sendo comum em vários pretórios, também se mostra inadequada, para utilizar uma expressão mais amena. Isso porque os instrumentos do Estudo Social, Parecer Social e Laudo Social somente poderão ser objeto do labor dos Assistentes Sociais, conforme preceitua o art. 4º, inciso XI, da Lei n. 8.662/1993.

Com efeito, parece que o caminho aberto pela CIF-2001 e pela Convenção de Nova York (2007) é um caminho sem volta. A recepção da perícia biopsicossocial em nosso meio, e sua evolução enquanto política pública, pode ser vislumbrada pela sistemática adotada no seio da LOAS, na forma de avaliação dos níveis de incapacidade/deficiência trazida pela Lei Complementar n. 142/2013, bem como pelo Estatuto do Deficiente de 2015, todos elegendo esta modalidade de perícia para a avaliação da incapacidade duradoura e a deficiência e seus níveis.

Adrede é necessário que se diga que a concepção da perícia biopsicossocial não exclui a perícia médica. Muito pelo contrário. Vimos na própria CIF-2001 a indicação da utilização da Classificação Internacional de Doenças (CID), na configuração desta nova modalidade pericial.

Todavia, muito embora a Aposentadoria dos Deficientes esteja na seara da Previdência Social, ainda é nesta espécie da Seguridade Social que há maior resistência na adoção da perícia complexa, para utilizarmos a terminologia constante no novo CPC.

De qualquer modo, parece injustificável que tenhamos dois tratamentos distintos para uma mesma realidade. O que equivale a dizer que, se um segurado ou autor de uma ação que busca um benefício assistencial, por não ter contribuição suficiente para outro benefício de natureza previdenciária, apresentar uma incapacidade (temporária mas duradoura, neste caso), terá a possibilidade de dupla e concomitante avaliação: a médica e a social. Caso este mesmo segurado estivesse postulando um auxílio-doença no âmbito previdenciário, teria direito somente à avaliação pericial médica, parcial e incompleta, sem dúvida alguma.

---

(12) Sobre a ontologia que deveria estar presente no ato pericial médico ver COSTA, 2014.

Não há justificativa para esse tratamento distinto, que poderá ocorrer caso não seja assimilada essa nova modalidade pericial em toda a Seguridade Social.

Não temos dúvidas de que a perícia biopsicossocial pertence ao cidadão, ao trabalhador e a todo contribuinte da Previdência Social, especialmente quando tem comprometida a capacidade laboral e necessita de um período (menor ou maior) para seu restabelecimento. Este cidadão, por sua vez, possui direito a uma avaliação abrangente do seu estado de saúde. A CIF-2001 fez uma ruptura de paradigmas quando demonstrou que a questão central não é a doença, mas sim a falta de saúde. A patologia, em si, pode nada representar, como vimos no decorrer deste trabalho.

De todo o exposto, entendemos que neste momento é mais importante levantarmos estes questionamentos ao invés de darmos respostas prontas a todas estas formulações. Não temos dúvida, por seu turno, de que a perícia biopsicossocial deve ser uma prática tanto no âmbito administrativo como no judicial, mormente quando se espera que este Poder tenha os critérios mais abertos e abrangentes do que aqueles utilizados pela Administração.

4. REFERÊNCIAS BIBLIOGRÁFICAS

CLASSIFICAÇÃO INTERNACIONAL DE FUNCIONALIDADE, INCAPACIDADE E SAÚDE – versão para crianças e jovens. Organização Pan-americana da Saúde/Organização Mundial da Saúde/Centro Colaborador da OMS para a Família de Classificações Internacionais em Português. São Paulo: Editora da Universidade de São Paulo, 2011.

COSTA, José Ricardo Caetano. *Mantenho as injustiças por seus próprios fundamentos...? Uma reflexão (necessária) sobre as decisões não fundamentadas das Turmas Recursais do RGS.* In: Juris Plenum Trabalhista e Previdenciária. Caxias do Sul: Plenum, v. 3, p. 25-35.

COSTA, José Ricardo Caetano. *Perícia biopsicossocial*: perspectivas de um novo modelo pericial. Caxias do Sul: Editora Plenum, 2014.

COSTA, José Ricardo Caetano; SERAU JR., Marco Aurélio. *A perícia médica está doente*: perspectivas para a construção da perícia biopsicossocial. Jornal do 33º Congresso de Previdência Social. São Paulo: LTr, p. 33-34.

DEMO, Pedro. *Metodologia do conhecimento científico.* São Paulo: Editora Atlas, 2000.

MAUSS, Adriano; COSTA, José Ricardo Caetano. *Aposentadoria especial dos deficientes*: aspectos legais, processuais e administrativos. São Paulo: LTr, 2015.

SERAU JR., Marco Aurélio; COSTA, José Ricardo Caetano (Coords.). *Benefício assistencial*: temas polêmicos – Lei n. 8.742/93. São Paulo: LTr, 2015.

Prerrogativas processuais do INSS no novo Código de Processo Civil

Karina Carla Lopes Garcia
Advogada da União, Pós-Graduada em Direito Constitucional.

Daiane Kelly Ravaneda
Procuradora Federal, Pós-Graduada em Direito Público.

1. INTRODUÇÃO

Com a promulgação, após anos de tramitação, da Lei n. 13.105/2015, o sistema jurídico brasileiro passa a ter um novo Código de Processo Civil, com vigência prevista para março de 2016.

Naturalmente, mesmo antes de sua vigência, já se iniciam estudos comparativos voltados a analisar a evolução da legislação processual, sobretudo o potencial das inovações para satisfazer os anseios da sociedade que, em última análise, são (ou deveriam ser) a base de qualquer reforma.

No que se refere ao Direito Processual Previdenciário, dadas as peculiaridades tanto das partes quanto da prestação jurisdicional envolvidas, o estudo das inovações concernentes às prerrogativas processuais do INSS mostra-se pertinente e relevante, especialmente como forma de apurar o avanço da legislação na tentativa de conciliar os princípios do devido processo legal e da celeridade processual.

2. REPRESENTAÇÃO JUDICIAL DO INSS

Em função da ideia de proximidade dos entes autárquicos com a própria Administração Direta, conforme leciona Maria Sylvia Zanella Di Pietro (2006: 419), previu-se, inicialmente, que a representação judicial das autarquias federais incumbiria ao Ministério Público Federal (também responsável pela representação judicial da União à época – Decreto-lei n. 986/1938).

Alterações legislativas[1] acarretaram mudanças estruturais na representação das autarquias até que, com a promulgação da Constituição Federal de 1988, a representação destas aproximou-se da representação da União, a partir da criação da Advocacia-Geral da União (Função Essencial à Justiça – Título IV, Capítulo IV, Seção II, da Constituição Federal).

Com relação ao INSS, especificamente, o Decreto n. 7.556/2011 criou a Procuradoria Federal Especializada junto ao INSS (PFE/INSS), órgão de execução da Procuradoria-Geral Federal, com atribuição (dentre outras) para representar judicial e extrajudicialmente o INSS.

Traçado breve panorama, passa-se a discorrer acerca das prerrogativas processuais da Fazenda Pública e, especificamente, do INSS, em juízo.

3. PRERROGATIVAS DA FAZENDA PÚBLICA EM JUÍZO

Por Fazenda Pública, neste contexto, devem ser entendidas todas as pessoas jurídicas de direito público, o que abrange o INSS, autarquia federal. Referida expressão, tradicionalmente ligada à gestão de finanças e de políticas econômicas, passa a ser utilizada em sentido mais abrangente no âmbito do Direito Processual, significando o Estado em juízo, mesmo que a demanda em questão não trate especificamente de matérias financeiras, como bem ressalta Leonardo Carneiro da Cunha (2014:15).

O termo "prerrogativa", de forma genérica, significa determinada garantia ou direito conferido de forma especial a algum ente ou função, visando resguardar interesses públicos. Tal finalidade é o que distingue prerrogativas de meros privilégios, que são simplesmente vantagens não respaldadas na defesa da coisa pública.

No que se refere à Fazenda Pública, várias são as prerrogativas previstas pela legislação, sempre voltadas à defesa dos interesses públicos e sociais. Por questões de coerência, não poderia ser diferente no âmbito do processo judicial.

3.1. Fundamentos. Isonomia processual

Leonardo Carneiro da Cunha (2014:37) destaca que "em razão da própria atividade de tutelar o interesse pú-

---

(1) Decreto n. 1.215/1939; Lei n. 2.123/1953; Decreto n. 72.823/1973, regulamentando a Lei n. 5.645/1970; Decreto n. 93.237/1986.

blico, a Fazenda Pública ostenta condição diferenciada das demais pessoas físicas e jurídicas de direito privado".

Nesse contexto, muitos justificam as prerrogativas processuais da Fazenda Pública nos princípios da supremacia e da indisponibilidade do interesse público, sendo, no entanto, o princípio da isonomia o fundamento mais sólido de sua existência.

A igualdade no processo é de tamanha importância que possui previsão na Declaração Universal de Direitos Humanos (art. 10), como bem observa Cristiane Rodrigues Iwakura (2013: 965), que prossegue na análise do fato de que a importante conquista democrática no sentido do indivíduo poder demandar judicialmente o Estado tornou a Fazenda Pública um dos maiores litigantes da atualidade, o que não pode ser desconsiderado ao se estudar as prerrogativas processuais (2013:967). Referida autora também faz esclarecedoras pontuações sobre aspectos práticos da prestação de serviços públicos e da defesa em juízo quando questionada tal prestação (2013:969).

Leonardo Carneiro da Cunha (2014:39) ressalta, aliás, que em vários ordenamentos jurídicos de países tidos como de "primeiro mundo", as peculiaridades da defesa do Estado chegam a justificar que as causas em que a Administração Pública figure como parte sejam subtraídas da Justiça Comum, adotando o chamado "contencioso administrativo", no qual a análise de tais demandas fica a cargo de outro conjunto de órgãos, às vezes integrantes do próprio aparelho administrativo.

Assim, tendo em vista a legislação brasileira adotar o regime da jurisdição una, a concessão de prerrogativas voltadas a garantir uma atuação eficiente em juízo por parte da Fazenda Pública encontra-se plenamente justificada sob o prisma da igualdade, sobretudo considerando a natureza pública dos interesses a ser defendidos e a burocracia estatal envolvida na obtenção de dados pertinentes a tal defesa.

3.2. Críticas. Devido Processo Legal x Princípio da Celeridade Processual

Apesar de plenamente respaldadas no princípio da isonomia, as prerrogativas processuais da Fazenda Pública não raramente são alvo de críticas, sobretudo com fundamento no princípio da celeridade processual.

É fato que, desde 2004, com a inserção expressa no texto constitucional do princípio da "razoável duração do processo"[2], sucessivas reformas processuais vem sendo formuladas como resposta à insatisfação da sociedade brasileira com o serviço de prestação jurisdicional. A discussão de tais reformas, no entanto, não pode desconsiderar que o princípio do devido processo legal é inerente ao Estado Democrático.

Leonardo Oliveira Soares (2013:41) sabiamente observa:

Vale dizer, a demora na resolução de conflitos não decorre do respeito à garantia constitucional em destaque, de que os direitos de ação e de defesa são inafastáveis. Ao contrário, reside no modo como ele, o devido processo legal, materializa-se. Em resumo, envolve os operadores do direito e respectivos serviços auxiliares à justiça; sem distinção de classe, é bom que se diga.

Se me é permitida uma comparação, é como se alguém sugerisse o fechamento do Congresso Nacional para, com isso, extirpar da vida política brasileira o esquema de compra de votos (...).

Em síntese, não será o fechamento do Congresso Nacional que tornará mais eficiente, efetivo se preferir, o regime democrático pátrio.

Muito menos será a supressão de garantias constitucionais ínsitas ao devido processo legal, tais como as do direito de ação e de ampla defesa que propiciará maior efetividade ao processo jurisdicional.

Outro ponto relevante abordado por Leonardo Oliveira Santos (2013:42) é a necessidade de se abandonar o preconceito gerador de objeções a previsão de garantias processuais para a parte ré, como se houvesse alguma presunção de que a parte autora tem sempre razão. Aliás, no que se refere a presunções, vale destacar que é ao ato administrativo que a legislação pátria confere presunções de veracidade e de legitimamente, cabendo ao particular produzir prova em sentido contrário, esteja ele litigando contra a Fazenda Pública no condição de autor ou réu.

Resta claro, portanto, que não são as prerrogativas processuais legitimamente concedidas à Fazenda Pública pela legislação com base no princípio da isonomia as grandes vilãs da mora processual, cuja solução certamente não advirá da simplista medida de suprimir garantias inerentes ao devido processo legal.

Por fim, é importante ressaltar que ponderações pontuais quanto a determinadas garantias em certo contexto podem e devem ser debatidas, uma vez que nem a celeridade processual e tampouco o devido processo legal são princípios absolutos.

Fixadas tais premissas, passa-se à análise das principais prerrogativas processuais da Fazenda Pública, com foco na atuação do INSS em juízo e nas modificações trazidas pelo novo Código de Processo Civil promulgado.

3.3. Principais prerrogativas processuais da Fazenda Pública. Lei n. 5.869/1973 x Lei n. 13.105/2015.

3.3.1. Prazos diferenciados

No âmbito do processo judicial, são praticados vários atos processuais, motivo pelo qual, via de regra, a legislação

---

(2) Art. 5º (...)
LXXVIII – a todos, no âmbito judicial e administrativo, são assegurados a razoável duração do processo e os meios que garantam a celeridade de sua tramitação. (Incluído pela Emenda Constitucional n. 45, de 2004.)

fixa um determinado prazo para sua realização, sob pena de preclusão. Na ausência de previsão legal, os prazos também podem ser fixados pelo juiz da causa ou convencionados pelas partes, tudo de forma a melhor conduzir a marcha processual.

No que se refere aos prazos legais, o art. 188 do atual Código de Processo Civil concede à Fazenda Pública prazo em quádruplo para contestar e em dobro para recorrer, devendo as demais manifestações, incluindo-se contrarrazões a recursos, observar o prazo normal.

Em seu art. 183[3], o novo Código de Processo Civil, apesar de extinguir o prazo em quádruplo, estendeu o prazo em dobro para todas as manifestações da Fazenda Pública, mantendo-se alinhado com a tendência de se reconhecer a necessidade de tais prazos mais dilatados diante das peculiaridades e dos entraves da defesa do Estado. O § 2º do referido artigo apenas ressalva a contagem do prazo em dobro para o caso de a lei já estabelecer prazo próprio ao ente público.

3.3.2. Intimação pessoal

Quanto à forma de comunicação dos atos processuais, o já mencionado art. 183 da Lei n. 13.105/2015 tem o mérito de padronizar a intimação pessoal para todos os entes da Fazenda Pública, acabando com as discrepâncias existentes atualmente.

Isso porque o Código de Processo Civil vigente não possui qualquer previsão de intimação diferenciada da Fazenda Pública, fazendo com que apenas a Advocacia-Geral da União, até então, usufrua da prerrogativa de intimação pessoal, por força do art. 38 da Lei Complementar n. 73/1993, tendo as procuradorias estaduais e municipais que observar a regra geral de intimação por publicação (art. 236).

Neste ponto, portanto, a nova legislação processual civil prestigiou o princípio da isonomia, acabando com uma desigualdade sem razão de ser, já que todas as esferas de atuação da Advocacia Pública fazem jus à prerrogativa da intimação pessoal, que em muito facilita o controle dos prazos e a elaboração de boas defesas do interesse público.

3.3.3. Reexame necessário

Uma das mais criticadas prerrogativas processuais da Fazenda Pública é, sem dúvida, o reexame necessário, que condiciona a eficácia da sentença de 1º grau à sua revisão por Tribunal, mesmo não havendo recurso voluntário por parte do ente público.

Carlos José Cordeiro e Josiane Araújo Gomes (2013:13) observam que os defensores da prerrogativa ressaltam que "ao exigir o reexame das sentenças contrárias à Fazenda Pública, quis o legislador que haja maior certeza de que dada decisão seja o resultado justo".

No entanto, é fato que desde 2001, quando a Lei n. 10.352/2001 acrescentou ao art. 475 do atual Código de Processo Civil várias hipóteses de não incidência da remessa necessária, há uma forte tendência em reduzir sua incidência a casos excepcionais.

Leonardo Oliveira Soares (2013:46) analisa tal tendência de redução da incidência do reexame necessário:

> Bem, se, em linha de princípio, o reexame se justifica a partir do mesmo critério racional que enseja a distinção de prazos e a intimação pessoal, nem por isso se chega à conclusão de que toda e qualquer decisão proferida contra o Poder Público deva necessariamente ser submetida ao regime de revisão obrigatória.
>
> De fato, apenas decisões que envolvam a aplicação de teses jurídicas controvertidas (não pacificadas nos Tribunais Superiores), ou cujo valor da condenação se mostre expressivo, aconselham, a bem da coletividade, o reexame *ex officio*.

Ou seja, trata-se de instituto cuja incidência deve ser reservada para situações excepcionais.

O novo Código de Processo Civil, em seu art. 496, prosseguiu na tendência de reduzir o campo de incidência do reexame necessário, dando redação mais técnica às hipóteses de não cabimento, além de ampliar e diferenciar por ente federativo o critério monetário já existente na legislação atualmente vigente.

Nesse contexto, com a vigência do novo Código de Processo Civil, além dos casos de jurisprudência consolidada via súmula ou recursos/demandas repetitivas, uma infinidade de demandas não serão mais objeto de remessa necessária por conta do valor da condenação não superar, na seara federal, 1.000 (mil) salários mínimos.

3.3.4. Regime diferenciado de execução

O regime de pagamento por precatório ou requisição de pequeno valor, bem como a impenhorabilidade dos bens públicos, inevitavelmente impõem certas diferenciações no procedimento de cobrança de valores contra a Fazenda Pública.

No entanto, com o advento da Lei n. 13.105/2015, a execução por quantia certa contra a Fazenda Pública deixou de ser um processo autônomo, seguindo a linha do processo sincrético já estabelecida para os demais casos pela reforma processual ocorrida entre 2005 e 2006.

Segundo a legislação recém promulgada (art. 535), a Fazenda Pública será intimada para impugnar a execução no prazo de 30 (trinta) dias, e não mais citada para oposição de embargos.

---

(3) Art. 183. A União, os Estados, o Distrito Federal, os Municípios e suas respectivas autarquias e fundações de direito público gozarão de prazo em dobro para todas as suas manifestações processuais, cuja contagem terá início a partir da intimação pessoal.

Merece destaque, ainda, a positivação, no art. 534 da nova legislação, da inaplicabilidade à Fazenda Pública da multa por ausência de cumprimento espontâneo da obrigação, tendo em vista as peculiaridades já mencionadas quanto ao procedimento próprio de pagamento de créditos previsto na Constituição Federal.

O mesmo não ocorreu, infelizmente, com a execução das obrigações de fazer, não fazer e entrega de coisa certa contra a Fazenda Pública. A Lei n. 13.105/2015 perdeu uma excelente oportunidade de, considerando as especificidades do aparelho estatal, estabelecer certos parâmetros também para tais execuções, sobretudo a necessidade de se conceder prazos razoáveis ao cumprimento da obrigação, evitando a excessiva oneração do erário com multas por descumprimento em prazos muitas vezes inexequíveis. Afinal, se na fase de conhecimento do processo os entraves próprios da burocracia estatal justificam a concessão de prazos diferenciados para as manifestações da Fazenda Pública, não parece razoável que o mesmo não ocorra também na fase de execução.

José Guerra de Andrade Lima Neto (2009) faz razoáveis ponderações sobre a pouca eficácia de astreintes diante da complexidade do aparato estatal:

> Os agentes públicos procurarão impedir o prejuízo ao erário. Ao menos é o que se presume. Quando a inadimplência não puder ser evitada por questões legais, como por exemplo, necessidade de licitação, falta de recursos ou inexistência do bem pretendido, como ninguém é atingido pessoalmente, não é difícil prever que, nestes casos, e é o que tem ocorrido, a multa siga incidindo por vários dias ou meses.
>
> As astreintes funcionam muito bem quando em questão partes privadas, onde o prejuízo seja individualizável. Não é o caso da Fazenda, onde ele é pulverizado na coletividade.

Portanto, no que se refere ao cumprimento de obrigações de fazer, não fazer e entrega de coisa certa, o reconhecimento das peculiaridades da Fazenda Pública segue dependendo da sensibilidade que, felizmente, parte da jurisprudência já vem demonstrando[4]. Melhor, seria, insista-se, tivesse a nova legislação disciplinado o tema com alguns parâmetros mínimos a ser observados.

3.3.5. Restrições a tutelas provisórias

O novo Código de Processo Civil disciplinou o gênero "tutela provisória" no art. 294 e seguintes, prevendo como espécies a "tutela de urgência" e a "tutela de evidência".

Nas disposições finais da Lei n. 13.105/2015, o art. 1.059 determinou que "à tutela provisória requerida contra a Fazenda Pública aplica-se o disposto nos arts. 1º a 4º da Lei n. 8.437, de 30 de junho de 1992, e no art. 7º, § 2º, da Lei n. 12.016, de 7 de agosto de 2009". Manteve-se vigente, portanto, um contexto genericamente mais restritivo à concessão de tutelas provisórias em face da Fazenda Pública, cuja constitucionalidade já foi firmada no âmbito da Ação Direta de Constitucionalidade 4 pelo Supremo Tribunal Federal[5].

Eis um resumo das hipóteses de não cabimento de tutelas provisórias contra a Fazenda Pública: **a)** compensação de créditos tributários ou previdenciários; **b)** entrega de mercadorias e bens provenientes do exterior; **c)** reclassificação ou equiparação de servidores públicos; **d)** concessão de aumento ou extensão de vantagens; **e)** pagamento de qualquer natureza; **f)** quando impugnado ato de autoridade sujeita, na via de mandado de segurança, à competência originária de tribunal; **g)** medida liminar que esgote, no todo ou em qualquer parte, o objeto da ação.

Apesar de, em um primeiro momento, o cenário de impossibilidade de concessão de tutelas provisórias em face do Poder Público aparentar ser bastante amplo, o fato é que cada uma das hipóteses tem recebido interpretações bem restritivas.

No que se refere à restrição do item "f", a própria Lei n. 8.437/1992 ressalva, no art. 1º, § 2º, sua aplicação nos casos de ação civil pública e ação popular.

Quanto à restrição de tutela provisória para pagamentos de qualquer natureza (item "e"), a jurisprudência sumulada do STF tratou de afastá-la das causas previdenciárias[6].

---

(4) Despontam decisões na jurisprudência no sentido de ser necessária a concessão de prazos razoáveis ao cumprimento das obrigações, bem como de não ser cabível presumir o descumprimento da obrigação com a imposição prévia de multas: "É indevida a imposição prévia de multa à Fazenda Pública, sanção que somente é aplicável na hipótese de efetivo descumprimento da determinação relativa à implantação/restabelecimento do benefício previdenciário" (AC 00276801820154019199, Juiz Federal Carlos Augusto Pires Brandão (conv.), TRF1 – Primeira Turma, e-DJF1 Data: 17.8.2015 Pagina: 533.); "...não se afigura razoável a fixação de multa em valor elevado sem que se conceda prazo suficiente para que a Administração possa, dentro dos limites impostos pela lei, cumprir a decisão judicial (TRF-2 - AG: 161577 RJ 2007.02.01.016943-1, Relator: Desembargadora Federal Vera Lucia Lima, Data de Julgamento: 06.08.2008, Quinta Turma Especializada, Data de Publicação: *DJU* – Data: 15.8.2008 – Página: 706)

(5) "(...) LEGITIMIDADE DAS RESTRIÇÕES ESTABELECIDAS EM REFERIDA NORMA LEGAL E JUSTIFICADAS POR RAZÕES DE INTERESSE PÚBLICO – AUSÊNCIA DE VULNERAÇÃO À PLENITUDE DA JURISDIÇÃO E À CLÁUSULA DE PROTEÇÃO JUDICIAL EFETIVA – GARANTIA DE PLENO ACESSO À JURISDIÇÃO DO ESTADO NÃO COMPROMETIDA PELA CLÁUSULA RESTRITIVA INSCRITA NO PRECEITO LEGAL DISCIPLINADOR DA TUTELA ANTECIPATÓRIA EM PROCESSOS CONTRA A FAZENDA PÚBLICA. (...)" (ADC 4, Relator(a): Min. Sydney Sanches, Relator(a) p/ Acórdão: Min. Celso de Mello, Tribunal Pleno, julgado em 1.10.2008, *DJe*-213 Divulg. 29.10.2014 Public. 30.10.2014 Ement. Vol. 02754-01 PP-00001)

(6) Súmula n. 729: A decisão na Ação Direta de constitucionalidade 4 não se aplica à antecipação de tutela em causa de natureza previdenciária.

Cabe destacar, ainda, que a vedação de tutelas provisórias satisfativas teve seu conteúdo bem relativizado com o entendimento no sentido de que tal restrição refere-se apenas a liminares satisfativas irreversíveis, ou seja, "àquelas cuja execução produz resultado prático que inviabiliza o retorno ao *status quo ante*, em caso de sua revogação"[7]. Tal entendimento fez com que a vedação acabasse por coincidir com a previsão genérica existente tanto no Código de Processo Civil ainda vigente (art. 273, § 2º) quanto no recém promulgado (art. 298, § 3º), esvaziando qualquer tentativa de proteção diferenciada do patrimônio público[8].

Assim, vê-se que, na prática, são mínimas as limitações do cabimento de tutelas provisórias em face da Fazenda Pública, todas respaldadas na preservação do interesse público, conforme entendimento firmado pelo STF no julgamento da ADC 4.

Por fim, ressalte-se que, em matéria previdenciária, as limitações foram ainda mais mitigadas, considerando que a jurisprudência ressalvou até o pagamento de valores, a despeito da irreversibilidade dos efeitos da decisão decorrente do entendimento consolidado na Súmula n. 51 da Turma Nacional de Uniformização dos Juizados Especiais Federais, no sentido da irrepetibilidade de tais valores[9].

3.4. Especificidades da prática previdenciária

3.4.1. Considerações inicias: competência jurisdicional para processamento e julgamento das causas previdenciárias e os ritos processuais a que submetidas

Para melhor compreensão do alcance das prerrogativas processuais do INSS no novo Código de Processo Civil, impende, inicialmente, abordar a questão das regras que definem a competência jurisdicional nas ações previdenciárias.

Conforme dito alhures, o INSS é uma autarquia federal. Assim, nos termos do artigo 109, inciso I, da Constituição Federal, compete, via de regra, à Justiça Federal o julgamento das ações propostas contra o INSS.

Na Justiça Federal, as causas previdenciárias tendem, na maior parte dos casos, a tramitar perante os Juizados Especiais Federais, em virtude do critério adotado para definição da competência, de natureza absoluta, consubstanciado no valor da causa, estipulado em 60 (sessenta) salários mínimos.

Essa tendência é importante de ser anotada na medida em que os Juizados Especiais Federais possuem regramento específico, nos termos do que dispõe a Lei n. 10.259/2001 e a Lei n. 9.099/95, que rege os Juizados Estaduais, no que não conflitar com a primeira. Assim, as alterações legislativas promovidas pelo novo Código de Processo Civil pouco ou sequer interferirão na sistemática já adotada para as causas em trâmite perante os Juizados Especiais Federais, conforme se verá adiante.

Há, no entanto, causas previdenciárias que não se submetem ao rito dos Juizados Especiais Federais e, nessas, o novo regramento inaugurado pela Lei n. 13.105/2015 deverá ser observado. Trata-se (i) das ações cujo valor seja superior a 60 (sessenta) salários mínimos ajuizadas na Justiça Federal, (ii) das ações decorrentes de acidente de trabalho (de competência originária da Justiça Estadual, consoante exceção trazida na parte final do inciso I do art. 109 da Constituição Federal) e (iii) das ações previdenciárias não acidentárias ajuizadas na Justiça Estadual, no foro do domicílio dos segurados ou beneficiários, cuja Comarca não seja sede de Juízo Federal, nos termos da autorização veiculada no art. 109, § 3º, da Constituição Federal.

Sobre essa última hipótese, releva mencionar que (i) configura delegação de competência e, portanto, os recursos são direcionados ao Tribunal Regional Federal cuja competência abranja a da Comarca em que ajuizada a ação e que, segundo entendimento firmado pelo Superior Tribunal de Justiça[10], (ii) não se admite a adoção, pela Justiça Estadual, do rito dos Juizados Especiais Federais, nem mesmo a remessa dos processos aos Juizados Estaduais.

É possível, após essas breves considerações e após a abordagem das modificações trazidas pelo novo Código de Processo Civil na área das prerrogativas da Fazenda Pública, analisar a repercussão da nova sistemática processual na atuação do INSS em juízo.

3.4.2. Prazos diferenciados

Conforme referido no item 3.3.1 *supra*, o novo Código de Processo Civil previu o prazo em dobro para todas as manifestações da Fazenda Pública, ressalvados apenas os casos em que a lei já estabelecer prazo próprio ao ente público (art. 183).

A regra em questão será aplicável às ações previdenciárias que tramitarem sob o rito ordinário, nomeadamente o trio mencionado no tópico acima.

No que respeita às ações em tramitação perante os Juizados Especiais Federais, o art. 9º da Lei n. 10.259/2011 expressamente dispõe que não haverá prazo diferenciado

---

(7) Neste sentido: REsp 1343233/RS, Rel. Ministro Herman Benjamin, Segunda Turma, julgado em 5.9.2013, *DJe* 17.9.2013; AgRg no Ag 1352528/PR, Rel. Ministro Benedito Gonçalves, Primeira Turma, julgado em 14.12.2010, *DJe* 17.12.2010.

(8) Ambos os dispositivos possuem redação bem semelhante, muito embora o art. 298, § 3º, do Novo Código de Processo Civil seja mais técnico ao mencionar irreversibilidade dos efeitos da decisão e não do provimento, uma vez que este, dada a natureza precária, é sempre passível de revogação futura.

(9) Súmula n. 51 TNU: "Os valores recebidos por força de antecipação dos efeitos de tutela, posteriormente revogada em demanda previdenciária, são irrepetíveis em razão da natureza alimentar e da boa-fé no seu recebimento".

(10) REsp 661.482, de 5.2.2009.

para a prática de atos processuais para as pessoas jurídicas de direito público, aí incluído o INSS. Essa regra não resta revogada pelo novo regramento instituído pela Lei n. 13.105/2015, em razão da natureza especial daquela.

Parte da doutrina, conforme indica Cunha (2014: 811), reputa razoável a ausência de previsão de prazos diferenciados para os entes públicos no Juizado Especial Federal, uma vez que as causas seriam de menor valor e complexidade.

No que se refere ao prazo de citação, a previsão atual da Lei n. 10.259/2001 é de que, nos Juizados Especiais Federais, seja feita com antecedência mínima de 30 (trinta) dias da audiência de conciliação (art. 9º).

O novo Código de Processo Civil, ao manter a previsão do prazo de 15 (quinze) dias para oferta de contestação (art. 335), contado em dobro para a Fazenda Pública (art. 183), aproxima-se do prazo especificamente previsto na lei de regência dos Juizados Especiais Federais, sendo conveniente destacar, ainda, a previsão, no novo Código de Processo Civil, da contagem dos prazos em dias úteis (art. 219).

Com relação aos recursos, todavia, a ausência de previsão de prazo diferenciado para apresentação pelos entes públicos, estabelecido em 10 (dez) dias, no caso dos Juizados Especiais Federais, a despeito de cuidar de causas, a princípio, de menor valor e complexidade, acaba por representar desatenção à já mencionada peculiaridade que envolve a defesa do Estado, pelas seguintes razões: (i) o volume consideravelmente mais expressivo de ações contra o INSS que tramitam perante os Juizados Especiais Federais e (ii) a previsão do prazo de 15 (quinze) dias para interposição de recursos no novo Código de Processo Civil (art. 1.003, § 5º), em dobro para a Fazenda Pública (art. 183), para os processos sob o rito ordinário, gera um prazo maior para interposição de recurso nas ações da competência delegada (que, em geral, possuem a mesma complexidade e menor valor das causas que tramitam perante os Juizados Especiais Federais), revelando-se a existência de tratamento legal diferenciado para causas pouco distintas.

3.4.3. Intimação pessoal

Conquanto o novo Código de Processo Civil tenha padronizado a intimação pessoal para todos os entes da Fazenda Pública, conforme já mencionado no item 3.3.2 acima, cumpre referir que a prerrogativa de intimação pessoal, assim como os prazos diferenciados, tem cabimento apenas na tríade de causas previdenciárias que não tramitam sob a sistemática dos Juizados Especiais Federais.

Com relação a estes, o autor Frederico Amado (2015: 905) esclarece que a prerrogativa não se faz presente, a partir de entendimento do Supremo Tribunal Federal (ARE 648.629-RJ):

> **Não se aplica aos Juizados Especiais Federais a prerrogativa de intimação pessoal dos ocupantes de cargo de Procurador Federal**, prevista no art. 17 da Lei n. 10.910/2004, na medida em que neste rito especial, ante a simplicidade das causas nele julgadas, particular e Fazenda Pública apresentam semelhante, se não idêntica, dificuldade para o adequado exercício do direito de informação dos atos do processo, de modo que não se revela razoável a incidência de norma que restringe a paridade de armas, além de comprometer a informalidade e a celeridade do procedimento.

Novamente, ainda que a diferença da prerrogativa nos ritos ordinário e dos Juizados Especiais Federais seja fundamentada na menor complexidade das causas julgadas nestes últimos, a maioria das ações em trâmite na competência delegada da Justiça Estadual enquadrar-se-ia, se houvesse Justiça Federal na localidade, na competência absoluta dos Juizados Especiais Federais, restando injustificada a ausência da prerrogativa da intimação pessoal nos Juizados Especiais Federais.

Além disso, a ausência da prerrogativa da intimação pessoal, no rito dos Juizados Especiais Federais (atualmente, em sua maioria, em trâmite sob a forma eletrônica), não parece contrapor-se à celeridade e à informalidade, podendo-se, inclusive, afirmar que a consequente "dificuldade para o exercício do direito de informação nos atos do processo", decorrente da não previsão da prerrogativa ora analisada, representa violação à garantia de eficiência da defesa, o que se agrava pela inexistência de outra prerrogativa, qual seja o reexame necessário, que se passa a abordar.

3.4.4. Reexame necessário

Conforme mencionado alhures (item 3.3.3), o novo Código de Processo Civil restringe os casos em que será devido o reexame necessário.

No caso das demandas previdenciárias a cargo no INSS, o valor estipulado para cabimento do reexame necessário (condenação ou proveito econômico igual ou superior a 1.000 (mil) salários mínimos) implicará a utilização da prerrogativa apenas em hipóteses excepcionais, uma vez que, na prática, a maioria das ações previdenciárias, especialmente as de cunho individual, possuem valores de condenação inferiores a esse montante.

Aqui, mais uma vez, a nova sistemática estabelecida pela Lei n. 13.105/2015 aproxima-se, em termos práticos, da maior parte das situações já verificada nos Juizados Especiais Federais, em que expressamente prevista a ausência da prerrogativa (art. 13 da Lei n. 10.259/2001). De fato, a possibilidade de sentenças em demandas previdenciárias que ultrapasse 1.000 (mil) salários mínimos, sob quaisquer ritos, é remota.

3.4.5. Regime diferenciado de execução

A nova sistemática processual estabelece, conforme referido no item 3.3.4 *supra*, o sincretismo processual do processo de conhecimento e de execução também para a

Fazenda Pública, a partir do qual deverá ser intimada para, no prazo de 30 (trinta) dias, impugnar a execução promovida pelo credor.

No âmbito previdenciário, a nova sistemática importará alteração para os processos submetidos ao rito ordinário (perante a Justiça Federal por exceder o valor da causa a 60 salários mínimos ou perante a Justiça Estadual na competência delegada) e ao rito sumário (perante a Justiça Estadual, nas ações decorrentes de acidente de trabalho).

Nas causas em trâmite perante os Juizados Especiais Federais, o regramento a ser seguido é aquele estabelecido pela própria lei de regência dos Juizados, isto é, a Lei n. 10.259/2001 e, supletivamente, pela Lei n. 9.099/1995.

Nestas, via de regra, as obrigações de pagar quantia certa cumprem-se após o trânsito em julgado (consubstanciando execução definitiva, portanto), no prazo de sessenta dias, por meio de requisição de pequeno valor, conforme indicado no art. 17 da Lei n. 10.259/2001. Em sendo o valor da condenação superior a sessenta salários mínimos, o pagamento pode seguir a sistemática de precatório ou, mediante expressa renúncia da parte credora do que excede a sessenta salários mínimos, por meio de requisição de pequeno valor (§ 4º do artigo 17 da Lei n. 10.259/2001), sendo vedado o fracionamento do valor da execução para que o pagamento se faça, em parte, por meio de requisição de pequeno valor e, em parte, por meio de precatório (§ 4º do artigo 17 da Lei n. 10.259/2001).

Interessante referir uma peculiaridade prática verificada em diversos Juízos no que tange à execução de pagar quantia certa em face do INSS, destacada por Bruno Bianco Leal e Kedma Iara Ferreira (2014: 243):

> Na prática, como a liquidação de sentença depende da apuração de valores constantes nos sistemas do INSS, convencionou-se, via acordos de cooperação verbais, proceder à inversão da execução, com a apresentação de cálculos pelo réu e somente cogitando-se a oposição de embargos nos casos em que o autor, com eles, não concordar. Tal procedimento é bastante exitoso, e resulta num ganho significativo de tempo e dinheiro públicos, eis que reduz a índices baixíssimos a oposição de embargos do art. 730 do CPC.

Ainda que a nova legislação processual implique alteração da execução de quantia certa em face da Fazenda Pública, na qual se inclui o INSS, não há, aparentemente, em uma análise inicial e superficial, razões para alteração da prática da inversão da execução, na medida em que os cálculos de liquidação permanecerão dependendo de dados constantes do INSS para sua elaboração.

No que respeita às obrigações de fazer ou não fazer ou de entrega de coisa, dispõe o art. 16 da Lei n. 10.259/2001 que o cumprimento, com o trânsito em julgado, será efetuado mediante ofício do Juiz à autoridade citada para a causa.

Não é incomum que exista provimento judicial determinando a antecipação dos efeitos da tutela da obrigação de fazer consubstanciada na concessão de benefício previdenciário, normalmente verificada na sentença. A hipótese de antecipação dos efeitos da tutela para implantação do benefício importa possibilidade de execução provisória do provimento em face da Fazenda Pública (relativamente à obrigação de fazer) e será abordada no item a seguir.

3.4.6. Restrições a tutelas provisórias

Já se referiu, no item 3.3.5 supra, que é possível a antecipação dos efeitos da tutela no âmbito do direito previdenciário, a despeito das restrições previstas na legislação para adoção de tal medida em face da Fazenda Pública. Com efeito, o caráter alimentar da verba pleiteada colabora para a permissão da adoção de tutelas provisórias nessa área.

Nos Juizados Especiais Federais, o art. 4º da Lei n. 10.259/2001 prevê a possibilidade de ser concedida medida cautelar incidental que, segundo Cunha (2014: 819), apesar da literalidade, significa a "(...) concessão de qualquer provimento de urgência, antecedente ou incidental, cautelar ou antecipatório".

Não significa, contudo, que a medida, seja no rito ordinário, seja nos Juizados Especiais, deva ser indistintamente adotada em todos os processos de natureza previdenciária, tanto sob a ótica da legislação processual estabelecida pela Lei n. 5.869/1973 (CPC/1973) quanto pela Lei n. 13.105/2015 (CPC/2015). Isso porque os requisitos para o seu cabimento[11] devem ser atentamente verificados, pois nem sempre presentes, conforme alerta Federico Amado (2015: 967).

Por outro lado, as específicas hipóteses que ensejarão a concessão de tutela de evidência, independentemente da demonstração de perigo de dano ou de risco ao resultado útil do processo (art. 311 da Lei n. 13.105/2015) não se revelam, em um primeiro momento, como aplicáveis liminarmente, na prática, aos pedidos de concessão de benefício previdenciário que não são passíveis de comprovação meramente documental.

4. CONCLUSÃO

O presente trabalho pretendeu analisar as inovações trazidas pelo Código de Processo Civil recém-promulgado no âmbito do direito processual previdenciário, em especial o tema das prerrogativas processuais do INSS.

---

(11) Resumidamente, verossimilhança das alegações e fundado receio de dano (art. 273 do CPC/1973); probabilidade do direito e perigo de dano ou risco ao resultado útil do processo (art. 300 do CPC/2015 – tutela de urgência); e abuso do direito de defesa ou propósito protelatório do réu e prova documental pré-constituída suficiente para comprovação dos fatos alegados pelo autor, independentemente de demonstração de perigo (art. 311 do CPC/2015 – tutela de evidência)

Após breve explanação acerca da representação processual do INSS, restou demonstrada a relevância e a pertinência da atribuição de prerrogativas processuais à Fazenda Pública, em decorrência do princípio da isonomia, ressaltando-se que a solução da celeuma "devido processo legal x celeridade processual" não pode ser solucionada com a simplista supressão de garantias inerentes ao Estado Democrático de Direito.

Prosseguiu-se, então, na análise em espécie de algumas das principais prerrogativas processuais previstas tanto na legislação atualmente vigente quanto na novo Código promulgado.

De início, observou-se a manutenção e o aperfeiçoamento de prerrogativas como prazos diferenciados, intimação pessoal e restrições às tutelas provisórias em face da Fazenda Pública, assim como a manutenção das tendências de sincretismo processual e de excepcionalidade do reexame necessário.

Ato contínuo, teceu-se algumas ponderações sobre omissões da nova legislação, a exemplo da perda da oportunidade de traçar parâmetros objetivos para a execução de obrigações de fazer contra a Fazenda Pública.

Especificamente quanto às prerrogativas do INSS, ressaltou-se, dentre outros pontos, que a nova legislação abrange apenas parte das lides previdenciárias, dado o grande volume de ações que tramita perante os Juizados Especiais Federais, com legislação especial própria.

A comparação das especificidades dos ritos a que podem ser submetidas as demandas previdenciárias permite inferir que, com o advento do novo Código de Processo Civil, as alterações nas prerrogativas da Fazenda Pública no rito ordinário o tornaram mais próximo – nesse aspecto das consequências das prerrogativas – da sistemática processual dos Juizados Especiais Federais.

No que respeita aos prazos, a despeito de não haver prazos diferenciados nos Juizados Especiais Federais, a previsão de apenas prazo em dobro para a Fazenda Pública, acarreta prazo similar de contestação em ambos os ritos (30 dias, ainda que nos JEFs estipule-se prazo mínimo de 30 dias antes da audiência). Para os recursos, permanece prazo maior no rito ordinário, uma vez que nos Juizados Especiais Federais é de 10 (dez) dias para atacar a sentença, contado de forma simples.

A mesma aproximação se verifica no tocante ao reexame necessário, à execução do julgado e aos provimentos de urgência. Conquanto ainda mantidos sistemas diferenciados, na prática previdenciária, dificilmente as causas em trâmite perante o rito ordinário estarão sujeitas ao reexame necessário, em razão do valor estipulado pelo novo Código de Processo Civil, reexame esse a que não são submetidas as ações ajuizadas perante os Juizados Especiais Federais. Na mesma linha, o novo Código de Processo Civil, ao determinar que a execução de pagar quantia em face da Fazenda Pública não mais dependa de processo autônomo, configurando, em sincretismo, fase do mesmo processo que objetivava a condenação, assemelha-se à forma de execução dos julgados em que haja condenação ao pagamento de quantia certa nos Juizados Especiais Federais, nos quais, após o trânsito em julgado, o pagamento é feito independentemente de processo autônomo. Por fim, com relação aos provimentos de urgência, o novo regramento trazido pelo novo Código de Processo Civil servirá de base para análise destas no rito dos Juizados Especiais Federais, uma vez que, conforme dito alhures, nestes permite-se a concessão de qualquer provimento de urgência, apesar da literalidade do art. 4º da Lei n. 10.259/2001 (que menciona apenas "medida cautelar incidental").

5. REFERÊNCIAS BIBLIOGRÁFICAS

AMADO, Frederico. *Curso de direito e processo previdenciário.* 6. ed., ref. e atual. Salvador: Editora JusPodivm, 2015.

CORDEIRO, Carlos José; GOMES, Josiane Araújo. Da inexistência das prerrogativas processuais de benefício de prazo e de remessa obrigatória em favor da Fazenda Pública nos Juizados Especiais. *Revista Forense.* Rio de Janeiro: Forense, 2013, Vol. 418 (Julho-Dezembro 2013), p. 03-26.

CUNHA, Leonardo Carneiro da. *A Fazenda Pública em juízo.* 12. ed. São Paulo: Dialética, 2014.

DI PIETRO, Maria Sylvia Zanela. *Direito administrativo.* 19. ed. São Paulo: Atlas, 2006.

IWAKURA, Cristiane Rodrigues. Igualdade no processo e Fazenda Pública em juízo. *In*: FUX, Luiz (org.) *Processo constitucional.* Rio de Janeiro: Forense, 2013, p. 963-1000.

Jurisprudência Unificada. Disponível em: <http://www.cjf.jus.br/juris/unificada/>. Acesso em: 12 out. 2015.

LEAL, Bruno Bianco; FERREIRA, Kedma Iara. Atuação do procurador em matéria de benefícios. *Programa de Formação – Advocacia-Geral da União – Procurador Federal de 2ª Categoria.* Brasília: Cespe, 2014.

LIMA NETO, José Guerra de Andrade. "Astreintes" contra Fazenda Pública. *Revista Jus Navigandi,* Teresina, ano 14, 2369, 26 dez. 2009. Disponível em: <http://jus.com.br/artigos/14086>. Acesso em: 12 out. 2015.

SANTOS, Leonardo Oliveira. A atuação da Fazenda Pública em juízo no projeto de CPC em tramitação legislativa: consagração de prerrogativas ou de privilégios ao Poder Público no estado democrático de direito brasileiro? *Revista Síntese de Direito Civil e Processual Civil.* São Paulo: Síntese, 2013, v. 12, 86 (nov./dez. 2013), p. 37-56.

Sobre a necessidade de fundamentação das decisões nos Juizados Especiais Federais em face do Código de Processo Civil de 2015 e, obliquamente, no Direito Previdenciário

MALCON ROBERT LIMA GOMES

Malcon Robert Lima Gomes. Especialista em Direito Previdenciário. Professor de pós-graduações Brasil afora. Professor convidado do Damásio Educacional e do Complexo Educacional Renato Saraiva – CERS. Autor da obra "Prescrição e decadência: os conflitos na jurisprudência previdenciária", LERMais, 2014. Palestrante. Servidor do Tribunal Regional Federal da 1ª Região, Seção Judiciária do Piauí.

1. INTRODUÇÃO

A proposta do presente artigo nem de longe pretende exaurir ou mesmo confrontar todas as posições que se tem assumido diante da iminência do Novo Código de Processo Civil; longe disso. Buscamos somente trazer algumas ponderações sobre o que pensamos e o que verificamos ter acontecido ao longo dos últimos anos, especialmente nos Juizados Especiais Federais, enfoque este que se justifica por saber(mos) que se tem no Direito Previdenciário o objeto do maior número de contendas que ali aportam.

Entretanto, de logo, registramos: não há, ao nosso ver, como se excluir a disposição do Novo Código de Processo Civil quanto à necessidade de fundamentação das decisões proferidas neste Juízo, dito Especial.

De todo modo, não se trata de uma temática recente, mas somente que "auferiu novas cores", com a expressa previsão de que qualquer decisão judicial deveria refutar todos os fundamentos lançados, especialmente, pela parte autora.

Mesmo antes de entrar em vigor, já temos vários "entendimentos" consolidando-se, a exemplo do que fez a Escola Nacional de Formação e Aprimoramento de Juízes – ENFAM.

Doutrinas têm pululado nos últimos meses, com pontos de vista, às vezes, totalmente díspares, o que era, de todo modo, esperado.

O assentamento, indiscutivelmente, a colmatação, virá com o passar do tempo pelos Tribunais Superiores, especialmente.

Uma coisa é certa: *alea jacta est* (os dados estão lançados...).

Assim, em um primeiro momento, traçamos nosso ponto de vista e apresentamos respeitável doutrina debatendo a valia e a necessidade de se buscar, finalmente, uma uniformização nos Tribunais.

No terceiro item trazemos à tona algumas súmulas do Superior Tribunal de Justiça – STJ, Supremo Tribunal Federal – STF e da Turma Nacional de Uniformização respeitantes à matéria.

No quarto tópico, atento à realidade dos Tribunais Superiores e os empeços erigidos para que se alcance a desejada pacificação, trazemos à tona informações e posicionamentos sobre os "Embargos de Declaração Prequestionadores", relacionando ao tema escolhido.

Já finalizando o mérito do artigo, focando-nos no objeto dele, discorremos sobre indispensabilidade da fundamentação detalhada nas decisões, com especial atenção ao quanto ocorrido nos Juizados Especiais Federais, onde prevalece o Direito Previdenciário como matéria mais exigida pelos jurisdicionados brasileiros em tais Juízos, partindo, logo após, para a nossa conclusão.

2. NECESSIDADE DE FUNDAMENTAÇÃO E O PREJUÍZO DECORRENTE DA RESPECTIVA AUSÊNCIA, PRIMORDIALMENTE, NAS DECISÕES DAS CORTES SUPERIORES

Como não poderia ser diferente, começamos trazendo à colação o art. 93, IX, da Constituição Federal, o qual prega:

> "Todos os julgamentos dos órgãos do Poder Judiciário serão públicos, e fundamentadas todas as decisões, sob pena de nulidade, podendo a lei limitar a presença, em determinados atos, às próprias partes e a seus advogados, ou somente a estes, em casos nos quais a preservação do direito à intimidade do interessado no sigilo não prejudique o interesse público à informação;".

Mas não é tão simples assim, pois, afinal, o que significa tal previsão? Qual seu alcance? A quem cabe responder, por derradeiro, a tais quesitos?

Trazemos agora algumas decisões das nossas Cortes Superiores a respeito dos questionamentos acima para depois expormos o que pensamos a respeito:

CONSTITUCIONAL. PROCESSUAL PENAL. *HABEAS CORPUS* IMPETRADO EM SUBSTITUIÇÃO A RECURSO PRÓPRIO. RECEPTAÇÃO E USO DE DOCUMENTO FALSO. APELAÇÃO A QUE SE NEGOU PROVIMENTO SEM A DEVIDA FUNDAMENTAÇÃO. NULIDADE. *HABEAS CORPUS* NÃO CONHECIDO. CONCESSÃO DA ORDEM, DE OFÍCIO.

01. Prescreve a Constituição da República que o *habeas corpus* será concedido "sempre que alguém sofrer ou se achar ameaçado de sofrer violência ou coação em sua liberdade de locomoção, por ilegalidade ou abuso de poder" (art. 5º, inc. LXVIII). O Código de Processo Penal impõe aos juízes e aos tribunais que expeçam, "de ofício, ordem de *habeas corpus*, quando, no curso de processo, verificarem que alguém sofre ou está na iminência de sofrer coação ilegal" (art. 654, § 2º).

Desses preceptivos infere-se que no *habeas corpus* devem ser conhecidas quaisquer questões de fato e de direito relacionadas a constrangimento ou ameaça de constrangimento à liberdade individual de locomoção. Por isso, ainda que substitutivo do recurso expressamente previsto para a hipótese, é imprescindível que seja processado para perquirir a existência de "ilegalidade ou abuso de poder" no ato judicial impugnado (STF, HC 121.537, Rel. p/ acórdão Ministro Roberto Barroso, Primeira Turma; HC 111.670, Rel. Ministra Cármen Lúcia, Segunda Turma; STJ, HC 277.152, Rel. Ministro Jorge Mussi, Quinta Turma; HC 275.352, Rel. Ministra Maria Thereza de Assis Moura, Sexta Turma).

02. Para o Supremo Tribunal Federal, reveste-se "de plena legitimidade jurídico-constitucional a utilização, pelo Poder Judiciário, da técnica da motivação *per relationem*, que se mostra compatível com o que dispõe o art. 93, IX, da Constituição da República. A remissão feita pelo magistrado – referindo-se, expressamente, aos fundamentos (de fato e/ou de direito) que deram suporte a anterior decisão (ou, então, a pareceres do Ministério Público ou, ainda, a informações prestadas por órgão apontado como coator) – constitui meio apto a promover a formal incorporação, ao ato decisório, da motivação a que o juiz se reportou como razão de decidir" (AI n. 825.520-AgR-Ed, Rel. Ministro Celso de Mello, Segunda Turma, julgado em 31.5.2011; RE n. 614.967 AgR/AM, Rel. Ministro Luiz Fux, Primeira Turma, julgado em 26.2.2013; ARE n. 727.030 AgR/RS, Rel. Ministro Gilmar Mendes, Segunda Turma, julgado em 19.11.2013). Todavia, não é suficiente que o acórdão se reporte aos fundamentos da sentença ou do parecer do Ministério Público. Sob pena de nulidade do provimento judicial, devem ser eles transcritos (STF, AgRg no AI 140.524, Rel. Ministro Sepúlveda Pertence, Primeira Turma, julgado em 16.2.1993; STJ, HC 18.305/PE, Rel. Ministro Edson Vidigal, Quinta Turma, julgado em 19.3.2002).

03. *Habeas corpus* não conhecido. Ordem concedida, de ofício, para anular o acórdão impugnado, na parte relacionada à dosimetria da pena, e determinar que o Tribunal de Justiça a examine da forma como lhe convenha, motivando-a.

(STJ, HC 237.696/SP, Rel. Ministro Newton Trisotto (Desembargador Convocado do TJ/SC), Quinta Turma, julgado em 18.6.2015, *DJe* 3.8.2015). (destaques nossos).

AGRAVO REGIMENTAL NO RECURSO EXTRAORDINÁRIO. CONTRARIEDADE AO ART. 93, INCISO IX, DA CONSTITUIÇÃO FEDERAL. CARÊNCIA DE FUNDAMENTAÇÃO. NÃO CONFIGURADA. MÉRITO RECURSAL NÃO ANALISADO PELO SUPERIOR TRIBUNAL DE JUSTIÇA DEVIDO AO NÃO PREENCHIMENTO DOS PRESSUPOSTOS DE ADMISSIBILIDADE. AUSÊNCIA DE REPERCUSSÃO GERAL NO TEMA. AGRAVO REGIMENTAL DESPROVIDO.

1. Não subsiste a alegação de ofensa ao art. 93, inciso IX, da Constituição Federal, porquanto o acórdão recorrido, não obstante seja contrário aos interesses da parte, está suficientemente motivado, sem restar configurada, assim, a apontada ofensa à Constituição Federal, aplicando-se à espécie o entendimento do STF, exarado nos autos do AI-RG-QO n. 791.292/PE, julgado sob o regime da repercussão geral.

2. A questão do preenchimento dos pressupostos de admissibilidade necessários à análise do mérito recursal não tem repercussão geral, conforme entendimento do Supremo Tribunal Federal (RE 598.365 RG, Rel. Min. Ayres Britto, Tribunal Pleno, *DJe* 26.3.2010.) 3. A matéria de fundo ventilada pela parte Recorrente não pode ser analisada se não ultrapassado o juízo de admissibilidade da via de impugnação, sem que isso signifique negativa de prestação jurisdicional. Precedente citado: STF, AI 454.357 AgR, Rel. Min. Joaquim Barbosa, Segunda Turma, *DJe* 2.8.2007.

4. Agravo regimental desprovido.

(STJ, AgRg no RE nos EDcl nos EDcl no AgRg no AREsp 609.755/SP, Rel. Ministra Laurita Vaz, Corte Especial, julgado em 1.7.2015, *DJe* 6.8.2015).

AGRAVOS REGIMENTAIS NO RECURSO ESPECIAL. PROCESSO PENAL E PENAL. ART. 1º, INCISOS I E II, DA LEI N. 8.137/1990. VIOLAÇÃO DO ART. 619 DO CPP. NÃO OCORRÊNCIA. MOTIVAÇÃO *PER RELATIONEM*. POSSIBILIDADE. VIOLAÇÃO AOS ARTS. 93, IX, E 97, DA CONSTITUIÇÃO FEDERAL. ANÁLISE. IMPOSSIBILIDADE. AGRAVOS REGIMENTAIS AOS QUAIS SE NEGA PROVIMENTO.

1. Não há falar em nulidade do acórdão que utilizou fundamentação suficiente para solucionar a controvérsia reportando-se expressamente à *ratio decidendi* da sentença anteriormente prolatada, na denominada fundamentação *per relationem*, não incorrendo, assim, em qualquer omissão, contradição, ambiguidade ou obscuridade.

2. **A análise de matéria constitucional não é de competência desta Corte, mas sim do Supremo Tribunal Federal, por expressa determinação da Constituição Federal.**

3. Agravos regimentais aos quais se nega provimento.

(STJ, AgRg no REsp 1304403/RJ, Rel. Ministra Maria Thereza De Assis Moura, Sexta Turma, julgado em 06.11.2014, *DJe* 10.12.2014). (destacamos).

Desse último julgado, coleciono ainda trecho do voto para, empós, tecer algumas ponderações:

"Assim, perceptível que a suposta violação ao art. 97 da Carta Magna não encontra qualquer relação de pertinência temática com a decisão monocrática proferida, até mesmo porque eventuais violações diretas a dispositivos do texto constitucional, como requer a defesa tanto em relação ao citado art. 97 quanto ao art. 93, IX, da Constituição Federal, não é de competência desta Corte, mas sim do Supremo Tribunal Federal, por expressa determinação constitucional".

E assim se questiona: afinal, se não seria de competência do Superior Tribunal de Justiça – STJ analisar o disposto no art. 93, IX, por que ele o fez nas duas decisões que antecederam essa última?

Estranho, também, é que o fez baseando-se na jurisprudência do próprio Supremo Tribunal Federal – STF; veja-se que os precedentes citados são de tal Corte.

Nessa toada, embora não seja o foco, não posso deixar de citar uma passagem do livro do doutrinador Leonard Ziesemer Schmitz[1], na qual se reporta a este tipo de comportamento assumido pelo STJ, *verbis*: "Esta é uma nítida artificialidade manipulativa, porque demonstra a possibilidade daquela corte escolher julgar o que subjetivamente quiser julgar".

Por sua vez, de maneira bem enfática, o Desembargador aposentado Elpídio Donizetti acentua: "(...) a exigência de exaustiva fundamentação das decisões judiciais não passa de simbolismo – para não dizer um deslavado embuste –, de um bom tem para artigos jurídicos, como este que estou a esquadrinhar".

Mais a frente, citado magistrado, em consonância com as decisões acima destacadas, assinala:

"O STF por diversas vezes já debruçou sobre a fundamentação das decisões judiciais, matéria constitucional. (...) A manifestação do Supremo seria suficiente para por fim ao debate. O juiz não está obrigado a responder a todos os argumentos coisa nenhuma. Ponto. O que o texto constitucional exige é que as decisões sejam fundamentadas. Não cabe ao legislador ordinário dizer o que se deve ou não entender por fundamentação. O intérprete e guardião da Constituição já deu a sua palavra. Enquanto não mudar a Constituição ou não superar o entendimento fixado no precedente, este deve prevalecer.

Data maxima venia, ouso discordar e justifico: se, a partir do Novo CPC, ao invés de se sustentar ofensa ao art. 93, IX, da Constituição, citar-se lesão ao contido no art. 489, § 1º, do NCPC (que trata da necessidade da fundamentação em comentário), creio que não teremos essa discussão chegando ao STF, mas somente ao Superior Tribunal de Justiça – STJ.

Para sustentar essa forma de pensar, lembro que o princípio da legalidade e a coisa julgada, que utilizo como exemplo, também têm *status* constitucional, mas nem por isso o STF sempre os têm "enfrentado", senão vejamos (especial atenção ao item 3):

AGRAVO REGIMENTAL NO RECURSO EXTRAORDINÁRIO COM AGRAVO. PREVIDENCIÁRIO. CONVERSÃO DE APOSENTADORIA CELETISTA EM ESTATUTÁRIA. LEI N. 8.112/90. PREQUESTIONAMENTO. AUSÊNCIA. INEXISTÊNCIA DE AFRONTA AO ART. 93, IX, DA CONSTITUIÇÃO. LEGISLAÇÃO INFRACONSTITUCIONAL. OFENSA REFLEXA. PRECEDENTES. 1. Inadmissível o recurso extraordinário quando os dispositivos constitucionais que nele se alega violados não estão devidamente prequestionados. Incidência das Súmulas ns. 282 e 356/STF.

2. Não procede a alegada violação do art. 93, inciso IX, da Constituição Federal, haja vista que a jurisdição foi prestada, no caso, mediante decisões suficientemente motivadas, não obstante contrárias à pretensão da parte recorrente.

3. **A afronta aos princípios da legalidade**, do devido processo legal, da ampla defesa, do contraditório, **dos limites da coisa julgada** ou da prestação jurisdicional, quando depende, para ser reconhecida como tal, da análise de normas infraconstitucionais, configura apenas ofensa indireta ou reflexa à Constituição da República.

4. Inadmissível, em recurso extraordinário, a análise da legislação infraconstitucional. Incidência da Súmulas n. 636/STF. 5. Agravo regimental não provido.

(STF, ARE 891329 AgR, Relator(a): Min. Dias Toffoli, Segunda Turma, julgado em 22.9.2015, Processo Eletrônico *DJe*-223 Divulg. 9.11.2015 Public. 10.11.2015). (destaque nosso).

Mas prossigamos: então, segundo o STF, não há necessidade de se rebater todos os argumentos lançados pelas partes, mas somente o que interessar para que seja inteligível a decisão.

3. COMENTÁRIOS A ALGUMAS SÚMULAS E DECISÕES DESTACADAS DO STJ, STF E TNU

Traremos agora à baila súmulas das instâncias extraordinárias – incluindo a própria Turma Nacional de Uniformização de Jurisprudência dos Juizados Especiais Federais – JEF, assim como decisões de tais Cortes, que tratam bem sobre a questão da fundamentação das decisões e a necessidade de se atentar para os motivos que levaram a recorrer para tais instâncias superiores.

Conforme podemos extrair da primeira delas, a número 126 do STJ, logo abaixo transcrita, é de suma importância atentar-se para os fundamentos erigidos pelo Acórdão para sustentar a sua decisão, sob pena de ter negado seguimento seu competente Recurso Especial, *verbis*:

Súmula n. 126 do STJ: "É inadmissível recurso especial, quando o acórdão recorrido assenta-se em fundamentos constitucional e infraconstitucional, qualquer deles suficiente, por si só, para mantê-lo, e a parte vencida não manifesta recurso extraordinário".

---

(1) *Fundamentação das decisões judiciais*: a crise na construção de respostas no processo civil. São Paulo: Editora Revista dos Tribunais, 2015. Coleção Liebman / Coordenação Teresa Arruda Alvim Wambier, Eduardo Talamini.

Assim, evidencia-se ser de vital valia a manifestação do magistrado sobre os pontos em que se sustenta o direito perseguido, sob pena de ter sua pretensão impedida de ser analisada pela Corte que se entende competente.

Ou seja, se não forem ponderadas as razões recursais que se embasavam em matéria infraconstitucional, por exemplo, não se terá como chegar ao Superior Tribunal de Justiça – STJ.

Nesse sentido:

"(...) Vê, dos termos do acórdão recorrido, que a Corte de origem deu solução à controvérsia sob fundamentos constitucionais, bem como com base na interpretação da Lei Complementar Estadual n. 114/2005 que disciplina a carreira dos policiais civis do Estado de Mato Grosso do Sul. Assim, a análise do recurso especial fica impossibilitada, seja porque não compete ao STJ o exame de matéria constitucional, nem mesmo foi interposto recurso extraordinário para atacar referidos fundamentos constitucionais (Súmula n. 126/STJ), seja porque aqui não cabe o exame da legislação local (Súmula n. 280/STF)." (STJ, AgRg no AREsp 774.890/MS, Rel. Ministro Humberto Martins, Segunda Turma, julgado em 15.10.2015, DJe 26.10.2015).

"Fundamentando-se o acórdão recorrido em dispositivos constitucionais, reverter o julgado significaria usurpar competência que, por expressa determinação da Carta Maior, é exclusiva do STF" (STJ, AgRg no Ag 894.244/RS, Rel. Ministro Herman Benjamin, Segunda Turma, DJU de 8.2.2008). VI. Agravo Regimental improvido" (STJ – AgRg no AREsp: 529782 PR 2014/0138614-0, Relator: Ministra Assusete MagalhãeS, Data de Julgamento: 2.9.2014, T2 – Segunda Turma, Data de Publicação: DJe 11.9.2014). (destaque nosso).

Também de se atentar que, omissa a manifestação sobre os pontos de natureza constitucional, não tem o STF admitido os Embargos de Declaração pelo chamado "prequestionamento ficto", de maneira que seria necessário, antes de se valer do Recurso Extraordinário, buscar junto ao Superior Tribunal de Justiça – STJ a anulação da decisão rechaçada para que houvesse a expressa manifestação para, empós, interpor o correspondente RE, celeuma essa que já deveria ter sido objeto de reconsideração, aliás.

Nesse caminho trilha a melhor doutrina, como podemos corroborar nas lições de Luís Eduardo Simardi Fernandes[2], para quem:

"O que então deverá fazer a parte que, pretendendo impor recurso extraordinário ou especial, se vê impossibilitada de assim agir por falta de preenchimento do prequestionamento? Estará ela de mãos atadas, definitivamente impedida de recorrer ao STF ou ao STJ?

É evidente que não. Se a omissão alegada pelo embargante quando da oposição dos embargos de declaração efetivamente existia, esse recurso não poderia ter sido rejeitado, vez que a omissão é uma das causas de oposição de recurso, conforme expressamente reconhece o inc. III do art. 535 do nosso estatuto processual.

Se o cabimento dos embargos de declaração era garantido pela mencionada disposição, a decisão que rejeita esse recurso contraria lei federal, e, por essa razão, dá ensejo à interposição do recurso especial, com fundamento no art. 105, III, *a*, da CF.

Mas de se atentar para o fato de que esse recurso especial deve ser manejado com o principal objetivo de sustentar a violação ao art. 535, II, do CPC.

Ou seja, por meio desse recurso especial poderá o recorrente pleitear ao Superior Tribunal de Justiça que reconheça o desacerto da decisão do órgão *a quo*, por ter violado o art. 535 do estatuto processual, para que, provido o recurso especial, sejam os autos devolvidos ao órgão *a quo*, com a determinação de que se manifeste sobre as questões a respeito das quais se omitiu.

Então, corrigida a omissão por força da ordem expedida pelo Superior Tribunal de Justiça, aí sim poderá a parte interpor o recurso extraordinário ou especial, discutindo agora as questões federais ou constitucionais finalmente enfrentadas pelo órgão *a quo*.

E arremata mais a frente, embora criticando, reconhecendo ser o único caminho plausível, *verbis*:

"Ora, é essa a solução que mais privilegia a celeridade processual, cada vez mais almejada pelo processo civil moderno? Certamente que não. Mesmo assim, deve ela, com todas as suas desvantagens, com as dias de vindas dos autos, com grade perda de tempo, prevalecer entre nós?

A nosso ver, embora reconheçamos que essa solução não se coaduna com a busca de um processo mais célere, acreditamos que outro caminho não autoriza a Constituição Federal do Brasil".

Por fim, citando a nova previsão do Novo Código de Processo Civil, alerta:

"Por oportuno, de se salientar que o legislador reformida ao tratar da matéria no Projeto de novo Código de Processo Civil, optou pela solução que privilegia a celeridade, considerando incluídos no acórdão os elementos pleiteados pelo embargante, para fins de prequestionamento, ainda que os embargos de declaração não sejam admitidos".

"Interessante" é que, caso se levante a omissão de algum argumento lançado pelo recorrente na decisão atacada, tem o STJ decisões declarando a validade de tal julgado, não reconhecendo eventual omissão e, assim, rejeitando Recurso Especial que sustente ofensa ao art. 535 do Código de Processo Civil – CPC; e a pergunta que se faz é: e se o

---

(2) FERNANDES, Luís Eduardo Simardi. *Embargos de declaração*: efeitos infringentes, prequestionamento e outros aspectos polêmicos. 4. ed. rev., atual. e ampl. São Paulo: Revista dos Tribunais, 2015. p. 242/243.

fundamento que se buscou manifestação fosse de índole constitucional, embora o outro, infraconstitucional, fosse suficiente para manter a decisão, mas não foi apreciado?

Como exemplo:

"Inexiste violação do art. 535 do CPC na hipótese, pois o acórdão recorrido dirimiu integralmente a controvérsia, valendo ressaltar que o julgador não está obrigado a se manifestar sobre todas as questões alegadas pelas partes, sobretudo quando o acolhimento de uma delas é suficiente para afastar as demais, como ocorrido na espécie (STJ, AgRg no AREsp 612.091/SP, Rel. Ministro Marco Aurélio Bellizze, Terceira Turma, julgado em 4.8.2015, DJe 14.8.2015). (destacamos).

Na situação acima declinada, não se teria por prequestionada a matéria de ordem constitucional e, assim, restaria prejudicado o RE, que, aliás, não comporta, como já dissemos, "prequestionamento ficto", senão vejamos:

DIREITO TRIBUTÁRIO. ICMS. MERCADORIAS DADAS EM BONIFICAÇÃO. EXCLUSÃO BASE DE CÁLCULO. ART. 38 DO RICMS/SP. DEBATE DE ÂMBITO INFRACONSTITUCIONAL. VIOLAÇÃO DO ARQUÉTIPO CONSTITUCIONAL DO ICMS. QUESTÃO NÃO PREQUESTIONADA. APLICAÇÃO DA SÚMULA STF N. 282. INAPTIDÃO DO PREQUESTIONAMENTO IMPLÍCITO OU FICTO PARA ENSEJAR O CONHECIMENTO DO APELO EXTREMO. INTERPRETAÇÃO DA SÚMULA STF N. 356. A decisão agravada está em harmonia com a jurisprudência desta Casa acerca do caráter infraconstitucional do debate atinente à interpretação dada pelo Tribunal de Justiça paulista quanto à inclusão na base de cálculo do ICMS das mercadorias dadas em bonificação. A suposta ofensa aos postulados constitucionais somente poderia ser constatada a partir da análise da legislação infraconstitucional local apontada no apelo extremo. Eventual violação oblíqua ou reflexa não viabiliza trânsito a recurso extraordinário. Por outro lado, a questão atinente à violação do arquétipo constitucional do ICMS sequer foi prequestionada, porquanto não foi analisada pelas instâncias ordinárias e tampouco nos embargos de declaração opostos para satisfazer o requisito do prequestionamento. Esta Corte não tem procedido à exegese *a contrario sensu* da Súmula STF n. 356 e, por consequência, somente considera prequestionada a questão constitucional quando tenha sido enfrentada, de modo expresso, pelo Tribunal de origem. A mera oposição de embargos declaratórios não basta para tanto. Aplicável o entendimento jurisprudencial vertido na Súmula n. 282/STF: "É inadmissível o recurso extraordinário, quando não ventilada, na decisão recorrida, a questão suscitada". Agravo regimental conhecido e não provido.

(STF, AI 739580 AgR, Relator(a): Min. Rosa Weber, Primeira Turma, julgado em 11.12.2012, Acórdão Eletrônico DJe-025 Divulg. 5.2.2013 Public. 6.2.2013)

Oportuna, igualmente, a lembrança de outro óbice, qual seja a Súmula n. 211 do STJ: "Inadmissível recurso especial quanto à questão que, a despeito da oposição de embargos declaratórios, não foi apreciada pelo Tribunal *a quo*".

Todas essas ponderações servem para demonstrar a importância da fundamentação de todos os argumentos, mormente quando se apresentem de naturezas distintas, ainda que um deles já fosse suficiente para resolver a lide.

Por oportuno, colho agora magistério do Mestre Hélio Ricardo Diniz Krebs[3]:

"Ressalte-se que, nos Estados Unidos, com afirma Toni M. Fine '(...) se concede respeito ao precedente somente se ele for resultado de uma fundamentada e cuidadosa análise judicial baseada em um intenso contraditório exercido pelas partes'.

Nao menos importante para a formação de precedentes legítimos é a norma prevista no art. 489, § 1º, IV, que traz, como um dos requisitos de validade da sentença, a necessidade de que 'todos os argumentos deduzidos no processo capazes de, em tese, infirmar a conclusão adotada pelo julgador'. Tal requisito é reafirmado nos arts. 984, § 2º e 1.038, § 3º que, ao tratarem do julgamento do IRDR e dos recursos excepcionais repetitivos, respectivamente, prevê que o conteúdo do acórdão desses julgamentos abrangerá a análise de todos os fundamentos da tese jurídica discutida, sejam favoráveis ou contrários.

Como corolário desse contraditório dinâmico, Humberto Theodoro Júnior e Dierle Nunes afiram que:

'A decisão não pode mais ser vista como expressão apenas da vontade do decisor e sua fundamentação a ser vislumbrada tão só como mecanismo formal de legitimação de um entendimento que este possuía antes mesmo da discussão endoprocessual, mas deve buscar legitimidade, sobretudo, na tomada de consideração dos aspectos relevantes e racionais suscitados por todos os participantes, informando razões (na fundamentação) que sejam convincentes para todos os interessados no espaço público, e aplicar a normatividade existente sem inovações solitárias e voluntarísticas. A garantia da fundamentação racional das decisões (art. 93, IX, da CF/1988) pode ser explorada como desígnio constitucional de que o juiz respeite, no julgamento, de forma real, a participação das partes na formação do provimento jurisdicional".

Por outro lado, agora servindo de especial alerta, principalmente, para os advogados públicos e privados, eis a Súmula n. 283 do STF: "É inadmissível o recurso extraordinário, quando a decisão recorrida assenta em mais de um fundamento suficiente e o recurso não abrange todos eles".

Nessa mesma linha de entendimento, tem decidido a Turma Nacional de Uniformização dos Juizados Especiais

---

(3) KREBS, Hélio Ricardo Diniz. *Sistemas de precedentes e direitos fundamentais*. São Paulo: Editora Revista dos Tribunais, 2015. Coleção Liebman, p. 189/190.

Federais, que apresenta uma Questão de Ordem com similar conteúdo, qual seja a número 18: "É inadmissível o pedido de uniformização quando a decisão impugnada tem mais de um fundamento suficiente e as respectivas razões não abrangem todos eles".

E a grande questão é: e quando a decisão rechaçada contiver também uma questão de cunho processual, de natureza infraconstitucional, sendo originária de uma Turma Recursal, matéria que não admite Incidente de Uniformização de Jurisprudência, restando, pois, somente o Recurso Extraordinário, como proceder para rebater a já citada súmula 126 do Superior Tribunal de Justiça – STJ, não raro manuseada, também, no Supremo Tribunal Federal – STF?

Um exemplo no Direito Previdenciário: falta de interesse de agir quanto ao pedido de auxílio-acidente precedido de auxílio-doença, isso porque a argumentação pela desnecessidade passa pela análise do art. 86, § 2º, da Lei n. 8.213/91[4] ao tempo em que a temática sobre a necessidade de prévio requerimento administrativo já fora objeto de Recurso Extraordinário com Repercussão Geral (RE 631.240)[5].

Outro exemplo? Ei-lo:

> PROCESSUAL CIVIL. RECURSO EXTRAORDINÁRIO COM AGRAVO. AÇÃO DE INDENIZAÇÃO POR DANOS MORAIS. INCLUSÃO DE NOME EM SISTEMA DE ANÁLISE, AVALIAÇÃO E PONTUAÇÃO DE RISCO DE CRÉDITO, MANTIDO POR INSTITUIÇÃO DE PROTEÇÃO AO CRÉDITO. MATÉRIA INFRACONSTITUCIONAL. AUSÊNCIA DE REPERCUSSÃO GERAL. 1. A controvérsia relativa à legitimidade dos sistemas de análise, avaliação e pontuação de risco de crédito a consumidor (denominados *concentre scoring*, *credit scoring* ou *credscore*), mantidos por instituição de proteção ao crédito, bem como a existência de danos indenizáveis por inserção do nome de consumidor nesses sistemas, é matéria disciplinada por normas infraconstitucionais, sendo apenas reflexa e indireta eventual ofensa a normas constitucionais. 2. Ausência de repercussão geral da questão suscitada, nos termos do art. 543-A do CPC.
>
> (STF, ARE 867326 RG, Relator(a): Min. Teori Zavascki, julgado em 9.4.2015, Processo Eletrônico *DJe*-073 Divulg. 17.4.2015 Public. 20.4.2015). (destacamos).

(trechos do voto da decisão acima)

REPERCUSSÃO GERAL NO RECURSO EXTRAORDINÁRIO COM AGRAVO 867.326 SANTA CATARINA. Decisão:

1. Trata-se de agravo contra decisão que inadmitiu recurso extraordinário interposto em demanda ajuizada em face do Serasa S.A. em que se pleiteia a indenização por danos morais decorrentes da inclusão do nome da parte autora no sistema denominado *concentre scoring*. A Turma Recursal do Estado de Santa Catarina manteve sentença que julgou procedente o pedido, decidindo, em suma, que o sistema, instituído e mantido pelo Serasa, contraria uma série de disposições legais e constitucionais, tais como o art. 5º, XXXIII, da Constituição da República, art. 43, § 2º, do Código de Defesa do Consumidor – CDC e art. 4º da Lei n. 12.414/11, tendo em vista seu caráter sigiloso de obtenção dos dados, bem como a obscuridade que permeia a forma de realização dos duvidosos cálculos de probabilidade de inadimplemento, criando verdadeira lista negra dos consumidores (fl. 3, peça 10).

(...)

Na verdade, a Turma Recursal, embora tenha entendido que o sistema de *scoring* de crédito seja incompatível com a Constituição Federal, manteve a procedência da pretensão autoral de indenização por danos morais com base, essencialmente, nas circunstâncias de fato da causa e em normas infraconstitucionais que entendeu pertinentes (Lei n. 12.414/11 e Código de Defesa do Consumidor), em especial no art. 43 do CDC (...)

Ora, diante da especificidade das normas do Código de Defesa do Consumidor acerca do tema, constata-se que a apreciação de ofensa aos dispositivos constitucionais suscitados no recurso extraordinário demandaria, antes, a superação de matéria infraconstitucional, a significar que a ofensa à Constituição, se houvesse, seria derivada, reflexa e indireta, o que inibe exame por recurso extraordinário, conforme a jurisprudência pacífica do Supremo Tribunal Federal. Nesse sentido, em casos análogos: ARE 819.374-AgR, Rel. Min. ROBERTO BARROSO, Primeira Turma, *DJe* de 10.11.2014; ARE 785.903-AgR, Rel. Min. Cármen Lúcia, Segunda Turma, *DJe* de 14.2.2014.

Portanto, ainda que haja indicação expressa de dispositivo constitucional na fundamentação do Acórdão, pode ocorrer de o STF decidir pela ofensa reflexa e "cair tudo por terra"...

Mas isso não é o pior: pior mesmo é o STJ entender que há implicitamente fundamento constitucional, embora a decisão vergastada nada tenha suscitado a respeito, e negar seguimento ao Recurso Especial porquanto não fora intentado, simultaneamente, Recurso Extraordinário, forte

---

(4) § 2º O auxílio-acidente será devido a partir do dia seguinte ao da cessação do auxílio-doença, independentemente de qualquer remuneração ou rendimento auferido pelo acidentado, vedada sua acumulação com qualquer aposentadoria.

(5) Ementa: Recurso Extraordinário. Repercussão Geral. Prévio Requerimento Administrativo e Interesse em Agir.
1. A instituição de condições para o regular exercício do direito de ação é compatível com o art. 5º, XXXV, da Constituição. Para se caracterizar a presença de interesse em agir, é preciso haver necessidade de ir a juízo.
2. A concessão de benefícios previdenciários depende de requerimento do interessado, não se caracterizando ameaça ou lesão a direito antes de sua apreciação e indeferimento pelo INSS, ou se excedido o prazo legal para sua análise. É bem de ver, no entanto, que a exigência de prévio requerimento não se confunde com o exaurimento das vias administrativas.
3. A exigência de prévio requerimento administrativo não deve prevalecer quando o entendimento da Administração for notória e reiteradamente contrário à postulação do segurado.
(...)

na Súmula n. 126 do próprio Tribunal Superior, alhures mencionada[6]; mas ainda não acabou: contra aludida decisão, interpôs-se (é um caso concreto) um Recurso Extraordinário ao qual foi negado seguimento por se concluir que não existiria a ofensa constitucional levantada pelo STJ... E qual é o fim: a parte recorrente não logrou êxito nem em um, nem no outro...

Isso é correto?!!

Entendo que não e, embora ainda não em vigor o Novo Código de Processo Civil que cogita da remessa, do STF, para o STJ, nos casos em que verificada ofensa somente à matéria infraconstitucional, perdeu-se uma ótima oportunidade para corrigir tamanho descalabro e, por que não dizer, injustiça...

Bom, até então trouxemos linhas gerais para demonstrar a importância que se deve atribuir à clarividência dos fundamentos trazidos à apreciação judicial, aspecto este que auferirá enorme prestígio com a entrada em vigor do Novo Código de Processo Civil e da qual jamais o Direito Previdenciário pode ficar – ou ser forçado a ficar – alheio, "de fora", ser excluído.

Digo isso por um motivo concreto: hoje – na verdade, há alguns anos –, o Direito Previdenciário, em especial o referente ao Regime Geral de Previdência Social – RGPS, praticamente, está restrito aos Juizados Especiais Federais – JEF, onde há uma gigantesca resistência em se admitir a incidência das regras processuais entabuladas pelo atual Código de Processo Civil – CPC, sempre sob o pseudoargumento de que se perderia no tocante aos princípios da celeridade e informalidade caso aquele fosse adotado.

Todos os prejuízos acima demonstrados, inclusive, também se verificam, embora em menor monta, nas questões previdenciárias, mormente quando se tem intentado ações na Justiça Federal Comum; doravante, trataremos de alguns pontos específicos que entendemos ser, atrelados ao que até então foi "discutido", de vital importância para o (bom e justo) Direito Previdenciário.

São eles: a aceitação de embargos prequestionadores mesmo que a omissão não seja sanada, a obrigatoriedade de se ponderar todos os argumentos lançados pelas partes na defesa de seu direito – com leve crítica à fundamentação *per relationem* – ou para o contestar, além da possibilidade de fungibilidade entre o Recurso Extraordinário e o Recurso Especial, todos com previsão no Novo Código de Processo Civil – NCPC.

4. EMBARGOS DE DECLARAÇÃO COM EFEITOS PREQUESTIONADORES E FUNGIBILIDADE RECURSAL

Como destacado alhures, um dos grandes obstáculos para que se possa valer dos Recursos Extraordinário é a discussão que envolve os Embargos de Declaração e a exigência, embora questionada, do pré-questionamento.

Antecipando-se, inclusive, ao novo regramento legal sobre tal temática, a Turma Nacional de Uniformização – TNU já se pronunciara, por meio de uma Questão de Ordem, sobre tal problemática: "Questão de ordem n. 36. A interposição dos embargos de declaração para fins de prequestionamento faz-se necessária somente quando a matéria não tenha sido apreciada a despeito de previamente suscitada".

No Novo Código de Processo Civil – NCPC, a matéria está assim assinalada:

> Art. 1.025. Consideram-se incluídos no acórdão os elementos que o embargante suscitou, para fins de pré-questionamento, ainda que os embargos de declaração sejam inadmitidos ou rejeitados, caso o tribunal superior considere existentes erro, omissão, contradição ou obscuridade.

Tal inovação, aliada a outras duas que permitem o princípio da fungibilidade recursal entre os Tribunais Su-

---

(6) TRIBUTÁRIO E PROCESSUAL CIVIL. AGRAVO REGIMENTAL. CONTRIBUIÇÃO AO INCRA. LIMITE MÁXIMO DA BASE DE CÁLCULO. SÚMULA 126/STJ. EXIGÊNCIA DE LEI ESPECÍFICA. ART. 150, § 6º, DA CONSTITUIÇÃO FEDERAL. **FUNDAMENTO CONSTITUCIONAL. AUSÊNCIA DE RECURSO EXTRAORDINÁRIO. NÃO CONHECIMENTO DO RECURSO ESPECIAL.**

1. Trata-se de Agravo Regimental contra decisão que negou seguimento a Recurso Especial, com base no entendimento refletido na Súmula n. 126/STJ.
2. O mérito do Recurso Especial diz respeito à suposta vigência do limite máximo à base de cálculo da contribuição ao INCRA, nos termos do art. 4º, parágrafo único, da Lei n. 6.950/1981.
3. No presente caso, um dos fundamentos utilizados pelo Tribunal *a quo* é a impossibilidade de considerar vigente a limitação do salário de contribuição à luz da Constituição Federal de 1988. Com efeito, consta no acórdão recorrido: "Nada obstante o respeito ao raciocínio pretendido pela ora recorrente, tenho que a melhor exegese a partir da nova ordem constitucional não contempla a limitação pretendida (...) E não havendo disposição legal expressa em vigor limitando o valor do salário de contribuição, mormente na legislação específica que regulamenta as respectivas exações, a insurgência do embargante neste particular improcede".
4. Embora não tenha mencionado expressamente dispositivo nela contido, o Tribunal Regional, ao exigir "legislação específica que regulamenta as respectivas exações", como condição para o limite da base de cálculo, cuidou de matéria disciplinada no § 6º do art. 150 da Constituição Federal.
5. A existência de fundamento constitucional numa decisão prescinde de explícita referência a artigo contido no texto da Carta Magna.
6. O STJ possui precedentes reconhecendo a necessidade da interposição de Recurso Extraordinário para impugnar a exigência de lei específica trazida pelo art. 150, § 6º, da CF/1988, acrescentado pela EC n. 3/1993 (AgRg no REsp 697.710/PE, Rel. Ministro Mauro Campbell Marques, Segunda Turma, *DJe* 4.11.2009; REsp 814.160/MG, Rel. Ministra Eliana Calmon, Segunda TURMA, *DJe* 4.11.2008).
7. Agravo Regimental não provido.
(STJ, AgRg no REsp 1307676/SC, Rel. Ministro Herman Benjamin, Segunda Turma, julgado em 21.6.2012, *DJe* 2.8.2012). (destacamos).

periores, promete acabar, senão com toda, com boa parte da confusão que encontramos atualmente envolvendo tal discussão, isto é, saber, com exatidão, qual a natureza dos fundamentos manejados e a competente Corte para os apreciar. Refiro-me, agora, aos arts. 1.032 e 1.033, abaixo colhidos, respectivamente:

> Art. 1.032. Se o relator, no Superior Tribunal de Justiça, entender que o recurso especial versa sobre questão constitucional, deverá conceder prazo de 15 (quinze) dias para que o recorrente demonstre a existência de repercussão geral e se manifeste sobre a questão constitucional.
>
> Parágrafo único. Cumprida a diligência de que trata o caput, o relator remeterá o recurso ao Supremo Tribunal Federal, que, em juízo de admissibilidade, poderá devolvê-lo ao Superior Tribunal de Justiça.
>
> Art. 1.033. Se o Supremo Tribunal Federal considerar como reflexa a ofensa à Constituição afirmada no recurso extraordinário, por pressupor a revisão da interpretação de lei federal ou de tratado, remetê-lo-á ao Superior Tribunal de Justiça para julgamento como recurso especial.

E aqui chegamos a um dos pontos cruciais desse artigo: indiscutivelmente tal possibilidade de fungibilidade recursal é de gigantesca valia para todos os envolvidos – partes, advogados, magistrados, Ministros etc. –, especialmente empós a confusão que se emaranhou nos Tribunais Superiores, conforme, sucintamente, demonstramos acima; assim, se o Direito Previdenciário – do RGPS, nosso foco – está "centralizado" nos Juizados Especiais Federais, a pergunta que se faz é: tais "comandos" alcançarão o Direito Previdenciário??

Rápida e rispidamente poderíamos dizer que não, forte na Súmula n. 203 do Superior Tribunal de Justiça – STJ: "Não cabe recurso especial contra decisão proferida por órgão de segundo grau dos Juizados Especiais"; assim, se não há como chegar ao Superior Tribunal de Justiça – STJ com o Recurso Especial, não seria possível valermo-nos de tais possibilidades.

Contudo, mais uma vez, ousamos trazer à apreciação uma nova forma de pensar sobre tal conjuntura...

Inicialmente, como bem deduziu, ainda nos idos de 2001, o festejado doutrinador José Maria Rosa Tesheiner: "Nos Juizados Especiais federais, regulados pela Lei n. 10.259/2001, a uniformização de jurisprudência tem a natureza de recurso, assemelhando-se aos embargos de divergência"[7]

E não é outro o posicionamento da própria Turma Nacional de Uniformização – TNU que, inaugurando a sua sequência de Questões de Ordem pontuou:

Os Juizados Especiais orientam-se pela simplicidade e celeridade processual nas vertentes da lógica e da política judiciária de abreviar os procedimentos e reduzir os custos. Diante da divergência entre decisões de Turma Recursais de regiões diferentes, **o pedido de uniformização tem a natureza jurídica de recurso**, cujo julgado, portanto, modificando ou reformando, substitui a decisão ensejadora do pedido. A decisão constituída pela Turma de Uniformização servirá para fundamentar o juízo de retratação das ações com o processamento sobrestado ou para ser declarada a prejudicialidade dos recursos interpostos (Aprovada na 2ª Sessão Ordinária da Turma Nacional de Uniformização, do dia 12.11.2002) (destaquei).

Por fim, "fechando o círculo hermenêutico", trazemos à tona o Enunciado n. 104 – o primeiro de vários que colheremos doravante – do Fórum Permanente de Processualistas Civis – FPPC: "104. (art. 1.024, § 3º) O princípio da fungibilidade recursal é compatível com o CPC e alcança todos os recursos, sendo aplicável de ofício. (Grupo: Ordem dos Processos no Tribunal, Teoria Geral dos Recursos, Apelação e Agravo)".

Assim, embora não se possa valer-se do Recurso Especial nos Juizados Especiais Federais, sabemos da possibilidade de ser interposto para tal Corte Superior um Incidente de Uniformização de Jurisprudência, que tem natureza de recurso, reitere-se; destarte, entendendo o Supremo Tribunal Federal – STF que a questão de direito material lá apresentada trata-se de matéria infraconstitucional, é possível que se direcione tal RE para o STJ como um IUJ para que este analise se o ponto controvertido não estaria em desconformidade com sua jurisprudência dominante ou mesmo súmula, requisitos reclamados para a admissão de tal IUJ, nos termos do art. 14, § 4º, da Lei n. 10.259/2001[8].

E agora focando no tópico principal do presente artigo, também temos que:

"Toda falta de fundamentação é considerada expressamente uma omissão na decisão judicial, e a forma de colmatar essa omissão é, justamente, a oposição de embargos de declaração. Como as hipóteses e os contornos dos embargos são, por imposição da própria lei, aplicáveis de maneira integral aos juizados, é de se concluir que da decisão não fundamentada conforme o art. 489, § 1º, do CPC/15, caibam embargos de declaração. E esta conclusão impõe outra, mais estruturalmente densa: não poderá ser considerada legítima, porque não fundamentada, a decisão colegiada de Turma Recursal que se limitar a confirmar a sentença 'por seus próprios fundamentos."[9]

---

(7) Disponível em: <http://www.tex.pro.br/home/artigos/158-artigos-ago-2001/6294-uniformizacao-de-jurisprudencia-nos-juizados-especiais--federais>. Acesso em: 3 jan. 2016.

(8) 4º Quando a orientação acolhida pela Turma de Uniformização, em questões de direito material, contrariar súmula ou jurisprudência dominante no Superior Tribunal de Justiça – STJ, a parte interessada poderá provocar a manifestação deste, que dirimirá a divergência.

(9) SCHMITZ, Leonardo Diesemer. Confirmar a sentença por seus "próprios fundamentos" não é motivar: a influência do art. 489, § 1º, do CPC/15 sobre o art. 46 da Lei n. 9.099/95. In: REDONDO, Bruno Garcia et al. (Coords.). *Juizados especiais*. Salvador: JusPodivm, 2015, p. 516 (Coleção Repercussões no Novo CPC, v. 7; coordenador geral, Fredie Didier Jr.).

5. DA MOTIVAÇÃO DAS DECISÕES, MORMENTE NOS JUIZADOS ESPECIAIS FEDERAIS

Antes de discorrermos algumas palavras sobre o tópico principal de nosso artigo, permitam-me colher a previsão legal de tal inovação de nosso Novo Código de Processo Civil – NCPC:

Art. 489. São elementos essenciais da sentença:

(...)

II – os fundamentos, em que o juiz analisará as questões de fato e de direito;

(...)

§ 1º Não se considera fundamentada qualquer decisão judicial, seja ela interlocutória, sentença ou acórdão, que:

I – se limitar à indicação, à reprodução ou à paráfrase de ato normativo, sem explicar sua relação com a causa ou a questão decidida;

II – empregar conceitos jurídicos indeterminados, sem explicar o motivo concreto de sua incidência no caso;

III – invocar motivos que se prestariam a justificar qualquer outra decisão;

IV – não enfrentar todos os argumentos deduzidos no processo capazes de, em tese, infirmar a conclusão adotada pelo julgador;

V – se limitar a invocar precedente ou enunciado de súmula, sem identificar seus fundamentos determinantes nem demonstrar que o caso sob julgamento se ajusta àqueles fundamentos;

VI – deixar de seguir enunciado de súmula, jurisprudência ou precedente invocado pela parte, sem demonstrar a existência de distinção no caso em julgamento ou a superação do entendimento.

Temos no Direito Previdenciário um campo extremamente fértil para ser aplicada tal sistemática, afinal, sob a "roupagem" dos princípios da simplicidade, celeridade e economia processual, muitas decisões têm "assassinado" a necessidade, inclusive, constitucional, como vimos linhas acima, de fundamentação nas decisões, seja a favor ou mesmo contra os segurados.

Nesse sentido, a título de ilustração, eis uma decisão paradigmática do Presidente da Turma Nacional de Uniformização – TNU:

"DECISÃO

Trata-se de agravo interposto contra decisão que inadmitiu o incidente de uniformização nacional suscitado pela parte ora requerente, pretendendo a reforma de acórdão oriundo de Turma Recursal dos Juizados Especiais Federais da Seção Judiciária do Estado de Minas Gerais que, mantendo a sentença, rejeitou o pedido de aposentadoria por idade, sob o fundamento de que não ficou comprovado o período trabalhado em atividade rural.

É o relatório.

O recurso não merece prosperar. As instâncias ordinárias analisaram todo o conjunto probatório e concluíram que, o ora requerente, não faz jus ao benefício previdenciário requerido. Destarte, a pretensão de alterar o entendimento firmado pela Turma de origem não é possível em virtude da necessidade de revisão de provas dos autos.

Aplica-se, assim, a Súmula n. 42/TNU ("Não se conhece de incidente de uniformização que implique reexame de matéria de fato").

Ante o exposto, com fulcro no art. 8º, VIII, do RITNU, nego provimento ao agravo.

Publique-se. Intimem-se.

Brasília, 14 de outubro de 2015.

Ministro OG FERNANDES

Presidente da Turma Nacional de Uniformização dos Juizados Especiais Federais"

(PROCESSO: 2009.38.06.702140-8).

E o pior, muitas vezes tais decisões ainda vêm arrimadas em súmulas totalmente subjetivas, que não trazem transparência alguma, a exemplo da citada na decisão em comentário.

Contudo, antes mesmo de entrar em vigor, já temos severas diversidades de entendimento quanto à incidência de tal previsão legal no âmbito dos JEF, a exemplo do que se verifica nos três Enunciados abaixo, o primeiro – do Fórum Permanente de Processualistas Civis – FPCC –, favorável, o segundo da Escola Nacional de Formação e Aperfeiçoamento de Magistrados – ENFAM e o terceiro, e último, do Fórum Nacional dos Juizados Especiais Federais – FONAJEF, contra, respectivamente:

309. (art. 489) O disposto no § 1º do art. 489 do CPC é aplicável no âmbito dos Juizados Especiais. (Grupo: Impactos do CPC nos Juizados e nos procedimentos especiais de legislação extravagante).

47) O art. 489 do CPC/2015 não se aplica ao sistema de juizados especiais.

01 do Grupo 2) A regra do art. 489, parágrafo primeiro, do NCPC deve ser mitigada nos juizados por força da primazia dos princípios da simplicidade e informalidade que regem o JEF (Aprovado no XII FONAJEF).

Particularmente, defendemos a valia do primeiro; nesse primeiro momento, nos valeremos de balizada doutrina lançada sobre tal incidência, trazendo, inicialmente, linhas traçadas por Augusto Vinícius Fonseca e Silva[10], *verbis*:

"É, pois, dever de todo juiz – inclusive dos que judicam nos Juizados Especiais – fazer-se entender e decidir conforme a Constituição e a lei, secundando suas decisões nestas bases. Se o juiz dos Juizados Especiais não consegue fundamentar sua decisão de maneira adequada – vale dizer, de forma como passa a prever o art. 489, § 1º, do NCPC, mas numa

---

(10) SILVA, Augusto Vinícius Fonseca e. Repercussão dos arts. 11 e 489, § 1º, do novo Código de Processo Civil nas sentenças dos Juizados Especiais Cíveis. In: REDONDO, Bruno Garcia et al. (Coords.). *Juizados Especiais*. Salvador: JusPodivm, 2015, p. 512 (Coleção Repercussões no Novo CPC, v. 7; coordenador geral, Fredie Didier Jr.).

linguagem simples, 'informal', econômica e direta –, é porque não está a entender bem o que é ser Juiz dos Juizados".

Interessante é que, mesmo sem se atentar, ao se referir aos Juizados Estaduais, onde o ingresso é facultativo, aludido jurista acabou por definir, ainda que em parte, a triste realidade em alguns Juizados Especiais Federais, onde a competência é absoluta, senão vejamos[11]:

> "Quando o art. 38 da Lei n. 9.099/95 prescreve que a 'sentença mencionará os elementos de convicção do Juiz', não quer, com isso, alijar uma fundamentação completa, sobretudo porque – ainda mais no rito sumaríssimo, em que as partes podem vir desacompanhadas de advogados em causas de até 20 salários mínimos –, aqui a fundamentação torna-se mais premente.
>
> (...)
>
> A se levar a cabo a posição defendida acima, *data maxima venia*, estaríamos a fomentar uma interpretação inconstitucional do art. 38 da LJE, o que não pode ser admitido. Também, se assim fosse, o litigante que optasse por ver sua ação apreciada e julgada pelo rito sumaríssimo colocaria sua causa ao arbítrio de um Juiz que estaria – nesse passo – livre para não fundamentar adequadamente, para julgar apenas conforme seu estado de espírito no dia da prolação da sentença, o que soaria canhestro".

Igualmente na linha do que defendemos, trazemos agora trecho do que fora dito pelo Ministro Teori Albino Zavascki em entrevista à revista eletrônica Consultor Jurídico em maio de 2015[12] envolvendo tal temática: "no confronto entre a necessidade de os juízes fundamentarem suas decisões – reforçada pelo Novo Código de Processo Civil — e a celeridade processual, a primeira norma deve prevalecer".

Igualmente válidas, e não poderiam deixar ser aqui lembradas, são as lições do, também, festejado jurista Lenio Streck[13], para quem:

> "Um sistema que tenha decisões bem fundamentadas vai, com o tempo, diminuir drasticamente o número de ações, por causa da previsibilidade, das ações repetitivas, e de mecanismos como, por exemplo, incidente de demandas repetitivas".

Outrossim bastante apropriadas as ressalvas levantadas por Leonard Ziesemer Schmitz[14]:

> Os critérios da simplicidade e da celeridade, que orientam os processos dos juizados especiais cíveis (art. 2º da Lei n. 9.099/95) não podem servir como escudo argumentativo para reduzir ou mitigar o dever de fundamentação. É o mesmo que ocorre com a dispensa do relatório (art. 38), que não pode significar abrir mão da referência aos fatos da lide; pelo contrário, significa que aspectos fáticos e jurídicos deverão ser narrados conjuntamente. Não há espaços, veja-se, para que os Juizados especiais prescindam de decisões qualitativamente adequadas.

O que devemos ter em mente, fixamente, é: as decisões devidamente fundamentadas trazem vantagens para todos os interessados, inclusive os que ainda não ingressaram com ações intentando igual objeto em litígio, pois saberão como conduzir, se for o caso, seus pleitos, não sendo raro os que nem sequer se "aventurarão judicialmente". Como alertado pelo Professor Streck[15]: "a regra trará maior previsibilidade e segurança jurídica, evitando que as pessoas se metam em 'aventuras jurídicas'".

Por sua vez, em sintonia com o que assinalado pela Escola Nacional de Formação e Aperfeiçoamento de Magistrados – ENFAM:

> Enunciado n. 9) É ônus da parte, para os fins do disposto no art. 489, § 1º, V e VI, do CPC/2015, identificar os fundamentos determinantes ou demonstrar a existência de distinção no caso em julgamento ou a superação do entendimento, sempre que invocar jurisprudência, precedente ou enunciado de súmula.

Isso é, a missão não é somente da magistratura, mas também dos advogados que patrocinarão as causas.

Decisões devidamente fundamentadas tornam-se "blindadas" a tais "aventuras", mormente quando – praticamente – exaurem os possíveis pontos de controvérsia, delimitando, quase que soberanamente, até onde se pode recorrer.

Nesse sentido, a título de ilustração, colho dois julgados da Turma Recursal do Rio Grande do Norte[16] que, ante a rica fundamentação, tornam imunes de reforma suas decisões, porquanto, para as reformar, seria necessário valer-

---

(11) SILVA, Augusto Vinícius Fonseca e. Repercussão dos arts. 11 e 489, § 1º, do novo Código de Processo Civil nas sentenças dos juizados especiais cíveis. In: REDONDO, Bruno Garcia et al. (Coords.). *Juizados Especiais*. Salvador: Juspodivm, 2015, p. 512 (Coleção Repercussões no Novo CPC, v. 7; coordenador geral, Fredie Didier Jr.).
(12) Disponível em: <http://www.conjur.com.br/2015-mai-22/juiz-priorizar-fundamentacao-vez-celeridade-teori>. Acesso em: 04 jan. 2016.
(13) Disponível em: <http://www.conjur.com.br/2015-mai-30/entrevista-lenio-luiz-streck-jurista-professor>. Acesso em: 04 jan. 2016.
(14) SCHMITZ, Leonardo Diesemer. Confirmar a sentença por seus "próprios fundamentos" não é motivar: a influência do art. 489, § 1º, do CPC/15 sobre o art. 46 da Lei n. 9.099/95. In: REDONDO, Bruno Garcia et al. (Coords.). *Juizados Especiais*. Salvador: Juspodivm, /2015, p. 524 (Coleção Repercussões no Novo CPC, v. 7; coordenador geral, Fredie Didier Jr.).
(15) Disponível em: <http://www.conjur.com.br/2015-mai-30/entrevista-lenio-luiz-streck-jurista-professor>. Acesso em: 4.1.2016.
(16) Disponível em: <https://www.jfrn.jus.br/pjsp/turmarecursal/informativo/INFORMATIVO-TURMA-RECURSAL-15-2015.pdf>. Acesso em: 4.1.2016.

-se das Instâncias Extraordinárias, as quais são impedidas de adentrar em detalhes da lide, daí a sua inatacabilidade a desestimular prosseguir na lide:

"8. PROCESSO 0502206-71.2014.4.05.8403 DIREITO PREVIDENCIÁRIO. RECURSO INOMINADO. PENSÃO POR MORTE. PERDA DA QUALIDADE DE SEGURADO. OCORRÊNCIA DO ÓBITO APÓS CESSAÇÃO DO PERÍODO DE GRAÇA. NÃO CONCESSÃO DO BENEFÍCIO. SENTENÇA DE IMPROCEDÊNCIA. IMPROVIMENTO DO RECURSO.

1. Recurso inominado interposto pelo autor em face de sentença que julgou improcedente o pedido de concessão do benefício previdenciário pensão por morte.

2. A pensão por morte é devida ao conjunto dos dependentes do segurado que falecer, aposentado ou não, desde que não tenha ocorrido a perda de sua condição de segurado.

3. Em relação à qualidade de segurada da *de cujus*, esta foi mantida até 15 de fevereiro de 2011, de modo que na data do óbito, 18.04.2014, não mais ostentava tal condição.

4. Embora o recolhimento das contribuições do empregado seja da responsabilidade do empregador, na hipótese em tela não se vê como possa conferir validade ao contrato de trabalho anotado na fl. 13 da CTPS da falecida, já que a prova produzida não foi capaz de atestar a existência do referido contrato laboral.

5. Neste ínterim, convém proceder à transcrição de trechos da sentença: '11. A parte autora prestou depoimento eivado de contradições e sem a robustez necessária a comprovar que a instituidora do benefício realmente prestava serviço na empresa do seu filho, na condição de segurado empregado. 12. Não há como constatar veracidade na narrativa da parte autora, ao dizer que *tomava conta* do mercadinho do seu filho apenas com auxílio da falecida, em que pese possuírem idade avançada e problemas de saúde, inclusive o requerente já era aposentado por invalidez. Segundo o autor, a esposa trabalhava o dia todo no caixa do mercadinho, até as 20 horas, enquanto ele trabalhava entregando água e demais produtos vendidos no mercado usando sua bicicleta, além de cuidar sozinho da casa e preparar as refeições. 13. Ademais, o autor se contradiz ao tentar explicar o motivo pelo qual os recolhimentos das contribuições previdenciárias foram feitas somente após o óbito da instituidora, alegando no primeiro momento dificuldades financeiras da empresa e, em seguida, afirma que esses problemas não perduraram até o óbito. 14. Ora, se a empresa não estava mais passando por problemas financeiros, inexiste justificativa para o não recolhimento das contribuições previdenciárias, até porquanto, segundo o autor, ele e sua esposa seriam os responsáveis por administrar a empresa. 15. Causa estranheza, ainda, o fato de o filho do autor permitir que seus pais idosos e doentes trabalhassem arduamente em jornadas de trabalho longas e exaustivas, enquanto sua esposa cuidava apenas da casa, vindo a assumir os negócios logo após o óbito da instituidora. 16. Somado a isso, os depoimentos testemunhais foram frágeis e contraditórios, não servindo para comprovar que de fato o *de cujus* trabalhava na empresa do filho, na condição de segurado empregado.

17. Com base no denso acervo probatório coligido aos autos, com ênfase na prova oral colhida, é possível concluir que a instituidora do benefício previdenciário perseguido pelo autor perdeu a qualidade de segurada em 15 de fevereiro de 2011 e na data do óbito, ocorrido em 18.04.2014, estava fora do período de graça, a teor do art. 15 da Lei n. 8.213/91. 18. Em arremate, desconsidero o vínculo empregatício existente entre a instituidora do benefício Maria da Salete Cunha Batista e a empresa F. Cunha Batista Mercadinho – ME, de propriedade do seu filho, em que consta data de admissão em 1º de janeiro de 2013, tendo em vista que não foi possível identificar que efetivamente prestou serviço laborativo nessa empresa, levando-me a concluir que o contrato de trabalho foi anotado na CTPS após a sua morte, para que o autor pudesse requerer o benefício de pensão por morte.'

6. Portanto, não faz jus o autor à pensão, em face da perda da qualidade de segurada da suposta instituidora.

7. Sentença mantida pelos seus próprios fundamentos.

8. Improvimento do recurso inominado interposto pelo autor.

Relatora: Gisele Maria da Silva Araújo Leite.

Resultado: Vistos, relatados e discutidos os presentes autos, à unanimidade, ACORDAM os Juízes da Turma Recursal da Seção Judiciária do Estado do Rio Grande do Norte, em NEGAR PROVIMENTO ao recurso inominado interposto pelo autor/recorrente, para manter a sentença pelos próprios fundamentos, nos termos do voto-ementa do Juiz Relator. Condeno a parte recorrente no pagamento dos honorários, que arbitro em 10% (dez por cento) sobre o valor da causa, ficando a execução suspensa nos termos do art. 11, § 2º, c/c o art. 12 da Lei n. 1.060/50, em razão do deferimento da justiça gratuita".

"9. PROCESSO 0500948-92.2015.4.05.8402
AÇÃO DE RITO ESPECIAL SUMARÍSSIMO. RECURSO INOMINADO. DIREITO PREVIDENCIÁRIO. REGIME GERAL DE PREVIDÊNCIA SOCIAL – RGPS. APOSENTADORIA ESPECIAL. ATIVIDADE DESENVOLVIDA SOB CONDIÇÕES ESPECIAIS. CARACTERIZAÇÃO. SENTENÇA PARCIALMENTE PROCEDENTE. IMPROVIMENTO DO RECURSO INOMINADO DO AUTOR E DO INSS.

1 – Cuida-se de recurso inominado interposto pelo INSS, no afã de obter a reforma da sentença que reconheceu como especial lapsos da vida laborativa do autor. Este, por sua vez, igualmente, aviou recurso inominado com o desiderato de que seja reconhecida a atividade rural desempenhada no período de 01.01.1968 a 02.04.1976 e concedida aposentadoria por tempo de contribuição.

2 – A aposentadoria especial será devida, uma vez cumprida a carência exigida na Lei, ao segurado que tiver trabalhado sujeito a condições especiais que prejudiquem a saúde ou a integridade física, durante 15 (quinze), 20 (vinte) ou 25 (vinte e cinco) anos, conforme dispuser a lei (art. 57 da Lei n. 8.213/1991). Já a aposentadoria por tempo de contribuição será devida ao segurado após 35 (trinta e cinco) anos de contribuição, se homem, ou 30 (trinta) anos, se mulher (art. 56 do Decreto n. 3.048/1999).

3 – Da jurisprudência do Superior Tribunal de Justiça emana a uníssona intelecção vetorizada no sentido de que "O trabalhador que tenha exercido atividades em condições especiais, mesmo que posteriores a maio de 1998, tem direito

adquirido, protegido constitucionalmente, à conversão do tempo de serviço, de forma majorada, para fins de aposentadoria comum". Precedente: AgREsp n. 1104011, processo n. 200802460140, Rel. Min. Napoleão Nunes Maia Filho, 5ª Turma, unânime, julgado em 1.10.2009, DJE de 9.11.2009.

4 – Quanto ao reconhecimento de atividade como especial, impõe-se a observância das normas legislativas regentes à época da prestação do serviço (*tempus regit actum*), nos seguintes termos: a) até 28.4.1995, admite-se o reconhecimento do tempo de serviço especial, apenas com base na categoria profissional do trabalhador e/ou na exposição a agentes nocivos, salvo o ruído, diante da Lei n. 3.807/60 e seus Decretos n. 53.831/64 e 83.080/79; b) entre 29.4.1995 e 5.3.1997, a especialidade do vínculo se comprova unicamente com base na exposição a agentes nocivos, cuja comprovação se faz por meio dos formulários SB-40 e DSS-8030, em razão do advento da Lei 9.032/1995; c) após 6.3.1997 e, até 31.12.2003, a demonstração do tempo de serviço especial por exposição a agentes nocivos passou a exigir laudo técnico, por disposição do Decreto 2.172, de 5.3.1997, regulamentador da Medida Provisória n. 1.523/96 (convertida na Lei 9.528/97); d) a partir de 1.1.2004, passou-se a exigir o Perfil Profissiográfico Previdenciário – PPP do segurado, como substitutivo dos formulários e laudo pericial, ante a regulamentação do art. 58, § 4º da Lei n. 8.213/91, pelo Decreto n. 4.032/01, IN n. 95/03 e art. 161 da IN n. 11/06, sem olvidar das disposições dos arts. 272 e seguintes da Instrução Normativa n. 45, de 6.8.2010.

5 – É firme a jurisprudência do Superior Tribunal de Justiça no sentido de que, em se tratando do agente ruído, deve ser considerada atividade especial aquela exercida acima dos seguintes níveis: a) 80 decibéis até a edição do Decreto n. 2.171/1997; b) 90 decibéis durante a vigência do Decreto n. 2.171/1997, e até a edição do Decreto n. 4.882/2003; c) 85 decibéis a partir da edição deste último decreto. Entende, ainda, o Tribunal Superior que não há possibilidade de aplicação retroativa do que determinado no Decreto n. 4.882/2003, pelo que inviável a redução do limite para 85 decibéis durante o período de vigência do Decreto n. 2.171/1997. Precedente: Petição n. 9.059/RS (DJE: 9.9.2013). Cancelamento do enunciado de Súmula n. 32 da TNU.

6 – Ressalta-se, ademais, que a Turma Nacional de Uniformização (TNU) vem empunhando o entendimento vocacionado no sentido de que a exibição do Perfil Profissiográfico Previdenciário – PPP dispensa a apresentação de laudo técnico ambiental – LTCAT (Pedido de Uniformização n. 200972640009000, Rel. Rogério Moreira Alves, julgado em 27.6.2012, DOU de 6.7.2012).

7 – Não há na inicial qualquer insurgência em face das informações constantes do PPP/LTCAT alusivas à utilização e eficácia do EPI, de modo que se revela despicienda a realização de instrução probatória acerca de tal circunstância, porquanto incontroversa.

8 – Acerca da utilização de EPI, decidiu o Supremo Tribunal Federal – STF, em 4.12.2014, ao julgar o ARE 664335, em sede de repercussão geral, que "o direito à aposentadoria especial pressupõe a efetiva exposição do trabalhador a agente nocivo a saúde, de modo que se o Equipamento de Proteção Individual (EPI) for realmente capaz de neutralizar a nocividade, não haverá respaldo à concessão constitucional de aposentadoria especial. Na hipótese de exposição do trabalhador a ruído acima dos limites legais de tolerância, a declaração do empregador no âmbito do Perfil Profissiográfico Previdenciário (PPP), no sentido da eficácia do Equipamento de Proteção Individual (EPI), não descaracteriza o tempo de serviço especial para aposentadoria".

9 – Os autos hospedam prova cabal no sentido de que o exercício das atividades desempenhadas pelo autor nos períodos de 3.12.1979 a 28.12.1982 e de 1.1.1983 a 6.11.1998 deu-se sob condições especiais, pois o DIRBEN e DSS 8030 (eventos n. 11 e 12) indicam a exposição a **agentes nocivos acima do limite de tolerância para o período (ruído), não havendo necessidade de comprovar a permanência da exposição para os períodos analisados (Súmula 49 da TNU)**.

10 – Improvimento do recurso inominado interposto pelo INSS.

11 – Quanto ao período de 1.1.1968 a 2.4.1976, o autor afirma ter trabalhado como segurado especial, tendo apresentado os seguintes documentos: declaração de exercício de atividade rural, de 2010; declaração do proprietário da terra, de 2010; certificado de dispensa de incorporação, onde consta sua profissão como agricultor, de 1975.

12 – Em que pese a existência de início de prova material, esta deve ser corroborada por outros meios de prova para fins de reconhecimento da qualidade de segurado especial da parte autora.

13 – A prova oral produzida não foi convincente sobre o exercício da atividade rural no período alegado, tendo o autor e a testemunha entrado em contradição por diversas vezes.

14 – **Não é crível que a testemunha apesar de afirmar conhecer o autor desde criança, não conhecer o pai do mesmo, uma vez que eram vizinhos há muitos anos. O próprio autor informou que morava com os pais e seus dez irmãos até a seca, quando seu pai saiu do sítio em busca de trabalho. Ainda, a testemunha também informou que a propriedade rural onde o autor laborava foi comprada pela sua genitora, o que também contradiz com o depoimento prestado pelo autor, uma vez que este afirmou ter sido fruto de herança.**

15 – **Destaque-se que o autor chegou a trabalhar no Rio de Janeiro, onde já morava o seu irmão, possuindo vínculos empregatícios no referido Estado nos anos de 1976 e 1979 (CNIS – anexo 17). O autor também informou que seus irmãos foram para Campina Grande no ano de 1971 e que sua mãe também se afastou do sítio, indo morar em Campina Grande/PB com os irmãos do autor, no ano de 1975.**

16 – Destaque-se que o magistrado que conduz a audiência de instrução detém outros elementos que podem e devem ser considerados para a valoração da prova colhida. Isto porque o juiz pode perceber melhor as nuanças dos depoimentos, diante da proximidade com a prova.

17 – A prova oral não foi convincente quanto ao exercício do labor rural pela parte autora, motivo pelo qual nego provimento ao recurso do autor.

18 – Não há, na hipótese, a alegada violação ao(s) princípio(s)/dispositivo(s) objeto de prequestionamento. Relatora: Gisele Maria da Silva Araújo Leite Resultado: Vistos, relatados e discutidos os presentes autos, ACORDAM os Juízes da Turma Recursal da Seção Judiciária do Estado do Rio Grande do Norte, à unanimidade, em NEGAR PROVIMENTO aos recursos inominados interpostos pelo autor e pelo INSS. Sem condenação em honorários. Em se verificando o trânsito em julgado da decisão, remetam-se os autos ao Juizado Especial Federal Cível." (destaques nossos).

Atentem-se que, além de destacar as particularidades que levaram à conclusão, não se descuidou a TRRN de observar a jurisprudência das Cortes Superiores sobre os tópicos em debate, sendo, na nossa visão, decisões paradigmáticas quanto à exigência de fundamentação, exemplos a serem seguidos.

Assim, não tenho o menor receio de afirmar: se todas as decisões fossem deste modo, indubitavelmente teríamos uma maior certeza de que o direito foi analisado de forma justa, não importando quem se beneficiou dela.

Aliás, por que seriam inatacáveis nas instâncias extraordinárias: ante o respeito – aqui oportunamente aplicado – à Súmula n. 7 do Superior Tribunal de Justiça – STJ e 42 da Turma Nacional de Uniformização – TNU, aplicáveis aos casos em comentário, ou seja, respectivamente:

A pretensão de simples reexame de prova não enseja recurso especial.

Não se conhece de incidente de uniformização que implique reexame de matéria de fato.

Afinal, para desconstituir os Acórdãos em epígrafe seria necessário reexaminar os pontos específicos suscitados, o que torna inviável, tanto o Incidente de Uniformização, quanto o Recurso Extraordinário para o STF.

Por outro lado, já partindo para a conclusão do trabalho, pedindo-se *venia* pela extensão do julgado, traz-se uma decisão que fora anulada pela Turma Nacional de Uniformização – TNU, que descuidara da imposição de fundamentação da decisão atacada, a qual, ainda, reforça bem boa parte do que fora até então exposto sobre a temática:

"INCIDENTE DE UNIFORMIZAÇÃO – PREVIDENCIÁRIO – APOSENTADORIA POR INVALIDEZ – AUSÊNCIA DA QUALIDADE DE SEGURADO – FUNDAMENTAÇÃO GENÉRICA NO ACÓRDÃO RECORRIDO – DESRESPEITO AO ART. 93, IX, DA CONSTITUIÇÃO FEDERAL – NULIDADE DO ACÓRDÃO – PEDIDO DE UNIFORMIZAÇÃO PREJUDICADO.

(...)

VOTO.

O acórdão combatido deve ser declarado nulo, de ofício, por vício de fundamentação. Vejamos. A sentença julgou improcedente o pedido autoral, pois '(...) a parte autora não possuía qualidade de segurada no momento do início de sua incapacidade laborativa'. O autor manejou o competente recurso inominado o qual foi provido pela Turma Recursal de São Paulo, resumidamente, nestas palavras: '2. Trata-se de RECURSO interposto pela parte autora contra a r. sentença que decidiu no sentido da não concessão do benefício requerido. 3. Dessa decisão, recorre tempestivamente pugnando pela reforma da sentença. 4. Para concessão do benefício de Auxílio-doença e/ou Aposentadoria por Invalidez, a parte autora deve preencher os requisitos necessários à fruição desses benefícios, que são: carência; manutenção da qualidade de segurado e incapacidade laborativa. 5. O autor ostenta a qualidade de segurado. 6. A incapacidade laborativa da parte autora devidamente demonstrada'. Dessa decisão, o INSS interpôs Embargos de Declaração, os quais foram assim rejeitados: '(...) Consta dos autos que a parte autora preenche os requisitos para a obtenção/restabelecimento do benefício pleiteado. Destarte, não vislumbro a ocorrência de qualquer vício que possa dar ensejo à oposição de embargos declaratórios, uma vez que o julgador não está obrigado a analisar cada um dos argumentos aventados pelo recorrente com o propósito de satisfazer ao prequestionamento'. Impõe-se reconhecer que a Turma Recursal de origem não fundamentou adequadamente o acórdão, ressaltando-se que 'A utilização de expressões vagas e genéricas na motivação do *decisum* que impossibilita a sucumbente de conhecer o raciocínio lógico-jurídico utilizado pelo julgador ofende o princípio da motivação das decisões judiciais, reconhecido expressamente no inciso IX do art. 93 da Constituição Federal' (PEDILEF 00072544220124013200, Juiz Federal Paulo Ernane Moreira Barros, TNU, *DOU* 31/10/2014 PÁGINAS 179/285). No mesmo sentido: INCIDENTE DE UNIFORMIZAÇÃO DE JURISPRUDÊNCIA. AUXÍLIO-DOENÇA. INCAPACIDADE. PERDA DA QUALIDADE DE SEGURADO. FUNDAMENTAÇÃO GENÉRICA NO ACÓRDÃO RECORRIDO. DESRESPEITO AO ART. 93, IX, DA CONSTITUIÇÃO FEDERAL. PEDIDO DE UNIFORMIZAÇÃO PREJUDICADO. 1. Trata-se de pedido de uniformização apresentado pelo INSS em face de acórdão que confirmou sentença de concessão de benefício de aposentadoria por invalidez, com base na análise das condições pessoais da autora. 2. Inconformado, o INSS interpôs recurso ordinário no qual alegava a perda de qualidade de segurada da autora na data de início da incapacidade fixada pelo médico perito (DII 24/06/2009), sustentando que a autora contribuiu até 11/2005, recebeu benefícios de auxílio-doença, sendo que o último foi cessado em 18.03.2008. Assim não preenchia o requisito de segurada da Previdência Social quando do surgimento da incapacidade. 2.1. Ocorre que o acórdão recorrido não analisou a tese objeto do recurso. Opostos embargos de declaração, estes foram rejeitados ao fundamento da inexistência de omissão, obscuridade ou contradição. 3. A concisão na exposição dos fundamentos, técnica apropriada ao modelo jurisdicional dos Juizados Especiais Federais, não se confunde com a ausência ou deficiência na fundamentação do julgado. Transtorna o devido processo legal o acórdão recorrido quando se apresenta como modelo inflexível, insensível às particularidades do caso concreto (TNU, PEDIDO 2004.81.10.018124-8, Rel. Juiz Federal José Antonio Savaris, *DJ* 11.3.2010). 4. Verifica-se, pois, que a generalidade da motivação do acórdão recorrido frustra a aferição de efetiva divergência jurisprudencial em torno de questão de direito material. Com efeito, não se conhece a razão pela qual não foi feita a extensão do período de graça por mais doze meses em razão do desemprego – matéria esta que foi objeto do recurso ordinário e embargos de declaração. 5. Acórdão recorrido anulado de ofício, com retorno dos autos à Turma Recursal de origem para novo julgamento. Prejudicado o incidente de uniformização. (PEDILEF 50002195920134047101, Juíza Federal Ana Beatriz Vieira Da Luz Palumbo, TNU, DOU 22.8.2014 P. 152/266.)

(...)

Ante o exposto, VOTO no sentido de: a) **declarar, de ofício, a nulidade do acórdão combatido, em face da deficiência de motivação, e determinar o retorno dos autos para novo julgamento e fundamentação relacionada a qualidade de segurado da parte autora quando do início da incapacidade laborativa.** b) julgar prejudicado o Incidente de Uniformização. Publique-se. Registre-se. Intime-se."

(TNU – PEDILEF: 00130266220084036306, Relator: Juiz Federal Wilson José Witzel, Data de Julgamento: 11.9.2015, Data de Publicação: 23.10.2015). (destacamos).

E a pergunta que se faz, relativamente a essa última decisão é: quem perde com tais decisões, viciadas, desprovidas de fundamentação??

A resposta é retórica: todos nós, afinal, quantas horas não foram gastas, quantos anos foram "perdidos", quantas expectativas frustradas, quanto tempo desperdiçado para que ao final tudo retornasse à "estaca zero"????

Esse processo poderia ser meu, ser seu, de um parente ou amigo nosso...

6. CONCLUSÃO

Por tudo que foi dito e exposto, embora já tenhamos, ainda que não na proporção desejada, julgados reconhecendo a necessidade de fundamentação nas decisões previdenciárias, comumente proferidas no âmbito dos Juizados Especiais Federais, é indiscutível o reforço introduzido pelo NCPC, tão benéfico, trará para tais lides.

E esse é um dever que se opõe seja, especialmente, "verticalizado". Os Tribunais Superiores, assim como a Turma Nacional de Uniformização, hão de servir como referência, mas, lógico, não somente eles. Ante o poder que está sendo atribuído às correspondentes decisões, exige-se uma maior responsabilidade quanto ao que, e à forma com que, decidem, medida essa que passa, necessariamente, pela necessidade de completas fundamentações.

E, como não poderia ser diferente, é chegada a hora de dar início ao fim – por mais paradoxal que seja – dessas imensas variações que temos acompanhado na jurisprudência, principalmente, das Cortes Superiores; tal projeto guarda uma estreita relação com a necessidade de fundamentar, devidamente, as decisões, para com isso trazer ganhos para todos os interessados, reitere-se, nas decisões em que direitos e deveres que dizem respeito a milhões de brasileiros estejam sendo discutidos.

Por fim, reiteramos: o Direito Previdenciário não pode ser deixado de lado dessa vitória tão cara aos jurisdicionados brasileiros, portanto, é cogente a aplicação do contido no art. 489, mormente o § 1º, nos Juizados Especiais Federais.

7. REFERÊNCIAS BIBLIOGRÁFICAS

SCHMITZ, Leonardo Zlesemer. *Fundamentação das decisões judiciais*: a crise na construção de respostas no processo civil. São Paulo: Editora Revista dos Tribunais, 2015. Coleção Liebman / Coordenação Teresa Arruda Alvim Wambier, Eduardo Talamini.

KREBS, Hélio Ricardo Diniz. Sistemas de precedentes e direitos fundamentais. São Paulo: Editora Revista dos Tribunais, 2015. (Coleção Liebman).

Juizados Especiais. REDONDO, Bruno Garcia et al. Salvador: JusPodivm, 2015, p. 524. (Coleção Repercussões no Novo CPC, v. 7; coordenador geral, Fredie Didier Jr.).

FERNANDES, Luís Eduardo Simardi. *Embargos de Declaração*: efeitos infringentes, prequestionamento e outros aspectos polêmicos. 4. ed., rev., atual. e ampl. São Paulo: Revista dos Tribunais, 2015.

TUTELA PROVISÓRIA FUNDADA NA URGÊNCIA E O IMPACTO NAS AÇÕES PREVIDENCIÁRIAS

Paulo Afonso Brum Vaz

Desembargador Federal do TRF4, Presidente da 5ª Turma Previdenciária, MBA e Mestre em Poder Judiciário (FGV), Doutor em Direito Público (UNISINOS).

1. INTRODUÇÃO

No Estado Constitucional Democrático de Direito, projetado para atender às necessidades (dignidade) da pessoa humana, o fim do processo passou a ser a tutela dos direitos. Para isso, o processo precisa dispor de instrumentos e mecanismos que estejam predispostos a possibilitar que esta tutela seja adequada e efetiva.

Conquanto se deva levar a sério as advertências de François Ost (1999) sobre os riscos ao direito decorrentes do "estado de emergência" que vivenciamos, no qual a "urgência" já não constitui uma categoria extraordinária, mas modalidade temporal da ação em geral, congregando o presente toda a carga de expectativa que normalmente era lançada sobre o futuro, é preciso reconhecer que existem áreas das relações sociais e do direito que não se compadecem com a temporalidade marginal dos processos de cognição plenária: uma delas é a previdenciária.

Superado o primeiro momento de euforia, que levou à banalização do instituto da tutela antecipada de urgência, e considerada a intensidade das lides de natureza previdenciária na prática forense, convém retomar o assunto, que abordei em livro de 2003, agora sob os auspícios do novo Código de Processo Civil (CPC/2015).

O texto trata apenas da tutela provisória de urgência e suas implicações nas ações previdenciárias, reservando o estudo da tutela de evidência,[1] também com interessantes implicações nos conflitos previdenciários, para outra oportunidade.

Pretende-se evidenciar, a partir de uma análise crítica e prospectiva, que a novel sistemática introduzida pelo novo CPC tornou a tutela de urgência mais acessível ao demandante de prestações sociais da seguridade social, na medida em que seus requisitos foram atenuados. Tal transformação supõe uma transição paradigmática na perspectiva judicial: "é preciso olhar o novo com os olhos do novo".

2. TUTELAS PROVISÓRIAS NO CPC/2015

O CPC/2015 tratou do gênero tutela provisória (art. 294), que pode ser fundada na urgência (arts. 300-302) ou na evidência (art. 311). A tutela de urgência continua a ser desdobrada em cautelar e antecipada. Estabeleceu-se um regime comum às tutelas provisórias e um regime comum às tutelas de urgência. As medidas cautelares perderam sua autonomia.[2]

É possível que em um mesmo caso coexistam situações de urgência e de evidência, ou seja, que além da urgência esteja presente um (ou mais) dos fundamentos previstos pelo art. 311 (abuso do direito de defesa, manifesto propósito protelatório, prova documental, tese firmada em julgamento repetitivo ou súmula vinculante), havendo também a evidência.

Assim como podemos ter um pleito urgente e, ao mesmo tempo, evidente, é possível existir pleito de tutela antecipada de urgência, mas que não se apresentem quaisquer das situações reputadas pela lei como de evidência (art. 311).

A questão axial da diferença entre ambas reside menos no objeto do conhecimento do que na intensidade da cognição. Na tutela de urgência, a cognição sobre o pedido e os fundamentos da demanda necessita ser sumária, porque a premência impede o exame de forma mais aprofundada (demorada); enquanto na tutela de evidência o pedido e os fundamentos, justamente pelo caráter de evidência, dispensam uma cognição mais aprofundada (demorada).

3. A TÉCNICA DA ANTECIPAÇÃO DA TUTELA DE URGÊNCIA COMO MECANISMO DE EFETIVIDADE DA PRESTAÇÃO JURISDICIONAL PARA AS LIDES SOBRE DIREITOS DA SEGURIDADE SOCIAL

Considerando que o elemento temporal é o que mais contribui para o agravamento da crise de efetividade dos

---

(1) O direito evidente, sob ângulo civil, segundo Fux (1996, p. 311), "é aquele que se projeta no âmbito do sujeito de direito que postula. Sob o prisma processual, é evidente o direito cuja prova dos fatos sobre os quais incide revela-os incontestáveis ou ao menos impassíveis de contestação séria".

(2) A escolha do gênero tutelas provisórias não foi feliz. A provisoriedade não é a nota fundamental das tutelas de evidência.

processos em geral, especialmente nas lides previdenciárias, chegando a atingir a essência dos princípios do acesso à justiça, do devido processo legal e da inafastabilidade do controle jurisdicional, impõe-se destacar o importante papel da tutela antecipada de urgência.

A demora, normal ou não, no processamento das ações cujo desiderato seja a concessão de benefício previdenciário acidentário ou assistencial, quer se trate de benesse decorrente de incapacidade física para o trabalho (invalidez), tempo de serviço, tempo de contribuição, idade ou situação de extrema vulnerabilidade, pode agravar tais situações de risco.

Os que clamam pela concretização de direitos sociais previdenciários, no grosso de sua universalidade, constituem parte hipossuficiente (mais fracos jurídica e economicamente), carecedores, portanto, de maior proteção individual e social. Encarados sob o prisma da demanda, restam ainda mais vulneráveis e desamparados, submetidos à demora da tramitação do processo, muitas vezes fatal e comprometedora da eficácia de uma futura decisão de mérito que lhes seja favorável. Nunca menos de três anos são consumidos até que possam usufruir os efeitos pecuniários da benesse pretendida.

A duração excessiva do processo é mais gravosa e afeta com maior intensidade as partes economicamente mais débeis e necessitadas, malferindo o princípio da igualdade material. A morosidade do processo pode acentuar desigualdades substanciais entre as partes e causar injustiça social, isto porque o grau de resistência do pobre, para aguardar o desfecho do processo, é sempre menor que o do rico. Nesta perspectiva, tem-se de admitir que o empregado, o sadio, o jovem e o estabilizado economicamente são menos vulneráveis aos efeitos da demora do processo do que o desempregado, o adoentado, o idoso e o desassistido.

A técnica de antecipação satisfativa da tutela com base em cognição sumária, enquanto mecanismo de adaptação da tutela jurisdicional aos casos em que a urgência demanda celeridade na decisão, representa, na jurisdição previdenciária, um mecanismo voltado à efetividade e à eficácia da tutela jurisdicional, ainda que não deva ser tomada como panaceia e sim como exceção harmonizadora entre os princípios da efetividade e da segurança jurídica (contraditório e ampla defesa).

4. REQUISITOS PARA A ANTECIPAÇÃO DA TUTELA FUNDADA NA URGÊNCIA E FUNDAMENTOS FILOSÓFICOS DA TEMPORALIDADE NO DIREITO

A teor do art. 300 do CPC/2015, "a tutela de urgência será concedida quando houver elementos que evidenciem a probabilidade do direito e o perigo de dano ou risco ao resultado útil do processo".

Com nomes diferentes, o *fumus boni juris* (agora, probabilidade do direito) e o *periculum in mora* (agora, perigo de dano), velhos conhecidos do nosso processo civil, precisam estar juntos para autorizar a concessão tanto da tutela cautelar como da tutela antecipada satisfativa de urgência.

A cognição sumária representa uma alternativa ao perigo que a demora da cognição plena pode ensejar, ameaçando a frutuosidade do provimento que venha a ser emitido ou exacerbando o estado de insatisfação do direito.[3]

A questão da sumariedade está intimamente imbricada com a questão da temporalidade do direito. Para a teoria dos sistemas sociais, o tempo é a observação da realidade a partir da diferença entre passado e futuro. Luhmann (1985, p. 166-177) evidenciou a estreita relação entre o tempo e o direito, enquanto estruturas de expectativas. O que acontecerá no futuro torna-se a preocupação central do direito. "A positividade, isto é, o princípio da variabilidade estrutural do direito, só se torna compreensível quando se vê o presente como uma consequência do futuro, ou seja, como decisão" (p. 168).

Para Luhmann, o passar do tempo só pode ser concebido enquanto redução inexorável da complexidade. "O que passou não pode mais ser mudado". Mas se pode aproveitar a estabilização de estruturas apropriadas de expectativas para aumentar a complexidade do futuro e a seletividade do presente, fugindo do acaso e racionalizando as ocorrências como escolhas sensatas entre as várias possibilidades. Por isso, o presente, mais do que um simples dar sentido à experiência imediata, representa a possibilidade de seleção (redução de complexidade) de alternativas para que se criem passados futuramente úteis (LUHMANN, 1985, p. 170).

Para a teoria dos sistemas, o problema do tempo disponível para os processos decisórios, é crucial. O tempo é escasso e apenas limitadamente parcelado para as organizações que realizam esses processos, atuando seletivamente sobre metas objetivas e as informações que podem processar. Cumpre à experiência do tempo prevenir raciocínios complicados e também aqueles que poderiam preparar mudanças estruturais abrangentes. A receita para a otimização do tempo, é dizer, para se obter mais tempo para decidir, reside no ordenamento do sentido material das premissas decisórias.[4]

Rocha (2006, p. 195), estudioso da teoria sistêmica de Luhmann, a partir da ideia de tempo social, resume o novo paradigma decisório do jurista na sociedade contemporânea:

> A sociedade está mudando numa velocidade muito grande, forçando que o jurista tenha consciência de

---

(3) Ver Pisani (1999, p. 640-641), Calamandrei (2000, p. 36-40 e 88-92).

(4) Para Luhmann (1985, p. 174), "os processos decisórios organizados são, portanto, aquelas instituições sociais que convertem um horizonte temporal aberto em pressão do tempo, e que podem atingir uma solução desse problema com um melhor ordenamento material de suas premissas decisórias".

que só seremos sujeito da construção do tempo histórico se tivermos a velocidade, a capacidade de decidir, a partir de teorias que levem em conta essa complexidade: os paradoxos e os riscos que começam a surgir a partir daí. O tempo que é o tempo do Direito na teoria de Ost e de Luhmann, talvez amanhã não seja o tempo do Direito, porque o tempo está escapando de nossas mãos. É preciso que se tenham mecanismos efetivos de tomada de decisões para se poder produzir futuro. O grande problema quando não se controla o tempo é que os riscos de ampliação da complexidade se ampliam, ou seja, que as decisões jurídicas não possam enfrentar os problemas que se pretende temporalizar, perdendo o controle dos processos de desinstitucionalização e reinstitucionalização da sociedade.

O tempo na sociedade de risco (BECK, 2011), caracterizada pela complexidade, insegurança e contingências quanto ao futuro, é um tempo abreviado, de imediatidade, que não se compadece com as delongas. Assim, o tempo das decisões do Poder Judiciário também precisa ser redimensionado.

Nesse deslocamento espaço-temporal típico da pós-modernidade e da globalização, o processo decisório é a essência da atuação judicial, precisa adaptar a sua dinâmica, sendo demandado a atuar em *tempo real* (material), enquanto direito subjetivo das partes. O *tempo jurisdicional*, naturalmente alongado, tende a ser, invariavelmente, instrumento violador de direitos, postergando o seu exercício, aniquilando o seu núcleo essencial ou agravando as lesões que porventura estejam esses direitos sofrendo ou ameaçados de sofrer. Por isso, são necessárias mudanças estruturais.

O processo da modernidade, enquanto ciência, não deixou de incorporar as suas idiossincrasias. O procedimento ordinário sempre esteve a serviço das classes dominantes garantindo o *status quo*. Para os seus conflitos, essas sempre conseguiram procedimentos diferenciados, isso quando não os resolvem fora do Poder Judiciário.

Silva (1997) mostrou que o procedimento ordinário, na busca dos juízos de certeza, transformava os juízes em meros aplicadores da lei (responsáveis apenas por fazer valer a vontade da lei), sobretudo antes do advento da antecipação de tutela. É, pode-se assim dizer, expressão do positivismo exegético, que encerra a atuação judicial numa pretensa neutralidade, despida que fica da função hermenêutica. Vale trazer a expressão do seu pensamento:

Imagina-se que os juízos de certeza exigidos do julgador pelo processo de conhecimento (ordinário) sejam a fórmula capaz de clarificar, através de um ato de *pura inteligência*, a *vontade* do legislador, confirmando o pressuposto de que o juiz é tão somente a *boca que pronuncia as palavras da lei* ou, como disse Chiovenda, o juiz *atua a vontade concreta da lei* (Instituições, cit. I, p. 42), nunca sua própria vontade (SILVA, 1997, p. 198).

E mais, tratando da desvinculação entre direito e sociedade, Silva (1997, p. 198) lembrava que o processo ordinário, construído sobre silogismos rígidos e princípios absolutizados, estará fadado ao insucesso sempre que as situações sociais sofram modificações profundas, limitado que fica na ordenação de novas situações sociais.

Hannah Arendt (2009, p. 35-39), na sua obra *A vida do espírito*, no capítulo da *aparência*, enfrenta o problema da certeza. Parte de alguns pressupostos que assim podem ser resumidos: "nada do que é, na medida em que aparece, existe no singular; tudo que é, é próprio para ser percebido por alguém", de forma que Ser e Aparecer coincidem: o ser vivo é mera aparência. Não é o homem, mas são homens que habitam este planeta. "A pluralidade é a lei da terra". Os homens e os animais não estão no mundo, eles "são o mundo". São sujeitos e objetos "percebendo e sendo percebidos ao mesmo tempo". Existe uma diversidade imensa de aparências no mundo. "Aparecer significa sempre parecer para outro, e esse parecer varia de acordo com o ponto de vista e com a perspectiva dos espectadores".

A antiga dicotomia metafísica entre Ser (verdadeiro) e (mera) Aparência, diz Arendt, está fundamentada na *primazia da aparência* e resolve-se na medida em que "somente podemos escapar da aparência para a aparência". Esta premissa levou Arendt (2009, p. 43) a afirmar que "o mundo cotidiano do senso comum, do qual não se podem furtar nem o filósofo nem o cientista, conhece tanto o erro quanto a ilusão. E, no entanto, nem a eliminação de erros, nem a dissipação de ilusões pode levar a uma região que esteja além das aparências". E arremata Arendt (2009, p. 43):

Para dizer o mínimo, é altamente duvidoso que a ciência moderna, em sua incansável busca de *uma* verdade por trás das *meras* aparências, venha a ser capaz de resolver este impasse; quanto mais não seja porque o próprio cientista pertence ao mundo das aparências, embora sua perspectiva com relação a esse mundo possa diferir da perspectiva do senso comum.

É certo que o processo não tem como ser muito abreviado, pois é preciso garantir o exercício dos direitos fundamentais à ampla defesa e ao contraditório, corolários do devido processo legal. A segurança jurídica pressupõe tempo razoável. Portanto, as soluções devem ser encontradas num ambiente que preserve os direitos e garantias dos litigantes: não se pode suprimir etapas essenciais à defesa técnica e à ampla produção probatória, ou, simplesmente, eliminar instâncias recursais. Avulta o papel das tutelas diferenciadas, que desafiam o problema da temporalidade.

O tempo, indispensável ao processo, que dele dependente para a sua regular tramitação, com o pleno exercício dos direitos e garantias dos litigantes e a necessária maturação da futura decisão, quando foge dos padrões de razoabilidade, acaba sendo um inimigo da efetividade da prestação jurisdicional. A máxima de que a "justiça tarda mas não falha" nem sempre é verdadeira. Quase sempre, "a justiça que tarda, falha". E falha exatamente porque tarda.

E falha porque há direitos cujo reconhecimento e exercício são impostergáveis no tempo. Direitos que, por sua natureza imanente à própria existência e dignidade da pessoa, não podem esperar. Ou a vida, a liberdade, a igualdade, os meios de subsistência, apenas para exemplificar, podem pacientemente esperar por anos até que sejam tutelados? É evidente que não. A demora em tutelar esses direitos representa, por si só, a sua negação, assim como grave violação ao princípio do acesso à ordem jurídica justa.

Ninguém ignora que o grande inimigo da efetividade da tutela jurisdicional é o tempo, a demora na solução definitiva do litígio. O tempo, ainda que se revele indispensável à segurança jurídica das decisões e à garantia dos direitos fundamentais assegurados aos litigantes, é inimigo da eficácia da tutela jurisdicional. Nicolò Trocker (1974, p. 276-277), com acerto, afirmou que

> [...] a justiça realizada morosamente é sobretudo um grave mal social; provoca danos econômicos (imobilizando bens e capitais), favorece a especulação e a insolvência, acentua a discriminação entre os que têm a possibilidade de esperar e aqueles que, esperando, tudo têm a perder. Um processo que perdura por longo tempo transforma-se também em um cômodo instrumento de ameaça e pressão, em uma arma formidável nas mãos dos mais fortes para ditar ao adversário as condições da rendição.

O desafio é sempre encontrar o ponto de equilíbrio. Se, por um lado, o tempo do processo intrinsecamente é um tempo que tem sido ordenado para responder ao anseio social de previsibilidade, certeza e segurança; por outro, reivindicações contemporâneas desvelam estruturas processuais anacrônicas, cuja marca principal é a morosidade da prática da Justiça e a falta de efetividade substancial das decisões.

4.1. Elementos que evidenciem a probabilidade do direito

No regime do CPC/73, a antecipação da tutela dependia de prova inequívoca da verossimilhança da alegação. No regime do CPC/2015, a teor do seu art. 300, a referência à prova inequívoca foi substituída por "elementos que evidenciem a probabilidade do direito". Houve uma unificação dos requisitos da tutela cautelar e da tutela satisfativa, que passaram a ser comuns. E o mais importante: a parametrização a partir do regime das cautelares, não mais se exigindo a inequivocidade do direito material altercado. Prova inequívoca era, de fato, incompatível com cognição sumária típica da tutela de urgência.

Bem refere Souza (2015, p. 1324):

> O juiz, ao conceder a tutela de urgência (antecipada satisfativa ou cautelar) com base na cognição sumária, nada declara em relação ao direito material, limitando-se a afirmar a probabilidade da existência do direito, de modo que, aprofundada a cognição, nada impede que o juiz assevere que o direito que supôs existir na verdade nunca existiu.

Quanto aos graus de verossimilhança, usando uma classificação mais corrente, pode-se diferenciar o juízo de possibilidade, o juízo de probabilidade e o juízo de certeza. No juízo de possibilidade, a cognição é superficial e há um grau mínimo de verossimilhança que se estabelece a partir das alegações unilaterais do autor inicial. Devido ao baixo grau de verossimilhança, maior é o risco de as alegações não serem verdadeiras. No juízo de certeza, a cognição é exauriente e se tem o grau mais elevado de verossimilhança. Suas características principais são a amplitude de investigação da prova, o contraditório pleno e a aptidão para que a sentença prolatada a partir do juízo de certeza fique acobertada pelo manto da coisa julgada material.

O juízo concessório da tutela antecipada satisfativa fundada na urgência será de probabilidade. Tal juízo decorre de cognição sumária, mas não se conforta apenas com as alegações do autor. A investigação judicial é mais aprofundada sobre a prova apresentada no que concerne à sua quantidade e qualidade. Poderá estabelecer-se o contraditório parcial ou não, quando o autor faz acompanhar suas alegações de elementos de prova.

Assim, ao desiderato de demonstrar a probabilidade do direito cumpre à parte autora oferecer com a inicial elementos indiciários da situação de fato e de direito que irão subsidiar o juízo de probabilidade que enseja a antecipação da tutela satisfativa.

Nas ações em que se busca a tutela antecipada para a concessão de benefício por incapacidade, tem-se afirmado que os exames e atestados médicos quando contemporâneos ao indeferimento administrativo do pedido de concessão do benefício, não são hábeis a contraditar a conclusão da perícia médica realizada pelo INSS, que goza de presunção de legitimidade e somente pode ser elidida por prova inequívoca.

Não há óbice à antecipação da tutela com base em laudo médico produzido unilateralmente. Exigir-se a perícia judicial, sob o pretexto da presunção da validade do laudo administrativo, seria aniquilar parcialmente a possibilidade da tutela de urgência.

O art. 472 do CPC/2015 autoriza o juiz a dispensar a prova pericial quando as partes juntarem, com a inicial ou com a contestação, sobre as questões de fato, pareceres técnicos ou documentos elucidativos que considerarem suficientes. Se é permitido ao juiz dispensar a prova pericial para o exame definitivo do mérito, não seria lógico vedar a tutela antecipada cujo requisito da probabilidade do direito se encontra alicerçado por prova de idêntica natureza. O *caput* do art. 300 do CPC/2015 conforta esta conclusão. A tutela de urgência, que pode ser concedida *inaudita altera parte*, admite, por sua natureza, a prova unilateral.

Fixados estes contornos normativos, cumpre alertar para a necessidade de ter a parte autora que juntar um laudo particular que seja adequado para se contrapor ao laudo pericial administrativo. Não basta um simples atestado médico desprovido de exames complementares e sem explicitar os pormenores da patologia, o grau de incapacidade, se a incapacidade é parcial ou total e, ainda, o tempo necessário de afastamento do trabalho.

Esta modalidade de tutela provisória poderá ser concedida liminarmente ou após justificação prévia. Isso dependerá da qualidade dos elementos indiciários apresentados com a inicial. Se adequadamente convencido da probabilidade do direito, o juiz certamente irá dispensar a justificação prévia.

Na busca da verdade real, não deve olvidar o juiz de utilizar seus poderes instrutórios (art. 370 do CPC/2015). O viés substancial do processo superou a figura do juiz como mero espectador, inerte e passivo, atribuindo-lhe função ativa no campo probatório e relativizando o princípio do dispositivo.

À guisa de exemplificação, em uma ação que tenha por objeto a concessão de benefício previdenciário por invalidez, não estando o juiz convencido a partir das provas vertidas com a inicial, poderá determinar, em despacho inicial, que se realize uma avaliação médica preliminar no postulante, com a formulação de quesitos judiciais básicos, ou ainda determinar a realização de uma audiência de justificação prévia (art. 300, § 2º). Diante das conclusões médicas e impressões pessoais – embora não detenha o juiz conhecimento técnico –, sopesado o direito aplicável, restará facilitado o exame da probabilidade do direito, podendo-se deferir, inaudita altera parte, a imediata implantação do benefício.

A propósito do tema, vale lembrar que a justificação administrativa ou judicial, desde que embasadas em início de prova material, nos casos em que exigível, são hábeis à comprovação da probabilidade do direito. O fato de ser a justificação judicial mera documentação de prova testemunhal, que precisa passar pelo crivo do contraditório para ter eficácia probatória, não a desmerece para o fim de alicerçar o juízo de probabilidade exigido para a antecipação da tutela satisfativa de urgência.

Em todos os casos, impende lembrar que a concessão da tutela de urgência está jungida a um mero juízo de probabilidade ou plausibilidade e não de verdade ou inequivocidade, típico da tutela definitiva, que tem o condão de produzir a coisa julgada substancial.

4.2 Perigo de dano ou risco ao resultado útil do processo

Sabe-se que o dano natural, também chamado pela doutrina de dano marginal, assim considerado aquele que decorre da demora inerente à tramitação normal do processo de conhecimento, de regra, por si só, não se revela hábil à concessão da tutela antecipada. É preciso que esta demora, imprescindível à segurança jurídica das decisões, potencialize lesões de direito agravando a insatisfação e o perigo de dano.

Se o litigante pode aguardar, sem qualquer risco ao seu patrimônio jurídico (material ou moral), a contingência de o conflito em juízo demandar tempo para ser definitivamente solvido, até a efetiva satisfação do direito violado, não se ousaria postergar o exercício dos direitos ao contraditório e à ampla defesa do réu, à míngua mesmo de uma colidência que pudesse justificar a tutela de urgência, justamente o mecanismo de harmonização de conflitos entre direitos fundamentais.

Direitos há, entretanto, para os quais o tempo é elemento essencial, porque devem ser exercidos num determinado momento, que lhes é próprio. É o caso típico dos benefícios previdenciários, sobretudo os relacionados com incapacidade para o trabalho (auxílio-doença e aposentadoria por invalidez). Nesses casos, o retardo em sua concessão já constitui uma violação irreparável, pois o bem jurídico ofendido é infungível, sendo desnecessário provar o "fundado receio de dano irreparável ou de difícil reparação". Para a tutela antecipada, o dano, nesses casos, é consequência lógica da demora na concessão do benefício.

Não se pode negar, por outro lado, que a natureza alimentar da prestação buscada, a hipossuficiência do segurado e até a possibilidade de seu óbito no curso do processo, em razão da senilidade ou do próprio estado mórbido, patenteiam, na maioria dos casos, o perigo de dano ou risco ao resultado útil do processo, recomendando concessão da tutela antecipadamente, se presentes as evidências da probabilidade do direito.

Nas ações que visam à concessão de prestação assistencial, da mesma forma, a natureza do direito material – impostergável quanto ao seu reconhecimento e fruição – e a condição de vulnerabilidade extrema autorizam a concessão da tutela antecipada sem a necessidade da comprovação de situação concreta a caracterizar o perigo de dano. Está-se, sem qualquer sombra de dúvida, diante de situação que requer a tutela de urgência, ou diante de uma real colisão de princípios fundamentais – efetividade e segurança jurídica –, em que se deve privilegiar a efetividade, relativizando a segurança jurídica.

Casos há em que, de regra, não existe o perigo de dano ou risco ao resultado do processo. Nas ações em que se postula revisão de benefício previdenciário, por exemplo, o autor já se encontra em gozo do benefício, tendo meios, portanto, de subsistência. Está, em outras palavras, em condições de suportar a demora do processo sem grave perigo de sofrer dano, e o processo ainda lhe será útil se concedida a tutela ao final. Não se pode, entretanto, generalizar esta assertiva, criando verdadeira regra de vedação à concessão da tutela antecipada quando se cuide de ação ajuizada por quem já esteja em gozo de benefício. Cada caso merecerá análise particularizada, devendo sempre restar comprovada a efetiva necessidade do *plus* pretendido.

Cumpre assentar, todavia, que a natureza alimentar da prestação não é suficiente, por si só, para caracterizar o requisito dano irreparável ou de difícil reparação. Pode-

-se muito bem conceber um credor de prestação alimentar que sem ela não sofra qualquer risco. Que seja um abastado, com outras fontes de subsistência. Portanto, quem pretende a tutela antecipada precisa comprovar a efetiva necessidade, pois se não for absolutamente necessária à preservação de um direito fundamental, não se justificará a restrição a outro (segurança jurídica). O meio (tutela de urgência) poderá ser substituído por outro mais ameno e menos interventor (tutela definitiva). O caso da concessão de pensão por morte é emblemático. Graças à presunção de dependência existente entre cônjuges e companheiros, muitas vezes a pensão por morte é concedida a quem não a necessita.

Pode-se, entretanto, destacar situações em que a presunção de risco de dano é absoluta, dispensando a prova. É, *verbi gratia*, o caso daquele que faz jus ao benefício de prestação continuada assistencial, previsto no art. 20 da Lei n. 8.742/93. Se preenchidos os requisitos legais indispensáveis à concessão do benefício, resta caracterizada também a necessidade, pois indubitável a condição de miserabilidade do pretendente à assistência estatal. Quem vive em uma família cuja renda *per capita* não excede a ¼ do salário mínimo tem necessidade imperiosa e impostergável dos proventos do benefício assistencial.

Neste mesmo talvegue, encontramos a situação do boia-fria. As condições que caracterizam sua prestação laboral – sub-humanas na maioria das vezes – denunciam que se trata, invariavelmente, de pessoa carente. Ninguém que não seja necessitado opta por trabalhar como boia-fria. Nestas circunstâncias, milita em favor dos postulantes a presunção da ocorrência do perigo de dano se tiverem que aguardar o desfecho da demanda para a fruição do benefício almejado.

Esta presunção não pode ser estendida a qualquer segurado rural. É certo que a aposentadoria por idade, como o próprio nome já diz, é concedida a pessoas que já se encaminham para a derradeira fase da vida – velhice ou terceira idade, como queiram. Mas isso não é fator que, por si só, caracterize situação de dificuldade econômica. São muitos os pequenos proprietários rurais que, não obstante tenham assegurado o direito à aposentadoria, vivem condignamente com os frutos que colhem da terra. De modo que, sem um elemento sequer que comprove a situação de dificuldade econômica do requerente, parece-me impossível a concessão do provimento antecipatório, sob pena de se tornar letra morta, em matéria previdenciária, o requisito do "perigo de dano ou risco ao resultado útil do processo".

A idade avançada e a supressão de proventos decorrente do cancelamento administrativo de benefício previdenciário, constituem elementos indiciários de risco ao resultado útil do processo, denunciando a necessidade impostergável da tutela satisfativa antecipada de urgência.

5. FUNDAMENTAÇÃO DA DECISÃO SOBRE A TUTELA ANTECIPADA

A formação da decisão justa para as partes pressupõe a individualização, a interpretação e a argumentação referente aos textos legais que regulam a matéria e à adequada verificação da verdade das alegações de fato deduzidas. A argumentação está ligada à necessidade de um discurso jurídico racionalmente estruturado, coerente e intersubjetivamente controlável, de forma a angariar um nível razoável de aceitação racional da decisão.

É indispensável a fundamentação para a validade da decisão que defere ou indefere a antecipação da tutela. Dispõe o art. 298 do CPC/2015 que, na decisão que conceder, negar, modificar ou revogar a tutela provisória, o juiz motivará o seu convencimento de modo claro e preciso.

O novo CPC veio com a proposta de reforço ao princípio constitucional da fundamentação.[5] Não basta a simples referência à situação de fato, ou a mera enunciação de diplomas legais, sem prescrição de determinados preceitos e do confronto desses com os fatos verificados. Exige-se que fique perfeitamente expressa a coordenação e a harmonia entre os motivos de fato e de direito. Não se trata, com efeito, somente de saber se os fatos invocados são verdadeiros, mas ainda se eles correspondem, pelas suas características e pela sua importância, às condições postas pelo direito.

Nas lides sobre a seguridade social não poderia ser diferente. Entretanto, não raras vezes, o juiz se olvida de fundamentar satisfatoriamente a decisão concessiva da tutela antecipada. Com frequência, se antecipa a tutela sob o fundamento insuficiente de que a "prova dos autos é clara no sentido da incapacidade laboral do autor" ou de que "a tese esboçada pelo autor é relevante, caracterizando a verossimilhança, e a natureza alimentar dos proventos previdenciários, por sua vez, patenteia o risco de dano irreparável". A decisão, neste caso, é nula, porquanto impossibilita o conhecimento das razões de decidir para fins recursais. O juiz, descumprindo o comando constitucional (art. 93, IX), ao negligenciar na fundamentação da decisão concessória da tutela antecipada, acaba por punir o autor que preencha os requisitos legais, causando-lhe prejuízo.

---

(5) O CPC/2015, no § 1º do art. 489, dispõe: § 1º – Não se considera fundamentada qualquer decisão judicial, seja ela interlocutória, sentença ou acórdão, que: I – se limitar à indicação, à reprodução ou à paráfrase de ato normativo, sem explicar sua relação com a causa ou a questão decidida; II – empregar conceitos jurídicos indeterminados, sem explicar o motivo concreto de sua incidência no caso; III – invocar motivos que se prestariam a justificar qualquer outra decisão; IV – não enfrentar todos os argumentos deduzidos no processo capazes de, em tese, infirmar a conclusão adotada pelo julgador; V – se limitar a invocar precedente ou enunciado de súmula, sem identificar seus fundamentos determinantes nem demonstrar que o caso sob julgamento se ajusta àqueles fundamentos; VI – deixar de seguir enunciado de súmula, jurisprudência ou precedente invocado pela parte, sem demonstrar a existência de distinção no caso em julgamento ou a superação do entendimento.

6. A RESTRIÇÃO CALCADA NA IRREVERSIBILIDADE

O § 3º do art. 300 reproduziu – ao menos no tocante à tutela provisória de urgência – a regra do § 2º do art. 273 do CPC de 1973: "a tutela de urgência, de natureza antecipada, não será concedida quando houver perigo de irreversibilidade dos efeitos da decisão".

É princípio constitucional que ninguém pode ser privado de sua liberdade e de seu patrimônio sem o devido processo legal (CF, art. 5º, LV). A simples possibilidade de reparação por perdas e danos muitas vezes não é suficiente, por si só, para devolver o *status quo* ante à parte que se submete aos efeitos da tutela de urgência antecipada.

A antecipação da tutela de urgência que implique imediata implantação de benefício previdenciário conduziria a uma irreversibilidade de efeitos, incidindo vedação legal?

A solução será a de ponderação dos direitos envolvidos, considerando justamente que a antecipação da tutela representa o mecanismo de harmonização dos direitos conflitantes (1) e a excepcionalidade da concessão e da efetivação de provimentos jurisdicionais sem prévia e ampla oportunidade de defesa (2).

Diante da iminência de irreversibilidade, deve o juiz colocar na balança, de um lado, os eventuais prejuízos que decorrerão da antecipação da tutela, e, de outro, os correlatos de sua denegação. Se não concede, a parte autora, a quem a probabilidade do direito beneficia, precisa aguardar anos, sofrendo um prejuízo que pode ser irreparável, se julgado procedente o pleito. Caso antecipe a tutela, haverá possibilidade de causar um prejuízo insignificante aos cofres públicos, se, ao final, for julgado improcedente o pedido. Deve-se pelo prejuízo menor, menos gravoso, considerando, inclusive, o princípio hermenêutico que impõe se interprete o direito previdenciário em favor da proteção social.

Sobretudo, o que deve nortear a decisão é o princípio da razoabilidade, que determina ao juiz prestigiar, perseguir e atender os valores éticos, políticos e morais implícita ou explicitamente consagrados na Constituição. Afinal, se é compromisso do Estado assegurar a vida, a saúde, acabar com a miséria e as desigualdades sociais, e se prestar jurisdição é função do Estado, por óbvio, também deve buscar, na exegese da lei, preservar tais valores, sob pena de comprometer a promessa constitucional de "justiça social".

A possível irreversibilidade sempre deve ceder ao direito provável e ao perigo de dano. Havendo necessidade de se sacrificar direitos, que recaia o sacrifício sobre o direito menos provável ou sobre o sujeito da relação processual que tenha maior fôlego para suportá-lo. Em outras palavras, "é preferível que o juiz erre para obrigar a pagar alimentos aquele que não os deve, do que negar a tutela liminar e privar o alimentando do mínimo existencial" (BODART, 2015, p. 43).

7. EFETIVAÇÃO DA TUTELA DE URGÊNCIA

O que se antecipa não é propriamente a certificação do direito, nem a constituição, tampouco a condenação porventura postulada como tutela definitiva. Antecipam-se, isto sim, os efeitos executivos da futura sentença de procedência, assim entendidos os efeitos que a futura sentença tem aptidão para produzir no plano da realidade. Em outras palavras: antecipa-se a eficácia social da sentença, não a eficácia jurídico-formal, que pressupõe acertamento definitivo.

O art. 297 do CPC/2015 autoriza o juiz a determinar as medidas que considerar adequadas para efetivação da tutela provisória. E seu parágrafo único dispõe que a efetivação de tutela provisória observará as normas referentes ao cumprimento provisório da sentença.

A tutela antecipada contra ente público se efetiva sob o prisma da mandamentalidade (mandado de cumprimento do preceito), cabendo ao agente público a providência que considerar mais adequada ao atendimento da ordem judicial. O que não pode é a autoridade pública, sob pena de responsabilidade solidária e prática criminosa (art. 330 do CP), deixar de cumprir a ordem sob o argumento de que inexiste verba.[6]

A concessão, o restabelecimento, a revisão de cálculo ou de reajuste de benefício previdenciário, assistencial ou acidentário, a determinação de fornecimento ou da aquisição de um medicamento, o custeio de uma internação de urgência – em suma, as prestações da Seguridade Social – constituem, quando objeto de tutela antecipada, obrigação de natureza híbrida, de fazer e de pagar quantia, podendo o juiz fazer incidir as disposições concernentes à efetivação da tutela específica (art. 536 do CPC/2015), aplicando multa, determinando a busca e apreensão e/ou cominando sanção por litigância e má-fé, inclusive de ofício (art. 537).[7]

8. APLICABILIDADE DA REGRA DA IRREPETIBILIDADE DAS PRESTAÇÕES ALIMENTARES – POSIÇÃO DO PLENO DO STF

A questão da repetição de valores recebidos a título de benefício previdenciário em decorrência da antecipação de tutela depois revogada é tormentosa. Em sessão realizada em 12.2.2014, sobreveio o julgamento do REsp. n. 1.401.560, em regime de recurso repetitivo, entendendo ser repetível a verba percebida por força de tutela antecipada posteriormente revogada, em cumprimento ao art. 115, II, da Lei n. 8.213/91 (Relator para o acórdão Min. Ari Pargendler).

---

(6) Sobre o tema, ver Zavaski (1997, p. 84).

(7) O art. 139, IV, do CPC/2015 confere ao juiz poder para "determinar todas as medidas indutivas, coercitivas, mandamentais ou sub-rogatórias necessárias para assegurar o cumprimento de ordem judicial, inclusive nas ações que tenham por objeto prestação pecuniária".

Mais recentemente, o Pleno do STF, nos termos do voto do Min. Edson Fachin, em respeito ao princípio da boa-fé e da segurança jurídica, desobrigou uma servidora pública de ter que devolver os valores recebidos em função de uma liminar deferida pelo Min. Eros Grau no Mandado de Segurança que depois foi denegado, tendo ficado vencido o Min. Teori Zavaski (MS n. 25430, j. 26.11.2015, não publicado).

Embora a decisão do STJ tenha sido tomada em sede de Recurso Repetitivo, ao que vejo, não deve ela se sobrepor ao julgado do Pleno do STF, devido à sua presunção de conformidade com a Constituição.

9. A EXIGÊNCIA DE CAUÇÃO PARA A CONCESSÃO DA TUTELA DE URGÊNCIA (ART. 300, § 1º) NA SEGURIDADE SOCIAL

O § 1º do art. 300 do CPC/2015 dispõe que "o juiz pode, conforme o caso, exigir caução real ou fidejussória idônea para ressarcir os danos que a outra parte possa vir a sofrer, podendo ser dispensada a caução se a parte economicamente hipossuficiente não puder oferecê-la".

É desnecessária a prestação de caução para viabilizar a efetivação de tutela antecipada e a execução provisória de sentença que tenham por objeto obrigações relacionadas com créditos alimentares. A natureza peculiar das obrigações alimentares, de caráter inadiável, não admite a exigência de caução para a entrega de dinheiro. A exigência de caução, por assim dizer, "elitizaria" o acesso à tutela executiva provisória, impossibilitados que estariam de prestá-la os menos favorecidos financeiramente.

Aliás, sempre foi da essência do direito brasileiro dispensar contracautela quando se tratasse do pagamento de verba alimentar, bem da vida muito mais valioso e que se sobrepõe a meros interesses econômicos defendidos em juízo. Exigir-se caução para o recebimento de alimentos significaria negar proteção jurisdicional ao hipossuficiente. Dessarte, o rigor legal sempre foi temperado, em cada caso concreto, pela apreciação equânime do juiz, especialmente nas lides de natureza previdenciária ou assistencial.

Da análise do § 1º do art. 300 do CPC/2015 se pode afirmar que a exigência da caução representa a regra geral. A dispensa dependerá do caso a caso, devendo o juiz sopesar fundamentalmente a situação concreta antes de desonerar a parte que se beneficia com a tutela de urgência. Nas ações previdenciárias, a hipossuficiência econômica não precisará ser comprovada pelo autor da demanda, pois é presumida devido ao caráter alimentar das prestações. A orientação pretoriana já cuidou de afastar a exigência de caução para os créditos de natureza alimentar.[8]

Por fim, cumpre asseverar que, nada obstante o emprego da expressão "pode" no dispositivo em análise, sugerindo a ideia de um certo discricionarismo judicial, ele não existe. Se aperfeiçoada a hipossuficiência, não poderá o juiz deixar de dispensar a caução.

10. TUTELA PROVISÓRIA DE URGÊNCIA ANTECEDENTE E ESTABILIZAÇÃO DO PROVIMENTO ANTECIPADO

O CPC/2015 inovou instituindo o pedido de tutela provisória de caráter antecedente, vale dizer, antes do ajuizamento da ação, e sua estabilização a critério do réu. O pressuposto geral é que a situação de urgência seja contemporânea ao ajuizamento da ação, podendo a inicial limitar-se ao pedido de tutela antecipada e à indicação do pedido de tutela final, com exposição da lide, do direito que se busca realizar e do perigo de dano ou risco ao resultado útil do processo (art. 303).

O autor, concedida a antecipação de tutela, deverá aditar a inicial, nos mesmos autos (§ 3º), complementando sua argumentação, juntando documentos novos e a confirmação do pedido de tutela final, em 15 (quinze) dias ou em outro prazo maior que o juiz fixar (I), sob pena de extinção do processo (§ 2º).

No caso de tutela provisória fundada na urgência, o provimento antecipado requerido em caráter antecedente poderá se tornar "estável", se não for interposto recurso contra o pronunciamento que o deferir, na forma do *caput* do art. 304, extinguido-se o processo. A tutela antecipada conservará seus efeitos até que seja revista, reformada ou invalidada por ação própria que pode se ajuizada pelas partes, em até 2 (dois) anos, contados da ciência da decisão que extinguiu o processo (§§ 2º, 3º, 4º e 5º).

A estabilização, instituto conhecido no processo francês (*ordennances de référés*), é um primeiro passo para a autonomização processual e procedimental do instituto da tutela antecipada. Perdeu-se a oportunidade para a instituição de um regime autêntico de sumarização no nosso processo civil dando assento às sentenças liminares, como sustentava Baptista da Silva, suprimindo-se a ampla recorribilidade a que ficam sujeitas as decisões interlocutórias, enfraquecidas em sua legitimidade e eficácia.[9]

De qualquer sorte, o tênue avanço consubstanciado na estabilização condicional da tutela antecipada pode ter algum resultado prático nos conflitos previdenciários. Tudo depende do bom senso e da responsabilidade dos Procuradores Federais que defendem os interesses do INSS em juízo. Uma política séria de racionalização dos recursos, de maneira a que ficassem reservados aos casos em que real-

---

(8) "Tratando-se de verba de natureza alimentar, é dispensável a prestação de caução para a execução provisória contra a Fazenda Pública. Precedentes. Recurso desprovido" (STJ, REsp. 2003.00.478875/RS, 5ª Turma, DJU 18.10.2004, Relator Min. José Arnaldo da Fonseca).

(9) Inclusive nos Juizados Especiais Federais, em que foi mantida a ampla recorribilidade para as liminares cautelares (arts. 4º e 5º da Lei n. 10.259/2001).

mente existe fundamento na defesa, seria fundamental para permitir que a inovação alcance seus objetivos e por fim à intensa recorribilidade que hoje assoberba os tribunais.

11. CONCLUSÃO

A título de reflexão final, cumpre lembrar que a antecipação da tutela de urgência deve ser vista como uma exceção. O seu (mau) uso indiscriminado, porque o juiz tem também o dever de fundamentar o indeferimento, representa um fator que conspira ainda mais para a demora do processo previdenciário. Reservada aos casos de urgência, poderá representar um instrumento processual importante para conferir efetividade a esta classe de demandas caracterizada justamente pela tendência de maior vulnerabilidade daqueles que figuram como autores nas ações de cunho social diante dos efeitos do tempo.

12. REFERÊNCIAS BIBLIOGRÁFICAS

ARENDT, Hannah. *A vida do espírito*. Tradução de Cesar A. de Almeida, Antonio Abranches e Helena Martins. Rio de Janeiro: Civilização Brasileira, 2009.

BODART, Bruno Vinicius da Ros. *Tutela de evidência*. São Paulo: Revista dos Tribunais, 2015.

BECK, Ulrich. *Sociedade de risco*. Tradução de Sebastião Nascimento. São Paulo: Editora 34, 2011.

Calamandrei, Piero. *Introdução ao estudo sistemático das providências cautelares*. Tradução de Carla R. A. Bassi. Campinas: Servanda, 2000.

FUX, Luiz. *Tutela de segurança e tutela de evidência*: fundamentos da tutela antecipada. São Paulo: Saraiva, 1996.

LUHMANN, Niklas. *Sociologia do direito*. Tradução Gustavo Bayer. Rio de Janeiro: Tempo Brasileiro, 1985. v. II.

MARINONI, L. G; ARENHART S. C.; MITIDIERO, D. *Novo Código de Processo Civil comentado*. São Paulo: Revista dos Tribunais, 2015.

PROTO PISANI, Andrea. *Lezioni di diritto processual civile*. Napoli: Casa Editrice Dott. Eugenio, 1999.

ROCHA, Leonel Severo. Tempo e Constituição. *Revista Direitos Culturais*, v.1, n.1, dez. 2006, p. 177-199.

SILVA, Ovídio A. Baptista da. *Jurisdição e execução na tradição romano-canônica*. 2. ed. – Revista dos Tribunais, 1997.

Souza, Artur César de. *Código de Processo Civil*. São Paulo: Almedina, 2015. v. II.

TROCKER, Nicolò. *Processo Civile e Costituizione*. Milano: Giuffrè, 1974.

VAZ, Paulo Afonso Brum. *Manual da Tutela Antecipada*. Porto Alegre: Livraria do Advogado, 2002.

_____. *Tutela antecipada na seguridade social*. São Paulo: LTr, 2003.

YARSHELL, Flávio Luiz. *A tutela provisória (cautelar e antecipada) no novo CPC*: grandes mudanças? (I, II, III, IV, V e VI). Disponível em: <www.cartaforense.com.br>. Acesso em: 15 dez. 2015.

ZAVASKI, Teori Albino. *Antecipação da tutela*. São Paulo: Revista dos Tribunais, 1997.

Parte III
Conciliação

MEDIAÇÕES E CONCILIAÇÕES NO NOVO CPC E SEU IMPACTO NAS AÇÕES PREVIDENCIÁRIAS

André Luís Bergamaschi

Mestre em Direito pela Faculdade de Direito da Universidade de São Paulo (FDUSP), com concentração na área de Direito Processual Civil. Professor de Metodologia Jurídica e Direito Processual Civil na Escola Paulista de Direito (EPD). Monitor acadêmico dos cursos de Técnicas de Negociação e Processo Civil da Pós-Graduação da Escola de Direito de São Paulo da Fundação Getulio Vargas (Pós GVlaw). Advogado em São Paulo.

Fernanda Tartuce

Doutora e Mestre em Direito pela Faculdade de Direito da Universidade de São Paulo (FDUSP), com concentração na área de Direito Processual Civil. Professora do Programa de Doutorado e Mestrado da Faculdade Autônoma de Direito (FADISP). Coordenadora e Professora em cursos de especialização na Escola Paulista de Direito (EPD). Professora em cursos de pós-graduação e extensão em diversas instituições. Advogada e mediadora em São Paulo.

1. INTRODUÇÃO

A mediação e a conciliação são objeto de grande destaque no sistema processual integrado pelo Novo Código de Processo Civil (Lei n. 13.105/2015) e pela Lei de Mediação (Lei n. 13.140/2015). Se no passado os meios consensuais eram vistos como vias marginais e complementares ao sistema adjudicatório, pode-se afirmar que nos últimos tempos eles passaram a exercer um papel central na solução de conflitos.

Por mais que a presente obra seja voltada às inovações trazidas pelo CPC/2015, é inevitável, ao tratar dos meios consensuais, trazer à análise também alguns termos da Lei de Mediação, já que ela forma com o Novo CPC um sistema disciplinador da autocomposição. Ainda que o processo legislativo não tenha sido conduzido de forma harmônica em relação aos conteúdos – o que enseja conflitos normativos que deverão ser resolvidos (DUARTE, 2015) –, o caráter complementar e dialógico das normas, verificado após a aprovação das leis e fruto de interpretação, é inquestionável.

O fenômeno observado é expresso pela disciplina detalhada do procedimento consensual (vide arts. 334 do NCPC e arts. 21 e 27 da Lei de Mediação), por um arcabouço de normas mínimas sobre o procedimento de realização da mediação (como no art. 28 da Lei n. 13.140/2015) e pelo maior detalhamento das possibilidades e dos limites da atuação do terceiro imparcial (vide art. 166 do Novo CPC e art. 19 da Lei de Mediação).

A expressão mais evidente da preferência que o novo sistema dá aos meios consensuais pode ser identificada em duas previsões: 1. na menção *principiológica* e diretiva indicada entre as normas fundamentais do Novo CPC[1]; 2. no posicionamento da sessão consensual no início do processo, antes mesmo da apresentação da defesa, como etapa obrigatória aplicada indistintamente em qualquer feito. Tal obrigatoriedade, no entanto, pode ser considerada branda, já que se dá dentro de certos limites e, não sem razão, enfrenta resistência por parte da doutrina especializada[2].

Nas ações previdenciárias, a conciliação é prática já sedimentada nas causas submetidas aos Juizados Especiais Federais – órgão absolutamente competente para causas de competência da Justiça Federal até o valor de sessenta salários mínimos – nos quais o Instituto Nacional da Seguridade Social (INSS) é certamente o maior litigante[3].

---

(1) Lei n. 13.105/2015, art. 3º, § 3º. A conciliação, a mediação e outros métodos de solução consensual de conflitos deverão ser estimulados por juízes, advogados, defensores públicos e membros do Ministério Público, inclusive no curso do processo judicial.

(2) Em estudo prévio, a coautora deste artigo já discorreu contrariamente à obrigatoriedade da sessão mediação judicial, por entender que ela contraria a premissa básica da voluntariedade, sendo mais pertinente disponibilizar e divulgar ao máximo os meios consensuais, incentivando as partes e os advogados a valerem-se deles (TARTUCE, 2015b, item 6.3.2.4).

(3) Levantamentos feitos pelo Conselho Nacional de Justiça em 2011 e 2012 revelaram que o INSS lidera o *ranking* nacional de maiores litigantes, sendo responsável por 22,3% do total de processos ativos até 31 de março de 2010 e por 4,38% dos processos distribuídos entre 1º de janeiro e 31 de outubro de 2011 (CONSELHO NACIONAL DE JUSTIÇA, 2011, p. 5 e 14; CONSELHO NACIONAL DE JUSTIÇA, 2012, p. 8 e 15).

No procedimento da Lei n. 10.259/2001, é prevista a citação do Réu para comparecimento direto à audiência de conciliação (art. 9º). Na época da edição de tal norma, é forçoso reconhecer, a conciliação ainda era reconhecida como um simples momento de realização de acordo, muito identificado, inclusive, com as negociações travadas no âmbito da Justiça do Trabalho. Mais que isso, a conciliação judicial padeceu, em muitas experiências na Justiça brasileira, de práticas enviesadas marcadas pela falta de técnica e por atitudes coercitivas (TARTUCE, 2015a, p. 524).

Vale destacar, porém, que já um pouco antes, nos anos 90, a mediação começou a ser estudada no país com esmero graças a contribuições doutrinárias e ao especial interesse despertado na comunidade jurídica por princípios, técnicas e procedimento consensuais; ao ponto, a mediação começou a ser tratada de forma diversa da conciliação no Brasil (FALECK; TARTUCE, 2014, p. 181). O termo ganhou significado próprio e foi destacado das práticas conciliatórias até então observadas no Poder Judiciário. A mediação passou a ser identificada como um meio consensual pautado por maior tecnicidade, sendo mais calcado em determinados valores e mais consciente sobre os efeitos da adequada abordagem consensual de conflitos.

A conciliação judicial foi afetada positivamente pelo conjunto de conhecimentos desenvolvidos no âmbito do estudo da mediação, o que também favoreceu o aprimoramento dessa prática. De fato, houve a partir dos anos 2000 a busca de uma melhoria qualitativa na conciliação judicial, inclusive com necessária capacitação dos condutores do método (SILVA, 2012, p. 161). Prova disso é a Resolução n. 125/2010 do CNJ, diploma infralegal que, por anos, foi o único marco normativo no assunto e traz em seu bojo normas que expressam a evolução da compreensão sobre a complexidade dos meios consensuais de composição de conflitos e a relevante capacitação de mediadores e conciliadores.

As recentes leis (CPC/2015 e Lei de Mediação) reconhecem a evolução do tema: princípios da mediação e da conciliação foram trazidos em ambos os diplomas, o uso das técnicas de negociação é previsto como instrumento para a composição e as preocupações com o sigilo das informações tomam corpo normativo, entre outras previsões relevantes.

O presente artigo tem dois objetivos: o primeiro é localizar as previsões legais no Novo CPC e na Lei de Medição que possam impactar a forma como a solução consensual é praticada no âmbito de demandas previdenciárias; o segundo é, diante desse cenário mais complexo de desenvolvimento dos meios consensuais, promover reflexão sobre o papel do terceiro imparcial nas sessões consensuais no âmbito previdenciário.

2. ASPECTOS PROCESSUAIS DA CONCILIAÇÃO E MEDIAÇÃO NO NOVO CPC E NA LEI N. 13.140/2015: IMPACTO SOBRE AS AÇÕES PREVIDENCIÁRIAS

Este tópico se destina à identificação das principais normas processuais sobre conciliação e mediação trazidas pelo Novo CPC e pela Lei de Mediação que podem impactar a prática consensual nas ações previdenciárias.

2.1. Diferentes campos de incidência do CPC/2015 e da Lei n. 13.140/2015

Importa deixar claro, inicialmente, que os dois diplomas possuem campos de incidência diversos: enquanto o Novo CPC regula a mediação e a conciliação exercidas exclusivamente no âmbito judicial, a Lei de Mediação exclui, a princípio, a conciliação, e regula a mediação nos âmbitos judicial e extrajudicial.

Além da diferença histórica entre mediação e conciliação – a conciliação era identificada com práticas ligadas a acordos na Justiça, enquanto a mediação foi de introduzida depois em nossa cultura jurídica com foco maior no resgate da comunicação –, há intensa discussão acadêmica sobre se há ou não diferença ontológica entre as duas figuras[4].

De qualquer forma, o CPC/2015 trouxe diferenciação normativa entre as duas figuras. A mediação é aplicada preferencialmente nos casos em que há vínculo prévio entre as partes, sendo seu objetivo restabelecer a comunicação entre elas e permitir-lhes que cheguem por si próprias a soluções consensuais que gerem benefícios mútuos[5]; já a conciliação servirá preferencialmente para casos sem vínculo prévio entre as pessoas, sendo permitido ao conciliador sugerir soluções para o litígio[6].

Por mais que seja controversa a diferenciação, importa, para o primeiro objetivo do presente artigo, distinguir as duas figuras para fins de aplicação das normas contidas nas novas leis.

Uma premissa importante para o presente trabalho é que, como a Lei de Mediação é, em muitos pontos, mais específica e detalhada que o Novo CPC, ela deve ser lida também com o intuito de identificar regras que, por analogia, sejam aplicadas à conciliação judicial. Como exemplo, a Lei de Mediação traz regras muito claras sobre a confi-

---

(4) Para Paulo Eduardo Alves da Silva, a diferenciação deve ter relevância do ponto de vista prático, ou seja, diferenciar os institutos deve levar a um uso inteligente de cada um deles, saber as técnicas de cada um e aplicá-las segundo as necessidades do caso concreto (SILVA, 2014, p. 41).
(5) Lei n. 13.105/2015, art. 165. § 3º O mediador, que atuará preferencialmente nos casos em que houver vínculo anterior entre as partes, auxiliará aos interessados a compreender as questões e os interesses em conflito, de modo que eles possam, pelo restabelecimento da comunicação, identificar, por si próprios, soluções consensuais que gerem benefícios mútuos.
(6) Lei n. 13.105/2015, art. 165. § 2º O conciliador, que atuará preferencialmente nos casos em que não houver vínculo anterior entre as partes, poderá sugerir soluções para o litígio, sendo vedada a utilização de qualquer tipo de constrangimento ou intimidação para que as partes conciliem.

dencialidade (arts. 30 e 31); não havendo regras a respeito no CPC/2015, estas devem igualmente se aplicar à conciliação judicial.

Outras regras revelam autêntico conflito de normas: enquanto no CPC/2015 a audiência consensual, inclusive de mediação, não acontecerá se ambas as partes discordarem de sua realização, na Lei de Mediação não é prevista tal exceção (art. 27). Embora cabível a interpretação de que ela será obrigatória em qualquer hipótese, à luz da autonomia da vontade (principio expresso em ambas as leis) é possível sustentar que o juiz deverá realizar um filtro adequado para definir se será ou não designada a sessão a depender da opção expressa pelas partes.

Na sequência, serão destacadas as regras que mais poderão impactar no processo previdenciário.

2.2. Realização da sessão consensual antes da apresentação da defesa

Regra presente no Novo CPC (art. 334, *caput*), reproduzida também pela Lei de Mediação (art. 27), determina que, estando em ordem a petição inicial e não sendo caso de improcedência liminar do pedido, seja designada audiência de conciliação ou mediação.

O uso da via consensual poderá se estender por mais de uma sessão, não podendo exceder mais de 2 meses contados a partir da primeira sessão (art. 334, § 2º). No caso da mediação judicial, a Lei de Mediação trouxe previsão específica que permite que as partes, por comum acordo, requeiram sua prorrogação por mais de 60 dias.

Quando ocorrer a mediação e a conciliação e estas forem reputadas infrutíferas – assim entendidas nos casos em que não for obtida a autocomposição[7] – começará a fluir o prazo para a oferta da resposta pelo réu (art. 355, *caput*, do Novo CPC).

Pode-se entender que as previsões em comento se aplicam às causas envolvendo os órgãos previdenciários, sem ressalvas. A prática que, como já dito, é comum nos Juizados Especiais Federais, deverá ser expandida para as causas previdenciárias que tramitem nas Varas comuns da Justiça Federal e para as Varas da Justiça Estadual que atuem em demandas previdenciárias por competência delegada ou por competência originária nos casos de entes previdenciários estaduais ou municipais.

Aqui, contudo, é necessário abrir parênteses: o envolvimento de um órgão previdenciário – normalmente um ator institucional, megalitigante, regido por normas de Direito Administrativo, com representantes atados a um emaranhado complexo de normas e a um sistema de competências rígido – enseja certamente uma abordagem diferente dos meios consensuais. E isso repercute não apenas na conduta do terceiro imparcial – um dos objetos centrais desse artigo que será tratado mais à frente – como também na conduta do representante do ente previdenciário.

Deve-se ter em mente que a maior parte das demandas previdenciárias movidas pelos segurados se destina a rever decisões de indeferimento de benefícios na via administrativa ou simplesmente obter o benefício diretamente na via judicial, nos casos em que o segurado sabe de antemão que o órgão previdenciário tem entendimento que lhe é desfavorável.

O momento da realização da audiência consensual – anteriormente à apresentação da defesa – pode ser muito bem aproveitado pelo ente público para racionalizar sua litigância e refletir criticamente sobre a conduta do ente previdenciário e a medida correta que pode ser tomada: se deve resistir, reconhecer o direito ou, ainda, formular uma proposta de acordo.

Aponta-se na literatura que o desenvolvimento de um sistema consensual no âmbito das demandas previdenciárias encontra dificuldades estruturais que são consequência do aumento da carga de trabalho das procuradorias incumbidas da defesa dos órgãos públicos. Relata-se que a tarefa de avaliação da possibilidade de acordo demanda uma análise aprofundada do caso, tendo em vista a responsabilidade relacionada à concessão de um benefício anteriormente indeferido na via administrativa (GARCIA, 2014, p. 299).

A obrigatoriedade da realização da sessão consensual demandará que as procuradorias adaptem sua estrutura de modo a viabilizar a análise mais aprofundada dos casos em discussão.

Tal exame pode resultar na conclusão de que a pretensão é legítima e que, portanto, não se deve resistir. A prática, além de poupar tempo e recursos do órgão previdenciário, pode contribuir para que se passe a adotar iniciativas pautadas por maiores reflexões do representante do ente público sobre como lidar com as demandas. Tal postura, ademais, efetiva direitos previdenciários já previstos em lei e evita a propagação de condutas contrárias ao direito (GARCIA, 2014, p. 298). Como se percebe, é importante dedicar tempo ao assunto.

Evidência disso é que, em pesquisa realizada junto a advogados públicos atuantes em certo órgão, constatou-se que um dos maiores desafios por eles enfrentados para adotar práticas consensuais no tratamento de conflitos é a postura reativa deles exigida ante o volume de mandados de

---

(7) A discussão sobre a produtividade da mediação ou conciliação é intensa. O bom proveito do meio consensual deve ser avaliado apenas pelo seu sucesso em resultar em autocomposição? Ou mesmo que esta não seja atingida, é possível falar em sucesso da mediação ou conciliação? Para os adeptos da mediação transformativa, por exemplo, o acordo é incidental ao processo de mediação, e não central. A mediação é bem sucedida se permitir às partes (i) o exercício da autodeterminação e do autorreconhecimento das pessoas, revalorizando o indivíduo, e (ii) o exercício do reconhecimento do outro de modo a oportunizar o exercício do respeito e consideração mútuos (BUSH; FOLGER, 1996, p. 46-49, 129-134).

citação em demandas que deviam ser imediatamente contestadas, sob pena de descumprirem seu múnus e poderem responder por infração administrativa (BERGAMASCHI, 2015, p. 259-260, 269).

A participação em sessões consensuais exige, obviamente, uma preparação peculiar. Um passo importantíssimo para o advogado é preparar o caso para a autocomposição considerando que não participará de um "jogo de julgamento" para sustentar posições em alegações baseadas em teorias do Direito; as posições jurídicas ficam em segundo plano e, ao serem evocadas, ficam restritas ao plano especulativo – afinal, a intenção na sessões consensuais não é ter posições jurídicas declaradas como válidas ou inválidas por um terceiro (COOLEY, 2001, p. 80), mas sim encontrar soluções integrativas que atendam a interesses convergentes.

Em relação ao advogado público, a preparação para a sessão consensual não deverá ser pautada por uma reação defensiva, mas sim pela ponderação da legitimidade da demanda do segurado e/ou do custo-benefício em manter a demanda em juízo em situações controvertidas.

2.3. Obrigatoriedade da realização da audiência consensual

Um ponto que deve ser aplicado integralmente às ações previdenciárias é a obrigatoriedade da realização da audiência consensual. No sistema do Novo CPC, a audiência se realizará obrigatoriamente, exceto em duas hipóteses previstas no § 4º do art. 334: se ambas as partes manifestarem, expressamente, desinteresse, e no caso mais genérico de "quando não se admitir a autocomposição".

Ainda que a sessão consensual mandatória tenha sido questionada por parte da doutrina – e até mesmo pela coautora do presente artigo (TARTUCE, 2015b, item 6.3.2.4) – é certo que, para quem entende haver no sistema a obrigatoriedade, não há justificativa plausível para deixar de aplicá-la às ações previdenciárias.

Poder-se-ia argumentar que não se admitiria a autocomposição nessas ações, porque ao lado do órgão previdenciário normalmente está o erário público e, consequentemente, o interesse público, que seria indisponível e impassível de transação.

Contudo, tal entendimento, além de contrariar frontalmente a prática observável – em que órgãos previdenciários como o INSS realizam autocomposições – segue a identificação imediata entre "interesse público" e "intransigibilidade", há muito superada pela doutrina ao entender que mesmo direitos identificados com o interesse público são passíveis de negociação dentro de certos limites (BERGAMASCHI, 2015, p. 93).

Nem sempre o entendimento foi esse: havia corrente jurisprudencial em torno do CPC/1973 segundo qual a au-sência da audiência preliminar prevista no art. 331 daquele diploma não geraria nulidade nos feitos em que era parte a Fazenda Pública, sob o fundamento genérico de que "o interesse público não admitiria transação", em atitude desestimulante da tentativa de autocomposição por parte da administração[8].

Como muitas previsões do CPC/2015, a obrigatoriedade da audiência consensual é regra a ser testada e cujo proveito deve ser medido pelos Tribunais – em termos qualitativos e quantitativos – e eventualmente revista e aprimorada (Cf. TARTUCE; PASSONI, 2015).

O que se defende aqui é aproveitar a previsão para evitar a saída fácil de simplesmente deixar de agendar a audiência porque o ente público não conciliaria ou não faria propostas, postura já constatada e relatada por alguns juízes no âmbito dos Juizados Especiais da Fazenda Pública (BERGAMASCHI, 2015, p. 243-244). Apenas o teste e o uso do meio consensual permitirão a reflexão interna dos entes previdenciários caso busquem a racionalização de sua litigância.

2.4. Sessão consensual realizada por conciliador ou mediador auxiliar em vez de juiz

O sistema desenhado pelo Novo CPC não deixa dúvidas: as audiências de conciliação e mediação não devem ser realizadas pelos juízes, mas por conciliadores e mediadores que atuem como auxiliares do juízo (art. 149). As mediações e conciliações devem ocorrer preferencialmente no centro judiciário de solução consensual de conflitos, onde deverão atuar apenas conciliadores e mediadores (art. 165, *caput*), supervisionados pelo juiz coordenador do centro. Ademais, como a conciliação e a mediação são pautadas pelo princípio da confidencialidade (art. 166), sua condução pelo juiz ensejaria violação a esse princípio (GAJARDONI, 2015), visto que o juiz teria acesso a informações das partes voltadas exclusivamente à autocomposição, que são, por lei, sigilosas.

A justificativa para evitar a participação do juiz na sessão consensual é tão clara quanto legítima: preservar a imparcialidade do magistrado se for necessário um futuro julgamento. Além disso, não há como desconsiderar o fato de que se o juiz conduz a sessão consensual, suas palavras terão um peso considerável no ânimo das partes, que tentarão supor sua tendência de julgamento para atuarem estrategicamente (TARTUCE, 2015a, p. 523).

A Lei de Mediação traz regras de confidencialidade que, embora inexistentes especificamente para a conciliação, devem por analogia ser igualmente adotadas neste meio consensual; tais regras reforçam a inviabilidade da participação do juiz nas sessões consensuais. Pelo art. 30,

> Toda e qualquer informação relativa ao procedimento de mediação será confidencial em relação a terceiros, não po-

---

(8) Cf. REsp 242.322-SP; REsp 35.234-SP e 152.431-RS.

dendo ser revelada sequer em processo arbitral ou judicial salvo se as partes expressamente decidirem de forma diversa ou quando sua divulgação for exigida por lei ou necessária para cumprimento de acordo obtido pela mediação.

Ademais, a confidencialidade alcança, segundo o art. 31: (i) declaração, opinião, sugestão, promessa ou proposta formulada por uma parte à outra na busca de entendimento para o conflito; (ii) reconhecimento de fato por qualquer das partes no curso do procedimento de mediação; (iii) manifestação de aceitação de proposta de acordo apresentada pelo mediador; (iv) documento preparado unicamente para os fins do procedimento de mediação. O § 2º do artigo dispõe que "a prova apresentada em desacordo com o disposto neste artigo não será admitida em processo arbitral ou judicial". Ora, como seria possível evitar que todas essas informações deixassem de afetar o julgamento do caso se o próprio juiz participasse da sessão consensual?

No processo previdenciário, essa assertiva significa a exclusão do juiz da participação do procedimento conciliatório entre segurado e ente previdenciário, retirando a carga de dilemas que o julgador enfrenta ao participar e se deparar com informações voltadas exclusivamente à autocomposição, e, ainda, ao se deparar com a disparidade de poderes e a típica falta de informação que o segurado normalmente ostenta.

Esgotadas as previsões processuais que influenciarão, a nosso ver, o uso dos meios consensuais no processo previdenciário, passemos a nosso segundo questionamento: ante a nova legislação e ante as peculiaridades do processo previdenciário, qual é o papel do terceiro imparcial na sessão consensual?

3. PARTICULARIDADES DA CONCILIAÇÃO ENVOLVENDO OS ÓRGÃOS PREVIDENCIÁRIOS

3.1. A existência de "disputas repetitivas"

As demandas que envolvem órgãos previdenciários inegavelmente se inserem no conceito de *disputas repetitivas*.

Maria Cecília Asperti entende como fator relevante para a caracterização das disputas repetitivas "o envolvimento frequente de uma das partes em disputas análogas no curso do tempo". Segundo a autora, essas disputas decorrem das relações entre entes públicos e indivíduos, sobre as quais incidem os mesmos aparatos e procedimentos normatizados, ou entre indivíduos e empresas ligados por contratos de adesão. Em outras palavras, envolvem de um lado um ator institucional (Poder Público, instituições financeiras etc.) "cuja atuação repercute sobre a esfera de direitos de múltiplos atores individuais (o cidadão, o consumidor, o segurado) em grande escala, seja de forma continuada, seja circunstancialmente" (ASPERTI, 2014, p.36).

Baseado nos escritos de Marc Galanter (1974), a autora segue descrevendo que os atores institucionais que se inserem em disputas repetitivas possuem vantagens comparativas face aos litigantes ocasionais, que não raro estão pela primeira vez enfrentando um problema jurídico ao moverem ou responderem a uma demanda do ator institucional. Os grandes litigantes conseguem antecipar o resultado da litigância e possuem riscos menores em cada caso, além de terem mais recursos para suportar perseguir seus interesses em longo prazo. Por sua vez, os indivíduos que atuam como litigantes ocasionais não têm recursos para negociar uma solução em curto prazo ou para perseguir seus interesses em longo prazo (ASPERTI, 2014, p. 38).

Outro aspecto importante é que a inércia e a morosidade do sistema judiciário criam vantagens para os litigantes repetitivos, na medida em que estes são dotados de mais recursos para suportar o tempo do processo e se afetam menos por ele; os litigantes ocasionais, por seu turno, têm desincentivos para litigar e são estimulados a aceitar acordos ainda que estes lhes sejam prejudiciais (ASPERTI, 2014, p. 39-40).

3.2. É possível falar em "mediação" envolvendo o ente previdenciário?

Uma questão importante para abordar as atividades do terceiro imparcial que conduz um encontro entre o segurado e o ente previdenciário é a seguinte: qual é o meio consensual mais adequado no caso, a conciliação ou a mediação?

Pelo critério traçado pelo CPC/2015, em razão da relação esporádica entre o segurado e o órgão previdenciário, é mais adequado falar em "conciliação previdenciária".

Contudo, conforme já defendido anteriormente, não é por conta da tarja colocada sobre o meio consensual aplicado que automaticamente as técnicas do outro método estarão fechadas. É importante considerar a existência de zonas cinzentas entre as intervenções dadas pelos próprios conflitos, que podem surpreender o mediador/conciliador na sua atividade. Mesmo conflitos tipicamente patrimoniais sobre relações episódicas podem ensejar elementos de reconhecimento pessoal ou coletivo que justifiquem aprofundar o trato das razões da controvérsia e adicionar pautas que seriam, a princípio, estranhas a uma intervenção conciliatória e demandem técnicas próprias da mediação (BERGAMASCHI, 2015, p. 117-118).

Assim, o conciliador que media um ator institucional e grande litigante em uma questão pontual com o segurado deve se adequar as necessidades do caso e ajustar seu enfoque, devendo, inclusive, ser capacitado para técnicas e abordagens pertinentes tanto à conciliação quanto à mediação, sendo munido com uma "caixa de ferramentas" ampla e diversificada (ASPERTI, 2014, p. 151).

3.3. O notável desequilíbrio de forças

A conciliação realizada no âmbito previdenciário talvez seja a que mais suscite questionamentos ligados ao desnível de poder entre as partes que possam repercutir em situações desvantajosas à parte mais fraca.

Marco Aurélio Serau Júnior destaca que ações previdenciárias são naturalmente pautadas por uma grande assimetria de poder: em um polo está um dos maiores *repeated players* do nosso Poder Judiciário (o INSS) e o no outro o segurado (*one-shooter*); a assimetria é acentuada pelo fato de que o segurado disputa um benefício importantíssimo, que fará diferença em sua vida, enquanto para o INSS a demanda é apenas mais uma entre centenas de milhares. O segurado está em um ambiente em que, além de necessitar do objeto da demanda (estando mais suscetível ao tempo do processo), encontra-se em vulnerabilidade econômica e técnica em relação ao INSS, sendo a percepção geral de magistrados, procuradores e serventuários a de que são desinformados e mal representados no âmbito judicial (SERAU JR., 2014, p. 130).

O autor, baseado em sua própria percepção e envolvimento com o tema, explica que esse quadro leva o INSS a formular acordos apenas quando sabe de antemão que terá uma derrota judicial, sendo que no mérito eles se resumem a abatimentos do valor devido ao segurado em troca do reconhecimento imediato do benefício e do pagamento dos valores em atraso. Para o autor, o que ocorre nos acordos é que "o risco marginal (prejuízo) recai unilateralmente sobre um dos lados do conflito, tornando-se financeiramente mais vantajosa a solução adjudicada" (SERAU JR., 2014, p. 131).

Ao se notar a prática relatada pelo autor, ecoa imediatamente a crítica de Owen Fiss em seu texto "Against the Settlement" (1984) ao modelo consensual de solução de conflitos e à existência de grandes disparidades de poder que podem verter em desfavor dos mais fracos.

Corroborando a percepção do autor, a pesquisa empírica realizada por Maria Cecília Asperti junto ao Centro de Conciliação da Justiça Federal em São Paulo notou a existência de proposta com "desconto" dos valores devidos quando o INSS vê que perderá o processo judicial. Conforme a pesquisa, nos casos que demandam perícia médica, caso ela seja favorável à concessão do benefício, os autos são enviados para o contador apurar o valor a ser pago. Com os cálculos em mãos, o INSS costuma oferecer um desconto de 20% nas prestações vencidas e implementar imediatamente o benefício. Em razão desse desconto, alguns juízes resistem a encaminhar casos envolvendo esses benefícios previdenciários para conciliação, entendendo que é mais vantajoso ao segurado aguardar a sentença de mérito e receber os valores em atraso integralmente. A pesquisa revelou também que, no caso de laudo negativo, não há proposta alguma (ASPERTI, 2014, p. 94, nr 263).

Diante do sistema consensual que está sendo montado e aprimorado pela nova legislação, qual seria o papel e qual seria a conduta mais adequada do conciliador nas demandas previdenciárias?

4. A FUNÇÃO DO CONCILIADOR NA MEDIAÇÃO PREVIDENCIÁRIA: ZELAR PELA BUSCA DA ISONOMIA E DA DECISÃO INFORMADA

Tendo em mente as limitações inerentes ao representante do órgão previdenciário em uma sessão consensual – tanto as que dizem respeito às limitações de conteúdo do acordo quanto as referentes à limitação de sua competência para rever decisões administrativas –, vale perquirir: de que serve contar com a dinâmica negocial e a figura de um terceiro imparcial que a facilite se o conteúdo do acordo é normalmente dado *a priori* pela estrutura do órgão previdenciário ou, quando não, depende da decisão de uma autoridade administrativa superior?

De fato, costuma haver pouco espaço para a persuasão do ente administrativo em relação a reconhecer direitos ou negociar sobre situações controversas. As técnicas negociais restam um pouco prejudicadas: a geração de opções para solucionar o conflito é improdutiva, pois o agente geralmente não tem autonomia para engendrá-las. A exploração de alternativas também não parece frutífera: para os grandes litigantes, o impacto de um caso individualmente considerado é pequeno; se há casos semelhantes, as consequências são apuradas em escala e o órgão normalmente já tem uma posição sobre elas.

Assim, qual é o papel do conciliador em uma conciliação previdenciária? Nossa hipótese é a de que, havendo pouco espaço para influenciar o acordo em si, seu papel principal é facilitar o processo de negociação entre os envolvidos no sentido de proporcionar à parte vulnerável (o segurado) um procedimento que atenda aos princípios da isonomia e da decisão informada. Ademais, o conciliador também é um importante provedor de informações para a melhoria tanto do programa de conciliação previdenciária em que estiver inserido quanto do próprio atendimento extrajudicial do órgão previdenciário.

4.1. Zelo pela isonomia e pela decisão informada

Muito se fala em corrigir disparidades e o desequilíbrio existente entre as pessoas. As disparidades existentes entre as partes, mormente entre litigantes habituais e eventuais, contudo, devem ser tomadas como uma realidade. Não há como forjar uma igualdade artificial e forçar uma isonomia que não existe. Hoje vem se compreendendo que tentar simplesmente superá-las é um trabalho hercúleo e de pouco proveito. As pessoas são diferentes, sendo dotadas de diversos poderes e peculiares habilidades. Entre atores institucionais e pessoas naturais, o desequilíbrio é ainda mais notável.

A tarefa do terceiro imparcial não é buscar o reequilíbrio a qualquer custo. Zelar pela isonomia é uma tarefa objetiva: o conciliador deve estimular, por meio de perguntas a ambas as partes, a reflexão sobre sua situação e, em caso de aparecimento de desequilíbrio, propiciar espaços para a sua exata identificação. Na sequência, identificado o desequilíbrio, deverá checar se este é, de fato, um fator que compromete aquele ato consensual – por exemplo, se a autonomia de uma das partes está sendo comprometida pela falta de informação. Apenas identificado tal comprometimento é que o terceiro deve adotar medidas para lidar com ele, propondo-se a contribuir imparcialmente para a sua mitigação.

A checagem da "decisão informada" certamente é uma forma de mitigar efeitos deletérios do desequilíbrio.

No entanto, a grande pergunta a ser feita é: como tais intervenções podem ser feitas sem ensejar o comprometimento da imparcialidade do terceiro interventor?

A função de zelar pela isonomia se desdobra em questionamentos como: o mediador pode aconselhar, em termos negociais ou jurídicos, a parte que se revela mais fraca no processo de mediação/conciliação? Ou pode se limitar a aconselhar essa parte a buscar um auxílio negocial/jurídico? Ou nem sequer isso pode fazer?

A Resolução n. 125 do CNJ não traz uma solução clara: por um lado, coloca a "decisão informada" como um princípio, destacando que o terceiro tem "dever de manter o jurisdicionado plenamente informado quanto aos seus direitos e ao contexto fático no qual está inserido". Por outro lado, prevê que o procedimento de mediação é regido pela "desvinculação da profissão de origem", de forma que é dever "esclarecer aos envolvidos que atuam desvinculados de sua profissão de origem, informando que, caso seja necessária orientação ou aconselhamento afetos a qualquer área do conhecimento poderá ser convocado para a sessão o profissional respectivo, desde que com o consentimento de todos".

Bruno Takahashi (2014, p. 64) enfrenta a questão e reconhece existir uma tensão entre o dever de estabelecer uma decisão informada e o dever de imparcialidade. Definida a conciliação com método, a forma de intervenção dependerá do equilíbrio e das necessidades das partes: se elas se mostram bem informadas sobre seus direitos e conscientes das consequências de celebrar um acordo, a intervenção é desnecessária; se desprovidas de informações, mas sendo essas possíveis de obter de um profissional, o conciliador pode se valer de uma escala de intervenções[9]: (i) questionamentos para aferir se a parte vulnerável compreende o que está sendo dito e se possui consciência dos termos e consequências do acordo; (ii) realização de reunião individual com a parte vulnerável para checar se a dita consciência não decorre da pressão da presença da outra parte; (iii) indagar a parte vulnerável se não prefere suspender o processo para estudar a legislação aplicável ou buscar assessoramento técnico; (iv) tratar conjuntamente com as partes se há outra proposta possível; (v) por fim, se a parte não tiver informações sobre os direitos envolvidos, a jurisprudência sobre tema etc., e nem as condições de buscar auxílio profissional, o conciliador poderia ele mesmo provê-las; e, por fim, (vi) lembrar a parte vulnerável de que a aceitação de um proposta aquém significa renúncia de direitos reconhecidos por lei e jurisprudência; (vii) em último caso, se mesmo dotadas de informações as partes forem incapazes de organizá-las em possíveis arranjos consensuais, o conciliador pode sugerir outras opções. Para o autor, essa escalada deve ser cuidadosa, pois a intervenção mais incisiva pode ser lida como um sinal de parcialidade, ainda que, em termos éticos, assim não se considere.

Já Marco Aurélio Serau Jr. propõe seguir o princípio da decisão informada e o empoderamento da parte por meio da atuação do conciliador, provendo-lhe todas as informações necessárias sobre lei e jurisprudência para que possa decidir livremente qual a melhor forma de solucionar seu conflito. É importante, segundo o autor, que o mediador ou o conciliador esteja pronto para orientar o segurado sobre a sua situação, os requisitos para concessão dos benefícios e a orientação da jurisprudência majoritária para que, assim, tome uma decisão devidamente informada e o acordo alcance efetivamente a proteção do direito previdenciário em jogo (SERAU JR., 2014, p. 132).

Maria Cecília Asperti, por sua vez, identificou durante sua pesquisa empírica condutas interessantes desenvolvidas por conciliadores e mediadores no trato de disputas repetitivas: entre elas, merece destaque o uso de perguntas abertas (*open-ended questions*) – perguntas que não admitem como resposta simplesmente sim ou não, mas levam as partes a descrever situações, fatos e sentimentos relevantes para o surgimento e o desenrolar do conflito. Essas perguntas poderiam instigar o grande litigante a fornecer informações necessárias para que o litigante ocasional compreenda as questões envolvidas na disputa.

Outra técnica identificada é o teste de realidade em que o terceiro imparcial busca certificar se as partes compreenderam as questões discutidas na sessão e, principalmente, se têm total consciência do teor e das consequências da transação que estão por firmar. Para a autora, esta técnica é muito importante para as conciliações realizadas em disputas repetitivas em que os grandes litigantes já possuem os termos de acordo pré-redigidos para determinados casos. A rotina das conciliações pode fazer com que os conciliadores esqueçam de se certificar se os litigantes ocasionais compreenderam exatamente a proposta de acordo trazida pelo grande litigante e se as estão assumindo de forma livre e informada (ASPERTI, 162-163).

De nossa parte, concordamos com os autores consultados no sentido de que o empoderamento e a decisão informada são técnicas importantes no contexto de disparidade dos poderes. Contudo, entendemos que a atuação do terceiro, a fim de preservar a imparcialidade, deve se limitar ao questionamento das partes, nunca devendo tal sujeito prestar qualquer informação técnica por si próprio por mais que a outra parte esteja desinformada. Não deve, também, demandar diretamente a outra parte por propostas melhores.

---

(9) No texto original, o autor trata do caso de um estrangeiro residente no Brasil, que mal fala a língua local, que se envolveu em um acidente de consumo com o dono de um bar, sendo, portanto, um conflito episódico em que uma das partes ostenta vulnerabilidade. Algumas das afirmações feitas pelo autor no texto têm em conta o contexto do estrangeiro. Para a exposição aqui feita, levamos em conta apenas as observações que serviriam para qualquer indivíduo vulnerável, independentemente da barreira da nacionalidade ou da língua.

O meio consensual de solução de conflito demanda (i) protagonismo das partes e (ii) papeis bem definidos dos participantes. Sobretudo o papel do conciliador deve ser bem definido e, inclusive, esclarecido logo de início a fim de não causar expectativas distorcidas nas partes.

O mediador ou conciliador são, inicialmente, organizadores da comunicação; seu papel é facilitar o fluxo da troca de informações e fiscalizá-lo para que aconteça de forma apropriada a fim de que as partes entendam o que a outra está querendo comunicar.

Em segundo lugar, o terceiro imparcial deve ser um estimulador da comunicação: pelo método interrogativo, deve atuar de forma que os interesses, as informações relevantes para o caso e as propostas das partes sejam clarificadas e apresentadas conforme a intenção dos envolvidos.

Em terceiro lugar, deve checar se as partes encontram-se devidamente informadas. Se o desnível de informação se revelar comprometedor do deslinde equânime da conciliação ou da mediação, ele deve checar o conforto das partes em prosseguir com o nível de informação que detêm.

Entendemos que a atuação do terceiro imparcial em relação à minimização dos efeitos do desnível de poder deve ser no sentido de checar se os envolvidos conhecem dados relevantes para que a decisão possa ser fruto de genuíno e esclarecido consenso (TARTUCE, 2012, p. 310), além de alertar as partes sobre a possível orientação ou assessoria em qualquer área do conhecimento técnico.

Reputa-se excluída da função do conciliador e do mediador a adoção de falas e iniciativas que se confunda com as da própria parte, de seu assessor técnico ou do seu advogado. Assim, não é função do conciliador, sob pena de comprometimento de sua imparcialidade: (i) demandar a "melhora" das propostas feitas por uma ou outra parte; (ii) obrigar as partes a suspender a sessão para buscar assessoramento técnico; (iii) prestar diretamente informações sobre lei e jurisprudência que envolvam o caso; (iv) informar diretamente a parte sobre o acordo implicar ou não renúncia de direitos.

A prestação de informações técnicas pelo conciliador ou mediador é particularmente problemática, mesmo em demandas repetitivas previdenciárias, por diversos motivos. Como já dito, o conciliador deve, por imperativo ético, informar sua desvinculação com a profissão de origem; sua informação técnica pode estar em desacordo com o entendimento de julgador da causa ou estar simplesmente incompleta ou, ainda, errada; o conciliador ou mediador, não tendo a função de emitir orientação técnica, não responde por eventual consequência deletéria que esta tenha na condução do caso pela própria parte, estimulada pelos "conselhos" do conciliador/mediador.

Assim, entendemos que a busca da decisão informada deve se limitar ao questionamento das partes sobre seu nível de informação, sobre seu conforto em relação a este nível e sobre seu desejo em buscar assessoramento técnico ou maiores informações, suspendendo a sessão conforme o caso.

Dessa forma, havemos por bem discordar de respeitáveis e zelosos entendimentos que propugnam a intervenção do conciliador no sentido de garantir a decisão informada do segurado prestando, ele mesmo, informações sobre a lei e a jurisprudência aplicáveis ao caso sob conciliação.

Os fundamentos para tal ordem de restrição à atividade do conciliador em termos de assessoria técnica decorrem de princípios que constituem a base de sua atuação: a observância da imparcialidade e o respeito à autonomia da vontade das partes.

4.2. O conciliador e seu papel institucional

Outro papel importante do conciliador no processo previdenciário é exercido posteriormente à realização da conciliação.

Tendo em mente que as demandas previdenciárias envolvem invariavelmente os mesmos atores de um dos lados (como o INSS e os órgãos de previdência estaduais) e disputas repetitivas, o Poder Judiciário tem sido visto como "conciliador institucional", sendo o órgão que, lidando diretamente com o dia a dia das conciliações entre segurados e representante dos órgãos previdenciários, tem melhores condições para canalizar informações dispersas em situações isoladas e as apresentar ao INSS traduzidas em um discurso unificado (TAKAHASHI, 2015, p. 209). Essa função busca, na verdade, que o Poder Judiciário contribua para e melhoria (i) da participação do órgão previdenciário nos meios consensuais e (ii) do atendimento extrajudicial do órgão previdenciário.

Eis um exemplo citado por Bruno Takahashi: a partir da constatação de que muitos indivíduos saem insatisfeitos com o baixo valor das propostas feitas pelo INSS em audiências – informação trazida por conciliadores –, o Poder Judiciário pode, em diálogo interinstitucional, levar esse dado ao INSS e sugerir que o órgão seja mais realista em suas propostas. Outro exemplo é a reclamação dispersa de vários segurados sobre a postura inflexível de determinado procurador federal; o Poder Judiciário pode repassá-la ao INSS e sugerir a mudança na conduta do representante ou a sua substituição (TAKAHASHI, 2015, p. 209).

O papel que o conciliador individual presta para o conciliador institucional é muito importante. O diálogo institucional, de fato, não ocorre durante as conciliações, mas podem fornecer importantes subsídios para reuniões interinstitucionais futuras. Segundo Bruno Takahashi, são nesses momentos que se verificam as reações dos indivíduos diante das propostas apresentadas e que se notam os comportamentos dos representantes do órgão previdenciário que podem gerar propostas institucionais ou sugestões (TAKAHASHI, 2015, p. 214).

Um ponto importante a ser destacado diz respeito ao papel do conciliador como avaliador tanto do programa em que está inserido como da atuação do órgão previdenciário. Bruno Takahashi, contudo, destaca também a importância de um programa de conciliação previdenciária contar com um canal aberto para os segurados avaliarem a atuação do conciliador e do agente institucional (TAKAHASHI, 2015, p. 215).

Outro estudo destacou a importância de a atuação dos grandes litigantes também ser avaliada. Os dados coletados na avaliação podem produzir subsídios para tratativas interinstitucionais futuras que, por sua vez, por serem baseadas em melhores informações, podem gerar um avanço qualitativo por meio de um diálogo permanente (ASPERTI, 2014, p. 155).

5. CONSIDERAÇÕES FINAIS

As inovações legislativas de 2015 no sistema processual trouxeram os meios consensuais para o centro do cenário de solução de conflitos. Previsões importantes inserem as sessões consensuais de forma intensa no *iter* processual e alteram o peso da figura do terceiro imparcial ao destacarem a realização de mediação ou conciliação antes da apresentação da defesa, a obrigatoriedade (ainda que branda) da audiência inicial e sua realização por conciliador ou mediador auxiliar da justiça, em vez de magistrado.

Como consequência, essas mudanças intensificam a importância da atuação de conciliadores e mediadores, demandando uma maior tecnicidade em sua atuação e maior clareza quanto aos seus limites.

Pelo critério traçado pelo CPC/2015, ante a relação esporádica entre segurado e órgão previdenciário, é mais adequado falar em "conciliação previdenciária".

O desequilíbrio entre o órgão previdenciário – litigante habitual – e o segurado – litigante ocasional – é evidente. O desnível decorre não apenas da diferença no acesso à informação ou da qualidade da representação técnica, mas também dos diferentes significados da demanda para cada uma das partes: para o segurado, subsistência; para o órgão previdenciário, um número.

Diante desse cenário, constata-se na prática uma abordagem do consenso pelo órgão previdenciário em que propostas apenas são formuladas em caso de certeza de que a outra parte ganhará em eventual julgamento, e com desconto nos valores devidos ao segurado.

Essa prática soa prejudicial ao segurado e à reputação da própria conciliação previdenciária. Insistimos, no presente artigo, que o conciliador pode exercer um papel importante para impedir que o desequilíbrio redunde em prejuízo para o segurado e para resgatar a credibilidade da prática consensual nas demandas previdenciárias.

Em primeiro lugar, o conciliador pode atuar para zelar pela isonomia e pela decisão informada do segurado em realizar ou não eventual acordo. A adoção do método interrogativo e a checagem de informações quanto ao conforto das partes em relação ao seu nível de informação é a forma mais adequada de atingir tais desideratos, não devendo o conciliador assumir o papel de assessor técnico da parte nem prover informações técnicas ou negociar por ela, sob pena de comprometer sua imparcialidade.

O conciliador é uma importante figura para fornecer subsídios aos coordenadores de programas de conciliação que envolvem os órgãos previdenciários para que estes promovam diálogos interinstitucionais no sentido de aprimorar seus programas e a influir na atuação dos representantes dos órgãos previdenciários – e, quiçá, em suas políticas de conciliação.

6. REFERÊNCIAS BIBLIOGRÁFICAS

ASPERTI, Maria Cecília de Araújo. Meios consensuais de resolução de disputas repetitivas: a conciliação, a mediação e os grandes litigantes do Judiciário. Dissertação (Mestrado). São Paulo, Faculdade de Direito da Universidade de São Paulo, 2014.

BERGAMASCHI, André Luís. A resolução de conflitos envolvendo a Administração Pública por meio de mecanismos consensuais. Dissertação (mestrado). São Paulo, Faculdade de Direito da Universidade de São Paulo, 2015.

CONSELHO NACIONAL DE JUSTIÇA. *100 maiores litigantes*. Brasília: CNJ, 2011.

_____. *100 maiores litigantes – 2012*. Brasília: CNJ, 2012.

COOLEY, John W. *A advocacia na mediação*. Trad. René Loncan. Brasília: UnB, 2001.

DUARTE, Zulmar. A difícil conciliação entre o Novo CPC e a Lei de Mediação. Jota. Disponível em: <http://jota.info/a--dificil-conciliacao-entre-o-novo-cpc-e-a-lei-de-mediacao>. Acesso em: 26 dez. 2015.

FALECK, Diego; TARTUCE, Fernanda. Introdução histórica e modelos de mediação. In: TOLEDO, Armando Sérgio Prado de.; TOSTA, Jorge; ALVES, José Carlos Ferreira (Org.). *Estudos avançados de mediação e arbitragem*. Rio de Janeiro: Elsevier, 2014. p. 171-189.

FISS, Owen. Against settlement. *The Yale Law Journal*, New Haven, v. 93, n. 6, mai./1984.

GAJARDONI, Fernando da Fonseca. Novo CPC: vale apostar na conciliação/mediação? Jota. Disponível em: <http://jota.info/novo-cpc-vale-apostar-na-conciliacaomediacao>. Acesso em: 20 dez. 2015.

GALANTER, Marc. Why the haves come out ahead: speculations on the limits of legal change. *Law and Society Review*, Denver, v. 9, n. 1, p. 95-160, 1974.

GARCIA, Silvio Marques. A solução de demandas previdenciárias nos Juizados Especiais Federais por meio de conciliação. In: SERAU JR., Marco Aurélio; DONOSO, Denis. *Juizados especiais federais*. 2. ed. Curitiba: Juruá, 2014, p. 285-304.

MOURÃO, Alessandra Nascimento S. F (coord.). *Resolução de conflitos*: fundamentos da negociação para o ambiente jurídico. São Paulo: Saraiva, 2014.

ROCHA, Cármen Lúcia Antunes. *O princípio constitucional da igualdade*. Belo Horizonte: Lê, 1990.

SERAU JÚNIOR, Marco Aurélio. Conciliação nas ações previdenciárias. *Revista do Advogado*. São Paulo, AASP, n. 123, ago./2014. p. 129-133

SILVA, Érica Barbosa e. A efetividade da prestação jurisdicional civil a partir da conciliação. Tese (doutorado). São Paulo, Faculdade de Direito da Universidade de São Paulo, 2012.

SOUZA, Luciane Moessa de. *Meios consensuais de solução de conflitos envolvendo entes públicos*: negociação, mediação e conciliação na esfera administrativa e judicial. Belo Horizonte: Fórum, 2012.

TAKAHASHI, Bruno. Dilemas éticos de um conciliador. *Revista do Advogado*, São Paulo, AASP, n. 123, p. 62-69, ago./2014.

_____. O papel do terceiro facilitador na conciliação dos conflitos previdenciários. Dissertação (mestrado). São Paulo, Faculdade de Direito da Universidade de São Paulo, 2015.

TARTUCE, Fernanda. Comentários aos arts. 165 a 175. In: WAMBIER, Teresa Arruda Alvim *et al* (Org.). *Breves comentários ao Código de Processo Civil*. São Paulo: Revista dos Tribunais, 2015a, v. 1, p. 520-543.

_____. *Mediação nos conflitos civis*. 2. ed. São Paulo: Método, 2015b.

_____; PASSONI, Marcos. Entrevista sobre o Novo Código de Processo Civil com o Ministro Luiz Fux. Disponível em: <http://www.fernandatartuce.com.br/entrevista-sobre-o-novo-codigo-de-processo-civil-com-o-ministro-luiz-fux-08042015/>. Acesso em: 27 dez. 2015.

Apontamentos sobre as conciliações previdenciárias diante do novo Código de Processo Civil

Bruno Takahashi
Mestre e Doutorando em Direito Processual pela Faculdade de Direito da Universidade de São Paulo. Ex-Procurador Federal. Juiz Federal Substituto.

INTRODUÇÃO

O passar do tempo e o crescimento da quantidade de acordos não impedem que a mesma constatação seja repetida: a conciliação em conflitos previdenciários continua sendo vista com desconfiança pela sociedade. Possivelmente, isso decorra da característica do conflito previdenciário, que envolve a contraposição entre o Instituto Nacional do Seguro Nacional (INSS) – ou seja, um litigante habitual (*repeat player*) – e um indivíduo, que como regra ostenta a condição de litigante ocasional (*one-shotter*). O quadro se agrava quando se considera a pressuposta situação de vulnerabilidade do requerente de um benefício perante o INSS: temos, entre outros, o empregado que não consegue mais exercer sua profissão por causa de uma doença; o filho menor que dependia do pai que veio a falecer; e mesmo aquele que vive em condições de miserabilidade e pleiteia o benefício assistencial da Lei n. 8.742/93.

Segundo Marc Galanter (1974, p. 98-103), o litigante habitual possui uma série de vantagens sobre o ocasional, dentre as quais destaca a possibilidade de, valendo-se de uma economia de escala, "jogar" com as estatísticas, adotando estratégias para maximizar ganhos em uma longa série de casos, ainda que isso envolva um risco de grandes perdas em alguns.

Quando tais vantagens são transpostas para os meios consensuais, novamente se tem um cenário preocupante. O litigante habitual pode projetar de antemão qual é o provável resultado da demanda. De fato, sabendo o posicionamento da jurisprudência ou do juízo em que tramita o feito, normalmente o INSS apenas apresenta proposta de acordo nos casos nos quais sabe que quase certamente irá perder. E mesmo diante da derrota praticamente inevitável, a proposta do INSS costuma exigir a renúncia de parcela dos atrasados pela outra parte, que se vê constrangida a aceitá-la por não ter condições de aguardar mais.[1]

Esse paradigma já foi objeto de uma série de críticas doutrinárias (em especial, vide Vaz, 2011; Serau Jr., 2014; e Batista, 2012). Defendemos que o modelo somente é legítimo se o indivíduo tomar uma decisão informada, sabendo claramente o que está obtendo com o acordo e o que poderia obter fora dele (e em quanto tempo). Sustentamos ainda que a insuficiência do modelo impõe a busca de estratégias que permitam avançar rumo à mudança de paradigma. Tais estratégias, sinteticamente, envolvem a atuação em três níveis que, interligados, perfazem o conceito de conciliador: o do Judiciário como instituição; o do juiz como partícipe e organizador do procedimento conciliatório; e o do conciliador leigo que atua diretamente na aproximação entre as partes (cf. Takahashi, 2015, que foi utilizado como base para muitas das considerações ora apresentadas).

Não cabe aqui detalhar novamente a argumentação. Todavia, parece-nos que a retomada desses três níveis pode auxiliar na análise dos reflexos do Novo Código de Processo Civil – e da recente legislação correlata – sobre as conciliações em matéria previdenciária. Evidentemente, a exposição não é exaustiva, preferindo-se mencionar os aspectos que consideramos mais relevantes e que podem contribuir para a almejada melhoria qualitativa no emprego da conciliação. Ainda que limitados em número, nem por isso os pontos apresentados são abordados em profundidade, pois muitos mereceriam estudos individualizados. Trata-se, sobretudo, de um panorama, de uma primeira tentativa de enfrentamento dos desafios que estão para surgir.

Desse modo, inicia-se com a apresentação de algumas premissas conceituais que entendemos pertinentes para o estudo do tema. Em seguida, com base na divisão proposta em três níveis, faremos breves apontamentos sobre os reflexos da nova legislação sobre as conciliações em matéria previdenciária.

1. PREMISSAS CONCEITUAIS

Partimos das seguintes premissas conceituais: 1) no que se refere aos métodos consensuais, o Novo CPC integra

---

(1) Paulo Afonso Brum Vaz (2011), ao criticar o modelo, apresenta-o da seguinte forma: "Não raras vezes, diz-se assim para o autor: 'Olhe, o seu direito é inequívoco, você realmente está incapaz, mas o devedor (INSS) está lhe oferecendo 80% do que você tem direito. Se você desejar receber a benesse relativa ao seu direito integralmente, terá que esperar 'muito tempo', uns dois ou três anos'".

um "minissistema", no qual também se destacam a Lei n. 13.140/2015 (Lei de Mediação) e a Resolução n. 125/2010 do Conselho Nacional de Justiça (CNJ); 2) esse "minissistema" é guiado pela norma fundamental veiculada no art. 3º do NCPC, o que impõe o privilégio do uso qualitativo dos meios consensuais; 3) considerando os conceitos legais hoje existentes, dá-se preferência à conciliação – e não à mediação – como mecanismo útil para o tratamento dos conflitos previdenciários.

Cabe explicitar melhor cada uma dessas premissas.

1.1. O "minissistema brasileiro de métodos consensuais"

O Novo Código de Processo Civil foi publicado em 17 de março de 2015. Poucos meses depois, em 29 de junho do mesmo ano, publicou-se a Lei n. 13.140, conhecida como Lei de Mediação. Enquanto o art. 1.045 do Novo CPC prevê sua entrada em vigor após um ano de sua publicação, o art. 47 da Lei de Mediação estabelece que tal diploma legal entre em vigor após cento e oitenta dias de sua publicação oficial. Ou seja, embora publicado antes, o Novo CPC passa a vigorar somente depois da Lei de Mediação.

Tal discrepância provocou discussões sobre a prevalência de uma ou outra lei (vide, p. ex., Tartuce, 2015). Além disso, não se pode ignorar a grande importância da Resolução n. 125/2010 do CNJ, que dispõe sobre a Política Judiciária Nacional de tratamento adequado dos conflitos de interesses no âmbito do Poder Judiciário. De todo modo, no geral, os atos normativos se complementam e praticamente não apresentam incongruências. Os pequenos conflitos são resolvidos pelos critérios clássicos. Assim, lei prevalece diante de ato infralegal; lei posterior revoga anterior; e lei específica revoga lei geral.

Assim sendo, o que se destaca é a complementariedade – e não a contrariedade – entre as fontes. Forma-se, assim, o que a professora Ada Pellegrini Grinover (2015, p. 1-2) chamou de "minissistema brasileiro de métodos consensuais de solução judicial de conflitos". Como "minissistema", entendemos possível buscar uma coerência entre suas partes, fundada no guia comum do art. 3º do Novo Código de Processo Civil.

1.2. A valorização dos meios consensuais como norma fundamental

A promoção dos meios consensuais surge no NCPC logo no art. 3º do Capítulo I, como uma das normas fundamentais do processo civil. Após dispor no caput que a ameaça ou a lesão a direito não será excluída da apreciação jurisdicional, estabelece-se que, sempre que possível, o Estado promoverá a solução consensual dos conflitos (§ 2º), que deverá ser estimulada por juízes, advogados, defensores públicos e membros do Ministério Público, inclusive no curso do processo judicial (§ 3º).

Paulo Eduardo Alves da Silva (2015, p. 296-297) nota que o NCPC parece adotar o conceito de princípios como normas fundamentais, ou seja, o critério adotado é o seu grau de abstração, generalidade e fundamentalidade. Nesse sentido, os 12 artigos que compõem o Capítulo I seriam normas gerais e fundamentais a todo sistema, devendo ser considerados alicerces gerais da legislação e assim interpretados.

Assim sendo, acreditamos que as normais fundamentais do Novo Código também exercem o papel de guia interpretativo, servindo de critério para a exata compreensão e inteligência do sistema que estabelece. No caso específico do art. 3º, parece-nos que isso leva à conclusão de que, em caso de dúvida na aplicação dos dispositivos do Código, deve-se privilegiar o uso do meio consensual.

Outro aspecto que deve ser observado é que se está diante da valorização da justiça conciliativa, o que, nos dizeres da professora Ada Pellegrini Grinover (2015, p. 3), exige uma releitura do art. 5º, XXXV da CF, pois "por acesso ao Poder Judiciário deve-se entender-se acesso à justiça e aos meios adequados de solução de conflitos". A propósito, Kazuo Watanabe (2011, p. 4) alerta que tal dispositivo constitucional não assegura apenas acesso formal aos órgãos judiciários, e sim um acesso qualificado que propicie aos indivíduos o acesso à ordem jurídica justa.

Desse modo, se o acesso não é simplesmente formal, devendo existir o acesso à ordem jurídica justa, é visível que se impõe uma preocupação não apenas com a qualidade das decisões adjudicadas, mas também com a qualidade dos meios consensuais. Senão, estaria aberto o caminho para a formação de uma justiça de segunda classe, admitindo-se que os meios consensuais pudessem respeitar apenas um acesso formal, despreocupado inclusive com resultados materiais efetivos para além do número de acordos homologados por minuto.

Portanto, a valorização dos meios consensuais – com destaque para a mediação e a conciliação – eleita como norma fundamental pelo Novo CPC, parece-nos impor duas premissas: a) o emprego dos meios consensuais deve ser qualificado, no sentido de possuir qualidade, não se contentando em reproduzir um acesso meramente formal aos órgãos judiciários; b) na dúvida, devem-se interpretar os dispositivos do Novo CPC – e de todo o minissistema de métodos consensuais – em prol dos meios consensuais.

Isso indica também a necessidade da adequação do mecanismo ao conflito, para que se preserve a qualidade. Assim, ainda que seja possível o uso dos meios consensuais aos conflitos previdenciários, deve se questionar qual meio mais apropriado.

1.3. A conciliação de conflitos previdenciários

Se antes não havia uma definição legal de conciliação e de mediação, agora temos duas. De fato, nos §§ 2º e 3º do art. 165, o Novo CPC adotou a distinção corrente no Brasil no sentido de que o conciliador pode apresentar sugestões para solução do conflito existente, enquanto o mediador limita-se ao auxílio das partes na busca de uma solução que, ao final, é formulada por elas próprias. Acrescentou-se ainda que o conciliador atuará preferencialmente nos casos em que não tiver havido vínculo anterior entre as partes, ao passo que o mediador atuará de preferência quando existir tal vínculo. Por sua vez, a Lei de Mediação refere-se à mediação como "a atividade técnica exercida por terceiro imparcial sem poder decisório, que, escolhido ou aceito pelas partes, as auxilia e estimula a identificar ou desenvolver soluções consensuais para a controvérsia" (art. 1º, parágrafo único), adotando assim um conceito suficientemente amplo que abrange tanto o que o Novo CPC chama de conciliação como o que denomina mediação.

Concordamos com Paulo Eduardo Alves da Silva (2014, p. 41), para quem a distinção entre mediação e conciliação deve ter alguma relevância do ponto de vista prático e operacional, de modo a proporcionar o uso inteligente dos métodos a partir de uma variação das técnicas de cada um. O conceito trazido pelo NCPC trabalha com binômios maior/menor intervenção e conflito pontual/ não pontual que, ao perceber melhor a nuance de cada mecanismo, permite o emprego mais inteligente (e daí com mais qualidade) do método.

No caso das demandas previdenciárias, tratando-se de um conflito que tipicamente envolve uma relação de desigualdade entre as partes, a atuação mais interventiva do conciliador mostra-se favorável. Ao se considerar um indivíduo que mal conhece seus direitos previdenciários, é de se questionar se, ausente a possibilidade de apresentação de opções pelo conciliador, alguma outra proposta poderia ser trazida que não aquela do INSS.

De resto, trata-se de um conflito pontual. Embora o vínculo entre o indivíduo e a Previdência Social em geral perdure por toda a vida contributiva, o conflito, em si, é limitado. Normalmente, não se trata de aprofundar a relação e discutir aspectos psicológicos do problema. O problema está no indeferimento de um pedido, discutindo INSS e indivíduo quanto ao preenchimento dos requisitos. Resolvida a pendência, as partes não pretendem aprofundar o relacionamento futuro.

Dessa forma, entendemos que a distinção do NCPC é útil e que, no caso dos conflitos previdenciários, é mais apropriado o uso da conciliação.

2. O PODER JUDICIÁRIO

Entendemos que, para que haja o avanço qualitativo das conciliações em matéria previdenciária, é necessária a atuação conjunta do Poder Judiciário institucionalmente considerado, do juiz como partícipe e organizador do processo conciliatório e do conciliador leigo. Tais esferas, em atuação interligada e dinâmica, podem ser enquadradas em um conceito amplo de conciliador e, assim, contribuir para a formação de uma base adequada de poder que permita a tomada de decisão informada pelas partes.[2]

Em relação ao Judiciário, é importante que atue como conciliador interinstitucional em um espaço que permita um diálogo entre entidades como o INSS, a Advocacia-Geral da União, o Ministério Público Federal, a Defensoria Pública e as associações de aposentados e pensionistas, entre outros.[3] Do mesmo modo, também é necessário o devido apoio institucional para que o uso dos meios consensuais seja permanente e com qualidade.

Esse último aspecto pode ser bem exemplificado quando se observa o tratamento dado pela nova legislação aos centros judiciários de solução e à capacitação dos terceiros facilitadores.

2.1. Os centros judiciários de solução consensual de conflitos

Em relação aos centros, o Novo Código de Processo Civil (art. 165) e a Lei de Mediação (art. 24) transformaram em obrigação legal o que antes já estava previsto na Resolução n. 125/2010. A definição da composição e da organização de tais órgãos, porém, permaneceu ao encargo dos tribunais, observadas as normas do Conselho Nacional de Justiça.

Partindo da exigência da valoração qualitativa dos meios consensuais, acreditamos que a criação dos centros não pode ser circunstancial e aleatória. Em primeiro lugar, existe uma imposição de sua criação em prol dos meios consensuais. Em segundo, não basta a sua instituição formal, como uma simples estrutura burocratizada que sirva apenas como um setor de passagem obrigatória de autos.

Nesse sentido, é importante que haja ao menos um servidor que seja capacitado em meios consensuais, o que inclui um mínimo de conhecimento sobre as questões da área em que o centro atua. Assim, no caso de centro que possua atribuição para lidar com demandas previdenciárias, é importante que esse servidor possua um mínimo conhecimento da matéria, até para que possa realizar a triagem dos casos e aferir se o uso do meio consensual é o mais adequado no caso concreto.

Esperamos que, com a obrigação legal, haja a efetiva implementação dos centros em todo o país, de modo uniforme e permanente como já pretendia a Resolução n. 125/2010.[4]

---

(2) Tal raciocínio é detalhado em Takahashi (2015), especialmente p. 92-113.

(3) Nesse sentido, afirmar Marco Aurélio Serau Jr. (2014a, p. 221): "(...) seria necessária a participação dos principais agentes envolvidos nessa disputa alocativa (INSS, Procuradoria Federal, Poder Judiciário, sindicatos de trabalhadores, pensionistas e aposentados, instituições coletivas), o que ganharia *status* de uma mediação pública ou mediação interinstitucional, possivelmente com o Poder Judiciário atuando como mediador privilegiado e imparcial nesse DSD – um ator estratégico na resolução desse conflito, preferencialmente na esfera coletiva, estabelecendo prazos, metas, etc., com foco na redução de litigiosidade".

(4) Na Justiça Federal, ainda não existe uniformidade entre cada uma das 5 regiões. De fato, a partir de dados obtidos nos *sites* dos Tribunais Regionais Federais, tomando como base nov./2015 para o TRF3 e jun./2015 para os demais, notamos a seguinte situação: TRF1 – 17 Centros,

Nesses centros, sobretudo, devem atuar servidores, conciliadores e mediadores adequadamente capacitados.

2.2. O parâmetro curricular mínimo

O art. 167, § 1º, do NCPC estabelece que os mediadores e os conciliadores precisam preencher o requisito da capacitação mínima para que possam ser inscritos no cadastro nacional ou no cadastro dos tribunais. Nos termos do mesmo dispositivo, o parâmetro curricular dessa capacitação deve ser definido pelo Conselho Nacional de Justiça em conjunto com o Ministério da Justiça.

Dentro da linha defendida, o parâmetro curricular deve ser adequado à formação de conciliadores e de mediadores que possam atuar de modo a concretizar a necessária valoração qualitativa dos meios consensuais. Para tanto, entendemos que cabe preservar a diversidade de orientações e pensamentos, mantendo-se a pluralidade própria do estudo dos meios consensuais. Por isso, rejeita-se a imposição de um modelo rígido único a ser aplicado de forma indistinta em todo o território nacional. A qualidade envolve o tratamento mais adequado a cada um dos casos, o que inclui a capacitação por áreas temáticas e de acordo com as peculiaridades locais.[5]

De maneira mais específica, acreditamos que, além de noções gerais sobre meios consensuais, é importante algum conhecimento jurídico por parte do conciliador que atua em conflitos previdenciários. Além de conhecimentos jurídicos acerca da função de conciliador (por exemplo, princípios, vedações, direitos etc.), deve haver também lições básicas de direito processual (especialmente acerca da competência da Justiça Federal) e da seguridade social.

Tal posicionamento pode soar contraditório, pois seria natural que, em um mecanismo de solução de conflitos que valoriza a busca de soluções pelas partes, fossem enfatizados o discurso e a relação dos envolvidos. Assim, as normas aplicáveis seriam secundárias em relação ao que as partes consideram como justo. No entanto, não é isso o que costuma ocorrer. De fato, no caso dos conflitos previdenciários, é comum que os indivíduos nem mesmo saibam o significado de conceitos basilares da legislação, como "carência", "qualidade de segurado" ou "período de graça", entre tantos outros exemplos. A ausência de tal conhecimento muitas vezes pode impedir a própria discussão da matéria.

Além disso, o conceito de conciliação trazido pelo NCPC baseia-se na possibilidade de o conciliador apresentar opções para a solução do conflito existente entre as partes. Se é assim, torna-se natural que, para apresentar as opções, o conciliador deva ele próprio possuir alguns conhecimentos básicos acerca do processo e do direito previdenciário. Do mesmo modo, ao auxiliar na redação do termo, algum conhecimento jurídico mostra-se igualmente pertinente.

3. O JUIZ

Embora o juiz possa realizar por si mesmo a tentativa de aproximação das partes, no Novo CPC tal atividade é secundária à do conciliador e mediador leigos (art.139, V). Mais relevante, então, é perceber o papel que o juiz pode exercer como organizador do procedimento conciliatório. Em conflitos previdenciários, isso implica, sobretudo, organizar o procedimento de modo a não ampliar as vantagens do INSS. Cabe destacar então a audiência prevista no art. 334 do NCPC e a flexibilidade procedimental patente nos negócios jurídicos processuais.

3.1. A audiência do art. 334 do novo CPC

O art. 334 do NCPC determina que, se a petição inicial preencher os requisitos essenciais e não for o caso de improcedência liminar do pedido, deve ser designada audiência de mediação ou conciliação. No § 4º, são enumeradas duas hipóteses em que essa audiência não será realizada: se ambas as partes manifestarem expressamente desinteresse (inciso I); e quando não se admitir a autocomposição (inciso II).

Nas ações previdenciárias, essas duas hipóteses podem fazer tanto que não se marquem audiências de conciliação em nenhum caso como que sejam marcadas audiências meramente protocolares em um grande número de feito. Ambos os efeitos são indesejados.

Pela leitura do art. 334, sempre que o autor indicar o interesse na audiência de conciliação ou de mediação, esta deve ser designada, ainda que o réu manifeste recusa. Tal tentativa é louvável, na medida em que privilegia o uso dos meios consensuais. No entanto, não se pode desconsiderar que o INSS é o maior litigante da Justiça brasileira,[6] ocupando invariavelmente a posição de réu. Não se

---

sendo ao menos 1 em cada um dos 14 Estados da região e mais 3 em subseções de Minas Gerais; TRF2 – 2 Centros, um no Rio de Janeiro e outro no Espírito Santo; TRF3 – 21 Centros, sendo 20 no Estado de São Paulo e 1 no Mato Grosso do Sul; TRF4 – 3 Centros Regionais localizados nas capitais dos três Estados que integram a região; 30 Centros em Subseções espalhadas pelos Estados; e 1 Vara Especializada em Conciliação; TRF5 – 6 coordenações estaduais, sendo uma para cada estado da região.

(5) A propósito, cabe salientar que nesse aspecto o NCPC já conseguiu trazer um primeiro reflexo positivo. Em cumprimento ao art. 167, § 1º, do Novo Código, o CNJ instituiu Grupo de Trabalho (Portaria n. 64/2015) que estabeleceu novos parâmetros curriculares mínimos. Desses novos parâmetros, destaca-se justamente a flexibilidade dos treinamentos: "Os treinamentos de quaisquer práticas consensuais devem ser conduzidos de forma a serem respeitas linhas distintas de atuação em mediação e conciliação (e.g. transformativa, narrativa, facilitadora, entre outras). Dessa forma, o conteúdo programático apresentado acima deverá ser livremente flexibilizado para atender às especificidades da linha de mediação adotada pelo instrutor, inclusive quanto à ordem dos temas. Quaisquer materiais pedagógicos disponibilizados pelo CNJ (vídeos, exercícios simulados, manuais) são meramente exemplificativos. De acordo com as especificidades locais ou regionais, poderá ser dada ênfase a uma ou mais áreas de utilização de conciliação/mediação".

(6) É o que se observa nos dois relatórios dos 100 maiores litigantes produzidos pelo Conselho Nacional de Justiça (CNJ) com base nos anos de 2010 e 2011. Dados disponíveis em: <http://migre.me/kyAiY e http://migre.me/kyAln>. Acesso em: 20 jul. 2014.

pode ignorar ainda que, embora a quantidade de propostas de acordos seja elevada em termos numéricos, é reduzida em termos percentuais se considerado o volume de ações. Nesse contexto, a designação automática de tentativas de conciliação com o INSS poderá apenas servir para que haja um comprometimento da pauta regular de audiências, comprometendo os casos em que, efetivamente, a solução consensual se mostra mais adequada.

Em contrapartida, caso se considere de antemão que as ações em face do INSS nunca admitem autocomposição, nenhuma audiência de conciliação será designada. É evidente que tal postura não se coaduna com a norma fundamental do art. 3º do Novo CPC. De fato, partindo da premissa de que a norma fundamental do art. 3º incentiva o uso dos meios consensuais, tem-se que a ausência de vedação implica a possibilidade de autocomposição.[7]

Parece-nos que o caminho, mais uma vez, é o diálogo interinstitucional. Seria conveniente que o Judiciário promovesse tratativas com o INSS e a Advocacia-Geral da União, com a necessária participação das associações de classe, de modo a pormenorizar as situações em que a conciliação pode ou não ser tentada. A elaboração de enunciados por meio de fóruns interinstitucionais poderia trazer um parâmetro mais claro e dinâmico, na medida em que complementar às leis e aos atos regulamentares e mais aberto à modificações futuras. Reitere-se, porém, que tais tratativas devem ter como objetivo, sobretudo, avançar no uso qualitativo da conciliação e não de limitar indevidamente os limites do art. 334 do NCPC.

De todo modo, uma vez que haja a opção pela designação da audiência de conciliação, é igualmente importante que o ato seja realizado de modo a preservar a qualidade. De fato, o mesmo art. 334 estabelece no seu *caput* que a audiência de conciliação ou mediação deve ser designada com antecedência mínima de 30 (trinta) dias, devendo o réu ser citado ao menos 20 (vinte) dias antes. O § 9º, por sua vez, exige a presença de advogados ou defensores públicos. Já o § 12 determina que a pauta de audiências de conciliação ou de mediação respeite um intervalo mínimo de 20 (vinte) minutos entre o início de uma e o início da seguinte. Tais dispositivos indicam que a busca incessante pela celeridade processual não deve comprometer o necessário tempo para reflexão e para o restabelecimento do diálogo entre as partes. A observação é necessária, sobretudo, nos conflitos previdenciários, em que são ainda comuns a designação de diversas tentativas de conciliação por dia, em um inadequado regime precário de "mutirão".

Isso não implica, porém, criar formalismos que comprometam a própria flexibilidade da conciliação sem que haja um ganho correspondente na qualidade. Assim, entendemos que o § 2º do art. 3º da Lei de Mediação deve ser interpretado com parcimônia, impondo-se a oitiva prévia do Ministério Público Federal somente naquelas situações em que já exigida a sua participação no procedimento voltado para a decisão adjudicatória. Dessa forma, se é recomendável a oitiva prévia à homologação do acordo em casos envolvendo menores absolutamente incapazes que buscam pensão por morte, não se justifica a oitiva em uma situação de aposentadoria por tempo de contribuição pleiteada por maior capaz.

As peculiaridades do conflito previdenciário indicam também a importância que podem assumir os negócios jurídicos processuais em prol da conciliação, desde que bem empregados.

3.2. Os negócios jurídicos processuais e a flexibilidade processual

Os arts. 190 e 191 do Novo CPC consagram a possibilidade de negócios jurídicos processuais ou de acordos sobre o procedimento. Desse modo, mitigam a distinção amplamente difundida de que, nos meios consensuais, as partes são as detentoras da justiça do resultado, restando aos conciliadores e mediadores zelarem pela justiça do processo. Com os negócios jurídicos processuais, fica claro que a responsabilidade pela justiça do processo também deve ser dividida com as partes.

O art. 191 prevê a faculdade de os litigantes e o juiz fixarem em comum acordo um calendário para a prática de atos processuais. Trata-se de um negócio jurídico processual típico que, se bem utilizado, pode ser de grande utilidade nas conciliações previdenciárias. De fato, seria possível imaginar, por exemplo, que as partes convencionassem as datas para novas tentativas de autocomposição, sem necessidade de mais uma intimação; a possibilidade de novo agendamento de perícia médica judicial em determinada data, com a realização de audiência no dia seguinte; ou a retomada das negociações após alguns dias da prolação da sentença para que seja discutida a execução do julgado.

No entanto, a previsão de um negócio jurídico típico não chega a ser novidade, pois parte da doutrina já identificada tal possibilidade no CPC/73 em casos como a eleição de foro do art. 111, a suspensão do processo do art. 265, II, ou a modificação do ônus probatório do art. 333, parágrafo único (vide, p. ex., Oliveira, 2015, p. 423). A inovação é a faculdade expressa que passa a existir com o art. 190 do NCPC de criação de negócios processuais atípicos, trazendo assim, uma "cláusula geral de negociação processual" (a expressão é de Theodoro Jr.; Nunes; Bahia; Pedron, 2015, p. 267).

Especialmente em relação à Administração Pública – da qual o INSS faz parte – surgem duas ordens de questionamentos: se é possível ou não realizar negócios jurídicos processuais atípicos; em caso positivo, qual é o limite para os negócios jurídicos atípicos.

---

(7) Adotando essa interpretação, o I Fórum Nacional de Conciliação e Mediação da Justiça Federal (Fonacon), aprovou o Enunciado 4, nos seguintes termos: "A inadmissibilidade de autocomposição referida no art. 334, § 4º, II, do NCPC depende de previsão legal".

Não cabe aqui o aprofundamento dessas perguntas, que inclusive já foram objeto de reflexões por outros autores (p. ex., Cianci; Megna, 2015; e também Santos, 2015). Parece-nos, de todo modo, que a possibilidade de negócios jurídicos processuais atípicos com a Administração Pública segue a mesma lógica do uso dos meios consensuais. Assim, a partir da revisão de conceitos como o da indisponibilidade do interesse público rumo à disponibilidade condicionada ou o da legalidade estrita rumo à legalidade construída, podemos afirmar que a utilização de negócios jurídicos processuais atípicos é em regra possível, assim como também é o uso dos meios consensuais em geral.

Os limites do art. 190 são pouco precisos. No entanto, mais uma vez nos serve de guia o art. 3º do NCPC, a exigir que somente possam ser aceitos pelo juiz se contribuírem qualitativamente para a conciliação. Cabe recordar também a lição de Marc Galanter (1989, p. xiii-xiv) no sentido de que a flexibilidade dos meios alternativos não pode ser confundida com informalismo, existindo na realidade um formalismo de forma breve (*short form formalism*). Portanto, deve ser respeitado o devido processo legal, ainda que mínimo.

Observe-se ainda que o § 1º do art. 190 estabelece que o juiz dever controlar a validade das convenções processuais, recusando-lhes a aplicação, entre outros, quando alguma parte se encontre em manifesta situação de vulnerabilidade. Acreditamos que isso não significa negar indistintamente a possibilidade de acordos procedimentais com o INSS, mas somente os recusar nos casos em que o convencionado tenha sido feito em detrimento do indivíduo e sem que a sua compreensão, ou seja, sem que tenha havido uma decisão informada.

Apenas para se ter uma noção da dificuldade da identificação dos limites dos negócios processuais típicos, tomemos como exemplo a possibilidade de acordo procedimental em que o INSS renuncie ao Reexame Necessário previsto no art. 496 do Novo CPC. Em muitas situações, o representante legal da autarquia informa a impossibilidade de proposta de acordo, mas, diante de uma sentença favorável ao autor, deixa de apresentar recurso. Tal comportamento poderia ser revertido em favor do requerente se houvesse ao menos a renúncia ao Reexame Necessário, de modo a afastar a exigência de nova apreciação do caso pelo Tribunal.

Alguns entendem, porém, que essa renúncia não seria admitida, por se estar diante de uma norma de ordem pública. Parece-nos, porém, que não há essa vedação, até porque, em caso de acordo, não se submete o feito a uma reapreciação do Tribunal. De fato, se a parte autora aceita uma proposta do INSS de implantação do benefício com pagamento de 80% dos atrasados, o acordo é homologado por sentença e não é submetido ao Tribunal. No entanto, é inegável que a sentença homologatória trouxe algum gravame ao INSS. Desse modo, se em caso de acordo sobre o "mérito" não se exige o Reexame Necessário, não se observa motivo que impeça que haja renúncia ao duplo grau mediante acordo procedimental.[8]

Outro aspecto que vem causando apreensão é o de que a flexibilização do procedimento mediante negócios jurídicos processuais geraria maior dificuldade de gerenciamento dos processos pelo juiz, prejudicando a eficiência na prestação jurisdicional. Em casos de demandas massificadas como as previdenciárias, a possibilidade de estabelecimento de procedimentos particularizados implicaria, nessa visão, a falta de padronização da tramitação dos feitos, comprometendo a produção.

Concordamos, porém, com Fernando da Fonseca Gajardoni (2015), para quem os negócios jurídicos processuais podem e devem ser utilizados para aumentar a eficiência do Poder Judiciário. Aliás, basta lembrar que a flexibilização dos procedimentos já existente nos Juizados Especiais Federais possibilitou o surgimento de diversas experiências exitosas de emprego dos meios consensuais.

É de se observar que, como regra, as conciliações em matéria previdenciária se organizam sob três formas:

a) de maneira totalmente escrita: em momento posterior à instrução, os casos são analisados por Procuradores Federais que, quando entendem cabíveis, apresentam propostas de acordo por petição escrita protocolada nos autos. Em seguida, a parte autora é intimada para manifestação e não há sessões de conciliação.

b) com distanciamento dos atos instrutórios e parcialmente escrita. Após a produção e documentação da prova necessária para viabilizar eventual acordo (laudo médico, oitiva de testemunhas etc.), os autos são remetidos à Procuradoria para análise. Após a seleção dos casos, a Procuradoria apresenta as propostas em sessões ou audiências de conciliação concentradas designadas para tanto. Assim, continua a existir um distanciamento temporal entre a produção da prova e a sessão de conciliação. No entanto, diversamente do primeiro modelo, o contato direto entre as partes existe.

c) com atos instrutórios seguidos de tentativa de conciliação oral. As provas necessárias são produzidas em audiências sequenciais concentradas (produção de laudo oral, oitiva de testemunhas etc.) em que o Procurador Federal está presente. Após a produção da prova, o Procurador verifica a possibilidade de acordo e o apresenta oral-

---

(8) Não se limitando à Fazenda Pública, Paulo Mendes de Oliveira (2015, p. 435) igualmente defende que não há uma vinculação constitucional ao duplo grau de jurisdição, sendo lícito ao legislador ordinário, e mesmo recomendável em certas situações em prestígio à garantia constitucional de tutela tempestiva de direitos, estabelecer procedimento de instância única. Como exemplos, cita o procedimento previsto nas execuções fiscais cujo valor não ultrapasse 50 OTNs (art. 34 da Lei n. 6.830/80) e o art. 518, § 1º, do CPC/73 estabelecendo que não é admissível apelação quando a sentença estiver baseada em súmula do STJ ou do STF.

mente. Existe, assim, uma proximidade entre produção de prova e tentativa de conciliação, valorizando a ideia de uma audiência una para instrução, conciliação e, em alguns modelos, julgamento.

No entanto, o que se observa nos modelos citados é que invariavelmente a conciliação é tentada apenas depois da instrução do feito. Mesmo no modelo "c", ainda que haja participação do indivíduo na instrução, somente no momento posterior à colheita das provas é que se passa à tentativa de conciliação. A realização da tentativa de conciliação somente após a instrução, para além de limitar as possibilidades existentes para a resolução consensual de conflitos previdenciários, faz com que os riscos do INSS sejam significativamente minimizados. Tal prática, associada ao paradigma da redução de valores em casos que a autarquia sabe que quase certamente irá sucumbir, pode mostrar-se prejudicial ao indivíduo.

Esperamos, assim, que a previsão mais ampla da realização dos negócios processuais permita que tais modelos sejam superados, de modo que os riscos sejam mais igualitariamente divididos entre o INSS e o indivíduo. Como salientado, o negócio processual exige a participação das partes, compartilhando em conjunto com o juiz o dever de zelar pela justiça do processo.

De todo modo, com essas breves anotações, já podemos notar que lidar com os negócios jurídicos processuais para a valorização das conciliações em matéria previdenciária será um desafio adicional trazido pelo Novo CPC.

4. O CONCILIADOR LEIGO

O Novo Código de Processo Civil dá grande ênfase ao papel do conciliador e do mediador. De fato, além de outras disposições esparsas, a eles é dedicada toda a Seção V ("Dos Conciliadores e Mediadores Judiciais") do Capítulo III ("Dos Auxiliares da Justiça"), compreendendo os arts. 165 a 175. Embora não se retire a possibilidade de o juiz tentar por si mesmo, e a qualquer tempo, a autocomposição, indica-se que tal função deve ser exercida, preferencialmente, com o auxílio de conciliadores e mediadores (art. 139, V). Do mesmo modo, a Lei de Mediação reserva-lhes a Seção II ("Dos Mediadores"), que abrange os arts. 4º a 13. Além disso, cabe recordar também que a Resolução n. 125/2010, no seu Anexo III, traz um Código de Ética de conciliadores e mediadores judiciais. Há, assim, uma centralidade da atuação do conciliador e do mediador.

Tal preocupação se justifica em um sistema que pretende que os meios consensuais sejam utilizados com a necessária qualidade. De fato, são os conciliadores e mediadores que atuarão mais diretamente no contato das partes em conflito. No caso das demandas previdenciárias, é o conciliador que vivenciará diuturnamente o problema do notório desequilíbrio de poder entre autor e INSS, presenciando continuamente o dilema ético de saber até que ponto se aproximar da parte mais vulnerável sem perder sua imparcialidade.

Os limites deste trabalho impedem uma análise de todos os dispositivos relativos ao conciliador. Cabe, porém, ressaltar alguns aspectos que parecem ser especialmente relevantes.

4.1. Exigência de cadastro e de capacitação

Nota-se que o NCPC, coerente com o privilégio do uso qualitativo dos meios consensuais, estabelece uma estrutura baseada na capacitação e no cadastro de mediadores e conciliadores. De fato, somente o terceiro facilitador capacitado pode ser cadastrado (art. 167, § 2º). Somente o cadastrado pode atuar perante o Judiciário.

Os parâmetros da capacitação já foram tratados sob o ponto de vista institucional, cabendo somente enfatizar que o conciliador que pretenda atuar em conflitos previdenciários deve ser especificamente capacitado para tanto. Tratemos um pouco mais do sistema de cadastramento.

O Novo Código prevê no *caput* do art. 167 que os conciliadores, os mediadores e as câmaras privadas de conciliação e mediação serão inscritas em cadastro nacional e em cadastro dos tribunais. A exigência de cadastro para os mediadores judiciais também é prevista no art. 12 da Lei de Mediação.

O cadastro serve como mecanismo de controle da qualidade pelo Judiciário e pelas próprias partes. De fato, no cadastro devem constar todos os dados relevantes para a atuação dos conciliadores e mediadores (art. 167, § 3º, do NCPC). Tais dados devem ser classificados ao menos anualmente pelos tribunais, para conhecimento da população, estatística e avaliação (art. 167, § 4º). Nos termos do art. 173 do NCPC, a atuação indevida dos terceiros facilitadores enseja a exclusão do cadastro.

No que se refere aos conflitos previdenciários, o cadastramento dos conciliadores pode ser útil para que se selecionem aqueles mais afeitos a matéria. A maior especialização em torno de temas e áreas de atuação, de fato, pode auxiliar na mitigação do desequilíbrio de poder existente entre INSS e indivíduo.

Cabe notar ainda que, no caso de decisões judiciais adjudicatórias, o dever constitucional de fundamentação (art. 93, IX, da CF) permite que haja maior controle pelas partes e pela sociedade da correção do que foi decidido. Isso dá espaço à necessária responsividade (ou *accountability*), tão mais significativo quando se está diante de uma situação que envolve um órgão da Administração Pública. No caso dos meios consensuais, a confidencialidade dificulta o exercício de tal controle, o que não significa que não deva existir. O cadastro, se bem utilizado, poderá permitir maior conhecimento dos conciliadores e dos resultados de sua atuação, contribuindo, assim, para dar maior transparência e uma fiscalização maior da função pela sociedade.

4.2. Da vedação de advogar no juízo em que atua e do requisito dos dois anos de graduação em curso superior

O NCPC insere os conciliadores e mediadores dentre os auxiliares da Justiça (art.149), sujeitando-os às mesmas causas de impedimento e suspeição dos juízes (art.148, II). Idêntica é a previsão do art. 5º da Lei de Mediação, que, no art. 8º, ainda equipara o mediador a servidor público para fins penais. Além disso, considerados o NCPC, a Lei de Mediação e a Resolução n. 125/2010, a atuação dos terceiros facilitadores é regida por ao menos 14 princípios.[9]

Uma maior regulamentação confirma a importância dada à atuação dos conciliadores e mediadores, o que pode contribuir para a profissionalização da atividade. No entanto, a maior regulamentação pode também gerar a burocratização excessiva, impedindo a participação popular na atividade jurisdicional, da qual justamente a atuação de conciliadores e mediadores leigos é um grande exemplo. O equilíbrio, por evidente, somente pode ser obtido com o tempo e com a devida ponderação entre as normas aplicáveis.

Duas previsões em específico vêm sendo atacadas por traduzirem exigências desproporcionais sem a contrapartida do incremento da qualidade.

A primeira é a vedação aos conciliadores e mediadores judiciais, se advogados, de exercício da advocacia nos juízos em que desempenhem suas funções (art.167, § 5º, do NCPC). O receio da indevida captação de clientes resultou na vedação genérica do que poderia ser coibido com a fiscalização e a punição dos desvios de condutas pontuais.

A segunda é a exigência de que o mediador judicial seja graduado há pelo menos dois anos em curso de ensino superior (art. 11 da Lei de Mediação), o que afasta parcela significativa daqueles que aceitam atuar voluntariamente perante o Judiciário, sobretudo as pessoas que objetivam ingressar na magistratura ou no Ministério Público e veem na função uma forma de cumprir a exigência dos três anos de atividade jurídica (art. 93, I, e 129, § 3º, ambos da Constituição Federal). Não raras vezes, bons conciliadores e mediadores não possuem tal requisito, sendo questionável que isso venha a trazer alguma melhora qualitativa.[10] Mesmo em conciliações com o INSS, em que defendemos a necessidade de conhecimento de certas noções de Direito Previdenciário, não se pode afirmar que a maior ou menor competência se relacione com os anos de formado.

Enquanto existentes, cabe interpretar tais normas do modo mais restritivo possível, para que não criem obstáculos desnecessários. Todavia, se for impossível superá-las por completo, é recomendável que haja um monitoramento de seus resultados. Assim, seria possível confirmar se sua aplicação estaria trazendo um ganho qualitativo e, em caso negativo, propor alterações legislativas.

5. CONCLUSÃO

Os breves apontamentos apresentados permitem perceber quão complexo é o tema. A efetiva instalação dos centros judiciários de solução consensual de conflitos, a adequada capacitação dos terceiros facilitadores, a organização da audiência do art. 334 do NCPC, os negócios jurídicos processuais, o respeito aos deveres e requisitos por parte do conciliador são apenas alguns dos muitos desafios a ser enfrentados no uso da conciliação em conflitos previdenciários. Tudo depende de uma atuação integrada e dinâmica que se faz desde o plano institucional até a realidade concreta dos conciliadores.

Além disso, no caminho rumo à aplicação e solução das inúmeras questões que irão surgir, defendemos que se deve usar como guia a norma fundamental do art. 3º do Novo Código de Processo Civil que, irradiando-se sobre todo o "minissistema brasileiro de métodos consensuais", exige o privilégio dos meios consensuais com a necessária qualidade. Assim, na dúvida, emprega-se o meio consensual; ao empregá-lo, não se deve esquecer a qualidade. Desse modo, o futuro não deixará de ser incerto, mas poderemos ser mais otimistas quanto ao avanço qualitativo da conciliação com o INSS.

6. REFERÊNCIAS BIBLIOGRÁFICAS

BATISTA, Flávio Roberto. Questões problemáticas sobre a transação com o INSS nos Juizados Especiais Federais: eficiência administrativa e acesso à justiça. In: SERAU, Marco Aurélio; DONOSO, Denis (coord.). *Juizados Especiais Federais*: reflexões nos dez anos de sua instalação. Curitiba: Juruá, 2012. p. 97-113.

CIANCI, Mirna; MEGNA, Bruno Lopes. Fazenda Pública e negócios jurídicos processuais no novo CPC: pontos de partida para o estudo. In: CABRAL, Antonio do Passo; NOGUEIRA, Pedro Henrique (coord.). *Negócios processuais*. Salvador: JusPodivm, 2015. p. 481-506.

GAJARDONI, Fernando da Fonseca. O negócio jurídico processual a favor da eficiência do Poder Judiciário. *Revista Jota*. Disponível em: <http://migre.me/syX0y>. Acesso em: 30 dez. 2015.

GALANTER, Marc. Why the "haves" come out ahead: speculations on the limits of legal change. *Law & Society Review*, 1974, vol. 9, n. 1, p. 95-160.

_____. Introduction: compared to what? Assessing the quality of dispute resolution. *Denver University Law Review*, vol. 66, n.3, 1989, p. xi-xiv.

GRINOVER, Ada Pellegrini. Os métodos consensuais de solução de conflitos no novo CPC. In: VVAA. *O Novo Código de Processo Civil*: questões controvertidas. São Paulo: Atlas, 2015. p. 1-21.

OLIVEIRA, Paulo Mendes de. Negócios processuais e o duplo grau de jurisdição. In: CABRAL, Antonio do Passo; NOGUEIRA, Pedro Henrique (coord.). *Negócios processuais*. Salvador: JusPodivm, 2015. p. 417-443.

---

(9) São eles: competência; confidencialidade; imparcialidade; decisão informada; respeito à ordem pública e às leis vigentes; validação; independência e autonomia; empoderamento; autonomia da vontade; informalidade; oralidade; boa-fé; isonomia entre as partes; e busca do consenso.

(10) No mesmo sentido, é a opinião de Ada Pellegrini Grinover (2015, p. 10), que afirma: "Trata-se de uma restrição irrazoável, que contraria toda a filosofia que está à base das técnicas de mediação. Existem excelentes mediadores, devidamente capacitados, que não se enquadram na exigência. Mas é ela coercitiva, enquanto estiver em vigor".

SANTOS, Tatiana Simões dos. Negócios processuais envolvendo a Fazenda Pública. In: CABRAL, Antonio do Passo; NOGUEIRA, Pedro Henrique (coord.). *Negócios processuais*. Salvador: JusPodivm, 2015. p. 507-519.

SERAU JR., Marco Aurélio. Apontamentos críticos às conciliações realizadas em ações previdenciárias. In: GABBAY, Daniela Monteiro; TAKAHASHI, Bruno (coord.). Justiça federal: inovações nos mecanismos consensuais de solução de conflitos. Brasília: Gazeta Jurídica, 2014. p. 443-453.

_____. Resolução do conflito previdenciário e direitos fundamentais. Tese de Doutorado. São Paulo: Faculdade de Direito da Universidade de São Paulo.

SILVA, Paulo Eduardo Alves da. As normas fundamentais do novo Código de Processo Civil (ou "As doze tábuas do processo civil brasileiro"?). In: VVAA. *O novo Código de Processo Civil: questões controvertidas*. São Paulo, Atlas, 2015, p.295-323.

_____. Mediação e conciliação, produtividade e qualidade. *Revista do Advogado*. São Paulo: Associação dos Advogados de São Paulo, ano XXXIV, n. 23, ago. 2014. p. 40-46.

TAKAHASHI, Bruno. O papel do terceiro facilitador na conciliação de conflitos previdenciários. Dissertação de Mestrado. São Paulo: Faculdade de Direito da Universidade de São Paulo, 2015.

TARTUCE, Fernanda. Interação entre novo CPC e lei de mediação: Primeiras Reflexões. *Portal Processual*, 30 jul. 2015. Disponível em: <http://migre.me/sxliL>. Acesso em: 27 dez. 2015.

THEODORO JR., Humberto et al. *Novo CPC* – fundamentos e sistematização. 2. ed. Rio de Janeiro, Forense, 2015.

VAZ, Paulo Afonso Brum. Conciliações nos conflitos sobre direitos da seguridade social. *Revista de Doutrina da 4ª Região*. Porto Alegre: Tribunal Regional Federal da 4ª Região, n. 43, ago. 2011. Disponível em: <http://migre.me/loVWk>. Acesso em: 1º set. 2014.

WATANABE, Kazuo. Política pública do Poder Judiciário nacional para tratamento adequado dos conflitos de interesses. In: PELUSO, Antonio Cezar; RICHA, Morgana de Almeida (Coord.). *Conciliação e mediação*: estruturação da política judiciária nacional. Rio de Janeiro: Forense, 2011. p. 3-9.

Parte IV

Execução e Recursos no NCPC

DA RESTRIÇÃO DO CABIMENTO DO RECURSO DE AGRAVO DE INSTRUMENTO NO NOVO CPC E SEU IMPACTO NAS AÇÕES PREVIDENCIÁRIAS

ALEXANDRE SCHUMACHER TRICHES

Mestre em Direito Previdenciário pela PUC/SP. Especialista em Direito Público pela PUC/RS. Advogado e Professor de Direito em cursos de graduação e pós graduação. Autor de obras na temática do Direito Previdenciário.

1. INTRODUÇÃO

A aprovação do novo Código de Processo Civil foi bastante celebrada por todos os envolvidos com o sistema judicial brasileiro, especialmente em razão de que o novo diploma processual conforma a realidade processual à realidade da vida, principalmente no que toca à busca pela verdade dos fatos, e não mais a formalidade de uma verdade processual muitas vezes descolada desta realidade. Trata-se da Lei n. 13.105, de 16 de março de 2015.

O surgimento dos diplomas processuais modernos, frutos da racionalidade oriunda da Revolução Francesa, calcada na idéia da legalidade e do devido processo legal trazia como característica intrínseca servir como um instrumento de proteção do administrado para com a administração. Foi resultado de uma nova forma de interpretar o direito com garantias de direitos inalienáveis ao cidadão, principalmente enquanto oposto à realidade do antigo regime de intromissão do Estado na vida do particular, conforme é relatado pela história, de uma forma desproporcional e ilegal.

Com o advento do século XX, e, mais especificamente, com o avançar da vida após a 2ª Guerra Mundial, considerando nesse ínterim as alterações globais das relações sociais após a queda do muro de Berlim, o advento da globalização e da era pós-industrial[1], o direito e a própria argumentação jurídica das decisões evoluem e passam a reclamar respaldo do sistema processual.

Diferentemente do diploma de 1973, que é fortemente influenciado pela ideologia política do século XIX, abandona-se com o novo CPC uma rígida dicotimização entre o direito público e o direito privado – as duas esferas da vida já vêm caminhando junto no direito brasileiro notadamente desde 1988 – conforme se verifica nas declarações e controles de constitucionalidade, advento dos microssistemas jurídicos, ações de classe, e a própria construção jurisprudencial —, e terão maior respaldo ainda a partir de agora no plano das regras processuais.

Isso permitirá uma visão mais constitucional do processo com o aprofundmento de valores como acesso à justiça, isonomia, dignidade humana, processo célere e justo, dentre outras garantias fundamentais. Logicamente que se avança no plano positivo[2] de forma alvissareira, mas guarda-se uma forte expectativa de que a interpretação e aplicação das novas regras estejam também conformadas pela ideologia da nova lei processual. Esta sim será uma importante expectativa que pretendemos seja confirmada.

É por isso que o que poderá fazer diferença em matéria de justiça serão a argumentação das decisões e o processo de tomada destas, pois muito da necessidade de evolução do sistema processual brasileiro e das garantias e direitos fundamentais passam também pela Filosofia do Direito, a qual deve respaldar a técnica na interpretação e aplicação da lei por parte dos juízes.

Para o bem da verdade e em certo sentido, a remodelação que ocorre no processo civil já era realidade no Direito da Previdência Social pela força interpretativa das decisões influenciadas pela doutrina da autonomia do Direito Processual Previdenciário[3]. Assim, regras como a relativização da coisa julgada, o deferimento de provas de ofício, as tutelas antecipadas, específicas e provisórias, a fungibilidade de pedidos, dentre outras hipóteses já fazem parte em certa medida do cotidiano das ações judiciais previdenciárias.

Vejamos algumas passagens do novo Código de Processo Civil: o art. 284 prevê a possibilidade da atuação de

---

(1) Vale destacar o trabalho de um dos pioneiros na teorização da sociedade pós-industrial. Refiro-me a Zygmunt Bauman e seu conjunto de obras abordando a liquidez da modernidade.

(2) É o que prevê o art. 1º do novo CPC, quando o legislador se refere a valores e princípios constitucionais.

(3) Nesse sentido, importante registrar a relevância dos trabalhos científicos de José Antonio Savaris e marco Aurélio Serau Junior dedicados à cientificidade e autonomia do Direito Processual Previdenciário.

ofício do juiz mesmo que não provocado para casos de concessão de medidas de urgência, assim como o art. 3º, que prestigia o acesso à justiça, à efetividade e o interesse das partes quando prevê a possibilidade da instauração da arbitragem para solução do litígio e o art. 4º que dispõe sobre o direito ao processo justo. O Princípio da Cooperação também é outra novidade do novo Código de Processo Civil[4], razão pela qual o papel do juiz também é alterado e passa a demandar uma interpretação orientada pela solução integral[5].

Nessa toada, no presente artigo, pretendo analisar os reflexos das alterações no recurso de Agravo de Instrumento no Direito da Previdência Social, em especial sobre a restrição de seu cabimento diante do advento do novo Código de Processo Civil e seu impacto nas ações previdenciárias.

Parto de duas premissas: a primeira reafirmando a importância do Agravo de Instrumento para o processo, notadamente o previdenciário, diante da natureza de sua prova e do objeto alimentar das ações, e a segunda sobre a constatação pessoal de uma parcial esterilidade do debate diante da realidade atual de restrição legal para interposição do recurso nos Juizados Especiais Federais, corroboradas pelos dados estatísticos que demonstram que grande parte das ações em desfavor da autarquia previdenciária tramitam sob este rito.

Ao final, será testada a afirmação que compõe o título do artigo quanto à existência ou não de restrição no cabimento do Agravo de Instrumento na área previdenciária com o advento do novo Código de Processo Civil, ocasião em que pretendo apresentar as minhas conclusões sobre o tema.

AS ALTERAÇÕES NA SISTEMÁTICA DO AGRAVO DE INSTRUMENTO COM O ADVENTO DA LEI N. 13.105/2015 – NOVO CÓDIGO DE PROCESSO CIVIL

O Agravo de Instrumento com o advento do novo Código de Processo Civil está previsto nos arts. 1.015 ao 1.020, no capítulo III do título II. Nem tudo que versa sobre o recurso foi alterado. Vejamos inicialmente o prazo recursal, que foi alterado de 10 dias para 15 dias, mesmo prazo para apresentação das contrarrazões pelo agravado[6].

O recurso continuará devendo ser protocolado nos tribunais, mas o novo Código permite também o protocolo diretamente na própria Comarca, Seção ou Subseção Judiciária em que esteja tramitando a ação judicial, conforme o novo art. 1.017, § 2º, I e II.

Com a entrada em vigor do novo código a modalidade de Agravo Retido deixará de existir, pois, com as mudanças dos arts. 994 e 1.015, haverá uma alteração no regime das preclusões, de modo que, conforme prevê o art. 1.009, § 1º, "as questões resolvidas na fase de conhecimento se a decisão a seu respeito não comportar Agravo de Instrumento, não são cobertas pela preclusão e devem ser suscitadas em preliminar de apelação eventualmente interposta contra a decisão final ou nas contra-razões". Ou seja: o que era matéria para Agravo Retido terá o seu espaço nas preliminares do recurso de Apelação.

Com relação às hipóteses de interposição do Agravo de Instrumento, também haverá mudanças com o advento do novo Código. O art. 1.015 prevê específicas hipóteses de interposição, quais sejam: I – tutelas provisórias; II – mérito do processo; III – rejeição da alegação de convenção de arbitragem; IV – incidente de desconsideração da personalidade jurídica; V – rejeição do pedido de gratuidade da justiça ou acolhimento do pedido de sua revogação; VI – exibição ou posse de documento ou coisa; VII – exclusão de litisconsorte; VIII – rejeição do pedido de limitação do litisconsórcio; IX – admissão ou inadmissão de intervenção de terceiros; X – concessão, modificação ou revogação do efeito suspensivo aos embargos à execução; XI – redistribuição do ônus da prova nos termos do art. 373, § 1º; XIII – outros casos expressamente referidos em lei. De acordo com o parágrafo único, também caberá Agravo de Instrumento contra decisões interlocutórias proferidas na fase de liquidação de sentença ou de cumprimento de sentença, no processo de execução e no processo de inventário.

Cabe destacar que o dispositivo traz no inciso XIII uma norma de encerramento do sistema a permitir o acesso a outras hipóteses legais ali não reunidas. A norma deixa em aberto quais seriam os demais casos, enquanto hipóteses de interposição do recurso, desde que previstos pela legislação. Somente por ela? Somente a experiência e o tempo irão responder.

O novo Código altera o rol das peças consideradas obrigatórias no instrumento do recurso, conforme o art. 1.017, pois além da cópia da petição inicial, da contestação e da petição que ensejou a decisão agravada, outras peças que o agravante reputar úteis poderão ser anexadas e é permitido ao advogado declarar a inexistência de qualquer peça considerada obrigatória (inciso II).

Ou seja, além da relativização da exigência da certidão de intimação da decisão agravada, e a possibilidade de sua substituição por outro documento que demonstre a tempestividade do recurso, o inciso II do mesmo artigo prevê a possibilidade de que o agravante declare a inexistência de algum documento exigido pela legislação para a formação do ins-

---

(4) Novidade para o contraditório diferido ou postergado, a exceção autoriza medida de urgência ou para se evitar o perecimento do direito, numa clara ponderação entre acesso à justiça e o contraditório. E o valor a solução rápida e da necessária cooperação das partes para esta solução ocorra, prevista no art. 8º.

(5) Sempre respeitando o princípio da publicidade e da fundamentação, reforço trazido pelo art. 11 do novo CPC como garantia do processo.

(6) Exceção dos Embargos de Declaração, que permanecerá sendo de 5 dias.

trumento, para que mesmo com a ausência desta documentação possa o recurso ser recebido e apreciado pelos tribunais.

O art. 1.017, § 3º, por sua vez, prevê a possibilidade de correção de eventuais vícios na formação do instrumento por decisão do relator, relativizando a formalidade que sempre foi inerente ao Agravo de Instrumento. Ou seja, na falta de cópia ou qualquer documento exigido pela lei que possa comprometer a admissibilidade do recurso, mesmo que o agravante não mencione nem declare a ausência do documento, deverá o magistrado tentar regularizar a situação, intimando o recorrente para a regularização da peça processual.

A concessão de tutela provisória na fase recursal está prevista na nova lei no art. 1.019, inciso I, e permitirá no caso do processo previdenciário a concessão do benefício de forma antecipada.

O § 5º do art. 1.017, já em consonância com a realidade processual atual, dispensa a formação do instrumento nos casos de processo eletrônico, assim como o faz no art. 1.018, quando dispensa o agravante de comunicar a interposição do Agravo de Instrumento ao juízo de primeira instância quando o processo for eletrônico.

O art. 1.020 prevê que o relator deverá solicitar data para julgamento em prazo não superior a um mês da intimação do agravado. E, por último, mas não menos importante, tem-se a possibilidade de sustentação oral no Agravo de Instrumento interposto contra decisões interlocutórias que versem sobre tutelas provisórias de urgência ou da evidência (art. 937, VIII).

Essas são, em linhas gerais, as mudanças que ocorrerão no regime jurídico do Agravo de Instrumento a partir de 1º.3.2016, data em que terá início a vigência do novo Código de Processo Civil, aprovado pela Lei n. 13.105/2015.

O AGRAVO DE INSTRUMENTO E SUA ÍNTIMA RELAÇÃO COM A EFETIVIDADE DO PROCESSO JUDICIAL DE PRIMEIRA INSTÂNCIA NO DIREITO PREVIDENCIÁRIO

Entendo que o Agravo de Instrumento é uma garantia fundamental para o processo de primeira instância na área previdenciária. Isso porque o processo previdenciário possui como objeto da ação um bem social, previsto no art. 6º da Constituição Federal e que recebe essa proteção pela sua íntima relação com a dignidade humana.

Estamos nos referindo acerca de um direito fundamental, sobre sua transcendência no processo interpretativo do juiz e sua relação com a manutenção da sobrevivência do ser humano. Vejam como Da Rocha (2014: 113) trata o assunto:

> É justamente nos momentos nos quais os cidadãos, inseridos na sociedade por força de sua capacidade de trabalho (substancial maioria da população), têm a sua força laboral afetada, ou mesmo negado o acesso ao trabalho, como é cada vez mais comum por força do modelo econômico excludente, que a previdência social evidencia seu papel nuclear para a manutenção do ser humano dentro de um nível existencial minimamente adequado.

A pessoa busca o Poder Judiciário postulando pedido de benefício previdenciário porque está precisando de dinheiro – que é o motor do modo de produção capitalista – para a sua manutenção e de sua família. Não há outro objetivo no pedido que não seja sua manutenção como ser humano.

Isso nos permite refletir que nessas hipóteses de processos a dinâmica tem que estar voltada para a efetividade das medidas concedidas pelo juiz no decorrer do processo judicial, notadamente na dinâmica da produção das provas. A prova no Direito Previdenciário é de fundamental importância, pois a matéria desta área do Direito é essencialmente fática, sendo comum a necessidade de oitiva de testemunhas, avaliações periciais, técnicas ou inspeções judiciais.

Considerando a relevância do objeto das ações e o perfil probante da área previdenciária, o Agravo de Instrumento é um recurso importante justamente como garantia do segurado ou dependente da Previdência Social no caso de indeferimento de provas ou qualquer outra antipatia no processo ordinário.

Retirar a possibilidade do recurso de decisão interlocutória sempre é prejudicial, ainda mais se for levado em consideração que o novo Código aboliu o Agravo Retido, previsto no diploma de 1973. Sobre a relevância do Agravo de Instrumento, conforme acima fundamentado, cabe transcrever as pontuais observações de Félix Jobim (2015: 792)

> É de ser ressaltado, antes de anotar algumas considerações sobre a parte procedimental do recurso, que é o que mais nos cabe nesse momento, que a abolição do agravo retido (recurso que encontrava no Código de Processo Civil de 1973, norte seguro de interposição), faz ressoar responsabilidade no manuseio do recurso sobrevivente para atacar as decisões interlocutórias, razão pela qual a importância do correto tratamento do recurso de Agravo de Instrumento.

Logicamente que a previsão do recurso ressalta o debate entre eficiência e eficácia. No primeiro caso, postulando-se um processo rápido. No segundo, um processo talvez não tão rápido como na primeira hipótese, porém eficaz, resolvendo por completo a questão trazida a juízo. Eis a razão pela qual firmo meu convencimento de que a recorribilidade das decisões interlocutórias deve ser ampla e irrestrita, visando garantir o direito ao devido processo legal.

Sobre a importância do Agravo de Instrumento enquanto garantia da efetividade do processo de primeira instância, também Rubin (2013: 173) em entendimento similar, esposado antes do advento da Lei n. 13.135/2015:

De fato, entendemos que o segundo grau em matéria probatória, e em tantas outras questões incidentais relevantes resolvidas entre a fase postulatória e decisória, possui muita responsabilidade no Brasil, já que cabe a ele fazer o controle das decisões, inclusive interlocutórias, dos juízos de primeiro grau, coibindo medidas abusivas (e em alguns casos reiteradas) de magistrados de primeira instância. Com eventual alteração do quadro – que em maior medida poderia ser admitida por meio de alteração legislativa (dado o respeito a divisão constitucional de poderes entre o Judiciário e o Legislativo), esse controle poderia ser melhor feito, já que realmente o Tribunal estaria obrigado a enfrentar o "mérito", decidindo se houve ou não excesso do primeiro grau – e, repetimos, temos que esse controle deve ser feito com muito cuidado, o que resulta em balizador (e até aprendizado) ao julgador de primeiro grau, aumentando a qualidade do procedimento que corre no juízo originário.

No caso específico das ações previdenciárias, a importância do Agravo de Instrumento é maior ainda, pois esta área do Direito demanda recorrentemente a produção de provas testemunhais e periciais, tais como nos casos de comprovação de período rural, incapacidade para o trabalho, deficiência física e mental, atividade laborativa agressiva à saúde, miserabilidade, dentre outras hipóteses.

A ação previdenciária, segundo Savaris (2008, p. 2014), é sinal de exame de prova. Isso porque se relaciona com índole alimentar, mínimo social, dignidade da pessoa humana, proteção ao idoso e ao portador de deficiência, trabalhadores rurais, cidadãos de segunda categoria, viúvas e menores desprotegidos, mulheres e homens sem acesso às mínimas manifestações de bem-estar social, são noções e apreensões que rondam o dia a dia do processo previdenciário e reclamam efetividade, concretude de direitos e um basta à espera indefinida pela satisfação de um direito constitucional fundamental (direito à segurança social).

Assim, o reconhecimento da importância do Agravo de Instrumento enquanto mecanismo processual para o controle das decisões proferidas na primeira instância, notadamente na área do Direito Previdenciário, é uma realidade que almejamos seja referendada com o presente artigo.

A parcial esterilidade do debate acerca dos reflexos do Agravo de Instrumento previsto no novo Código de Processo Civil nas ações previdenciárias diante da competência jurisdicional absoluta dos Juizados Especiais Federais.

O advento dos Juizados Especiais Federais com a Lei n. 10.259/2001 permitiu um amplo acesso da população ao Poder Judiciário. Este fenômeno foi desencadeado, segundo Lazzari (2014: 132), pela ausência ou pelo baixo nível dos custos de ajuizamento dos processos, da expectativa de obtenção de uma tutela rápida e efetiva e uma maior aproximação aos jurisdicionados.

Além disso, demonstra o doutrinador em importante estudo sobre o tema que

> [...]o excessivo número de demandas nos JEFs tem como causa principal os questionamentos de natureza previdenciária, figurando no pólo passivo o INSS, líder do *ranking* dos maiores litigantes do Poder Judiciário no Brasil. (LAZZARI, 2015: 131)

Segundo o autor, o INSS é réu em 34% de ações no primeiro grau das Varas Comuns, e em 79% das ações nos Juizados Especiais Federais, índice estatístico que demonstra que grande parte das ações judiciais sobre a matéria é diariamente julgada sob o rito dos Juizados Especiais Federais. Esta é uma realidade já conhecida de todos que operam a ação previdenciária, seja no pólo ativo, passivo ou na função judicante.

Tal ocorre porque o art. 3º da Lei dos Juizados Especiais Federais prevê a competência absoluta do rito para causas até 60 salários mínimos, o que acaba compreendo a maior parte das ações judiciais previdenciárias, pois os aposentados não possuem aumento real em seu benefício e em razão disso boa parte atualmente dos jubilados recebem proventos no valor de salário mínimo.

Prevê o art. 3º da Lei n. 10.259/2001:

> Art. 3º Compete ao Juizado Especial Federal Cível processar, conciliar e julgar causas de competência da Justiça Federal até o valor de sessenta salários mínimos, bem como executar as suas sentenças.

É aí que encontramos subsídio para demonstrar que o debate acerca dos reflexos e das eventuais restrições do cabimento do Agravo de Instrumento na área previdenciária com o advento do novo CPC é um debate estéril, diante da restrição processual encabeçada pelo art. 3º da Lei n. 10.259/2001, que traz a competência absoluta dos Juizados Federais para causas de até 60 salários mínimos (a maioria dos casos), e permite muito pouco manuseio no caso concreto do Agravo de Instrumento enquanto recurso de decisão interlocutória.

Os dados estatísticos apresentados demonstram que o âmbito jurisdicional dos Juizados Especiais Federais é uma realidade para ações previdenciárias e permite acreditar que o debate acerca dos impactos da alteração das regras de manejo do Agravo de Instrumento na área previdenciária, diante do advento do novo Código de Processo Civil, em razão disso perde substancial relevância.

Ironicamente, será somente possível a interposição do recurso nas ações judiciais que tramitam no rito ordinário, em que tradicionalmente a dilação probatória é mais completa e demanda menos a necessidade de intervenção recursal de decisão interlocutória. Por sua vez, nos Juizados Especiais Federais em que o rito é simplificado, carecendo de maior controle das decisões interlocutórias o manejo do Agravo de Instrumento não é previsto pela Lei n. 10.259/2001.

Não é à toa que em muitos casos o que ocorre diante da impossibilidade de manejo do Agravo de Instrumento nos Juizados Especiais Federais é a interposição de Mandado de Segurança para corrigir ilegalidade. Conforme concordam Wambier, Ribeiro, Conceição e Mello (2015: 1453), existem situações que não podem aguardar até a solução da Apelação.

Ademais, o novo Código de Processo Civil não afirma a sua aplicabilidade com relação aos Juizados Especiais. Ele prevê sua aplicabilidade, supletiva e subsidiariamente nos processos eleitorais, administrativos e trabalhistas (art. 15). Logicamente, já se pressupõe que as regras do novo CPC são aplicáveis aos Juizados, até mesmo por força da própria Lei n. 10.259/2001. Porém, a leitura do texto legal revela as hipóteses em que o legislador expressamente quis a aplicação de institutos específicos no âmbito dos Juizados Especiais[7].

Pensemos com seriedade a competência absoluta dos Juizados Especiais Federais e sua relação com as ações previdenciárias também no bojo do debate acerca do cabimento do Agravo de Instrumento no Direito da Previdência Social, com o advento do novo Código de Processo Civil.

RESTRIÇÃO DE CABIMENTO DO AGRAVO DE INSTRUMENTO NAS AÇÕES PREVIDENCIÁRIAS COM O ADVENTO DA LEI N. 13.105/2015 – NOVO CÓDIGO DE PROCESSO CIVIL

Diante do que foi produzido no artigo e superadas as premissas anotadas no texto: a primeira delas quanto à relevância do Agravo de Instrumento, enquanto instrumento de controle jurisdicional das decisões interlocutórias, notadamente na área previdenciária e a segunda que defende a existência de uma parcial esterilidade do debate acerca dos impactos das alterações do novo Código de Processo Civil, no Agravo de Instrumento, diante da competência absoluta dos Juizados Especiais Federais, pretendo neste momento referir que serão os casos de processos cujo valor da causa ultrapasse os 60 salários mínimos, tramitando no rito ordinário da Justiça Federal, aqueles sob delegação de competência para a Justiça Estadual, nos termos do art. 109 da CF/88, bem como as ações acidentárias que tramitam nas varas especializadas em Acidente de Trabalho, perante a competência da Justiça Comum Estadual que sofrerão impactos com as mudanças no regime jurídico do Agravo de Instrumento com o novo Código de Processo Civil.

Nesses casos, cabe-nos testar a afirmação contida no título do artigo no que tange à restrição do cabimento do Agravo de Instrumento nas ações previdenciárias com o advento do novo Código de Processo Civil.

No Código antigo, não eram previstas de forma expressa as hipóteses de interposição do recurso, o que no novo Código ocorre nos incisos I ao XIII do art. 1.015. As hipóteses são bastante claras e preveem situações corriqueiras nas demandas previdenciárias, como aquela relativa a tutelas provisórias, rejeição do pedido de gratuidade de justiça ou acolhimento do pedido de sua revogação, exibição ou posse de documento ou coisa e redistribuição do ônus da prova.

Todavia, não vejo nenhuma vantagem com a previsão legal das hipóteses de interposição do Agravo de Instrumento. Mesmo que o inciso XIII preveja uma cláusula aberta que permitirá a criação jurisprudencial, a possibilidade de interposição do recurso para toda e qualquer decisão interlocutória combina mais com a essencialidade do Agravo de Instrumento. Ademais, em tempos de positivação excessiva o acesso material à justiça muitas vezes sofre prejuízos.

Por outro lado, entendo que a tipificação das hipóteses de cabimento de interposição do recurso em nada alterará a regra do Agravo de Instrumento, pois deverá no caso concreto de ilegalidade cometida por decisão interlocutória ser aceita a irresignação. Assim, entendo que o art. 1.015 do novo CPC representa um retrocesso do ponto de vista jurídico, mesmo que ao final tenhamos uma interpretação ampliativa da hipótese do inciso XIII do art. 1.015.

Felix Jobim (2015: 792) sobre o tema é mais otimista:

> A leitura do inciso XIII dá a tranquilidade ao recorrente de saber em que situações cabe o recurso, uma vez que o rol de situações elencadas no art. 1.015 é taxativo e não exaustivo, o que não impede que haja uma abertura pela via da interpretação na possibilidade de interposição de Agravo de Instrumento.

Reitero o pensamento de que tudo dependerá do norte interpretativo que será dado à legislação em comento, o que será determinante na formação de precedentes sobre a matéria. Devemos cuidar com a formação de uma jurisprudência que prestigie a eficiência, com base no discurso utilitarista fomentado pelo ajuizamento em massa de ações similares, conforme Savaris (2010: 164) teorizou em excelente trabalho sobre o tema, no sentido de que a organização social pautada pela ética utilitarista implica a subordinação dos direitos individuais e fundamentais a satisfação de preferências de um maior número de pessoas, e que a decisão judicial, diferentemente, deve corresponder a um instrumento para a realização de objetivos sociais.

Streck (2010: 165), nesse sentido, também propõe a resistência através da hermenêutica, apostando na Constituição (direito produzido democraticamente) como instância da autonomia do direito. Se este for o entendimento dos tribunais, no caso da amplitude da recorribilidade das decisões interlocutórias nossos comentários específicos sobre esta questão do novo CPC certamente serão revisados.

Importante a previsão da possibilidade de relativização das peças necessárias para a formação do instrumento, tanto no que tange à substituição da certidão da intimação da decisão agravada por outro documento que comprove a regularidade do recurso, como também no que se refere à declaração

---

(7) Como exemplo, os artigos que tratam do cabimento do incidente de resolução de demandas repetitivas (art. 985, I) e do incidente desconsideração de personalidade jurídica (art. 1.062).

de inexistência de algum documento exigido pela lei processual, ou até mesmo a possibilidade de intimação da parte para regularização de nulidade por falta de documento.

Todas essas medidas estão de acordo com a filosofia, por trás do novo Código de Processo Civil, de flexibilizar as regras formais, em favor daquele que é o principal destinatária das normas, no caso a parte do processo. Segundo Felix Jobim (2015: 793) isso faz parte de todo o esforço que a legislação tem de resolver o mérito do conflito.

Servem no mesmo sentido as afirmações acima para as hipóteses do art. 1.017, de interposição do recurso nas comarcas e sedes da justiça no interior dos estados, e não apenas na sede do tribunal. A medida amplia o acesso à justiça e torna o manejo do recurso mais simples e menos formalista.

O prazo para o relator solicitar dia para julgamento, segundo prevê o art. 1.020 de até um mês, permitirá a análise e o julgamento expedito do Agravo de Instrumento, algo que deve sempre ser inerente a este recurso que não pode demorar muito para ser apreciado, sob pena de retardar excessivamente a ação judicial de primeira instância. Aliás, a idéia da unificação dos prazos foi predominante na formulação das novas regras e no caso específico do Agravo de Instrumento permitirá maior flexibilidade para sua interposição, aumentando e uniformizando o procedimento.

A concessão de tutela provisória na fase recursal está prevista na nova lei no art. 1.019, inciso I, e permitirá no caso do processo previdenciário a concessão do benefício de forma antecipada. Este dispositivo foi reforçado pela edição do Enunciado n. 25 da Escola Nacional de Formação e Aperfeiçoamento de Magistrados, senão vejamos: A vedação da concessão de tutela de urgência cujos efeitos possam ser irreversíveis (art. 300, § 3º, do CPC/2015) pode ser afastada no caso concreto com base na garantia do acesso à Justiça (art. 5º, XXXV, da CRFB).

No que tange à possibilidade de sustentação oral na sessão de julgamento do Agravo de Instrumento, conforme previsto no art. 937, inciso VIII, para aquelas hipóteses de interposição do recurso contra decisões interlocutórias que versem sobre tutelas de urgência ou evidência, verifica-se um importante avanço que deveria ser estendido para as demais hipóteses previstas no art. 1.015 do novo Código de Processo Civil.

No mais, importante que as práticas e as formas procedimentais representam um relevante papel na atividade jurisdicional do Estado, servindo de garantia, sobretudo para os direitos e liberdades dos usuários da justiça. (ROCHA, 1996: 262).

2. CONCLUSÃO

Portanto, assim, de fora segmentada, concluímos o tema do presente artigo, apresentando conclusões acerca dos impactos da alteração do Agravo de Instrumento, com o advento do novo Código de Processo Civil, nas ações previdenciárias.

O meio jurídico e a sociedade como um todo aguardam o novo diploma. Nesse sentido, cabe referir os enunciados já aprovados pela Escola Nacional de Formação e Aperfeiçoamento dos Magistrados, por cerca de 500 magistrados durante o seminário *O Poder Judiciário e o novo CPC* realizado no período de 26 a 28 de agosto de 2015.

Após a entrada em vigor da Lei n. 13.105/2015 será possível mais intervenções doutrinárias visando o aperfeiçoamento do processo brasileiro.

3. REFERÊNCIAS BIBLIOGRÁFICAS

DA ROCHA, Daniel Machado. A assistência social como direito fundamental: uma análise da evolução da concretização judicial do benefício assistencial. *Revista da Ajufergs* n. 06. Março/2009. Disponível em: <http://bdjur.stj.jus.br/jspui/bitstream/2011/35267/assist%C3%AAncia_social_como_rocha.pdf>. Acesso em: 11 nov. 2015.

ROCHA, José de Albuquerque. *Teoria geral do processo*. 3. ed. São Paulo: Malheiros, 1996.

JOBIM, Marco Félix. *Novo Código de Processo Civil anotado*. OAB – Porto Alegre: OAB RS, 2015.

LAZZARI, João Batista. Juizados Especiais Federais: uma análise crítico-propositiva para maior efetividade no acesso à justiça e para a obtenção de um processo justo. Tese de Doutorado. Univali, 2014. Disponível em: <http://www.univali.br/Lists/TrabalhosDoutorado/Attachments/55/Tese%20Jo%C3%A3o%20Batista%20Lazzari.pdf>. Acesso em: 10 nov. 2015.

RUBIN, Fernando. *Fragmentos de processo civil moderno, de acordo com o novo CPC*. Porto Alegre: Livraria do Advogado, 2013.

SAVARIS, José Antônio. Algumas reflexões sobre a prova material previdenciária. *Revista Ajufergs*, n. 3, 2008. Disponível em: <http://www.ajufergs.org.br/revistas/rev03/08_jose_antonio_savaris.pdf> Acesso em: 10 jul. 2014.

SAVARIS, José Antônio. Uma teoria da decisão judicial da previdência social: Contributo para a superação da prática utilitarista. Tese de Doutorado USP. 2010. Disponível em: <http://www.teses.usp.br/teses/disponiveis/2/2138/tde-25082011-161508/es.php>. Acesso em: 10 nov. 2015

STRECK, Lenio Luis. Aplicar a "letyra da lei" é uma atitude positivista? *Revista NEJ – Eletrônica*, v. 15 – n. 1. Disponível em: <http://www6.univali.br/seer/index.php/%20nej/article/viewFile/2308/1623>. Acesso em: 7 out. 2015.

WAMBIER, Teresa. *Primeiros comentários ao novo CPC*. Artigo por artigo. São Paulo: RT, 2015.

A EXECUÇÃO CONTRA A FAZENDA PÚBLICA NO NOVO CPC E SEU IMPACTO NAS AÇÕES PREVIDENCIÁRIAS

Eugélio Luis Müller

Mestre em Direito pelo Programa de Pós-Graduação em Direito – UNISINOS. Oficial de Gabinete na Vara Federal de Execução Fiscal e Previdenciária de Canoas/RS – Justiça Federal. Experiência docente na área de Direito, ênfase em Direito Previdenciário, Direito Processual Civil e Direito Constitucional. Professor de Direito Previdenciário em diversos cursos de Pós-Graduação (ESMAFE/RS, IMED, UNISC, AIAME, UNIVATES, etc.).

1. INTRODUÇÃO

Em meados de março de 2016, entrará em vigor a Lei n. 13.105/2015, conhecida como o Novo Código de Processo Civil (NCPC). Após anos de tramitação no Congresso Nacional, finalmente se chegou a uma redação final do respectivo diploma legal, que mesmo antes da sua entrada em vigor provavelmente já sofrerá alterações.

Nesta linha, o presente artigo pretende abordar as alterações trazidas pelo NCPC no procedimento de execução previdenciária contra a Fazenda Pública, anteriormente regulamentada no art. 730 do Código de Processo Civil de 1973.

Para atendimento ao respectivo objetivo, o trabalho dividir-se-á em duas partes. Na primeira, analisar-se-á os aspectos constitucionais da execução contra a Fazenda Pública. Num segundo momento, partir-se-á para a análise da execução contra a Fazenda Pública no novo CPC e seus impactos nas ações previdenciárias, especialmente no que diz respeito ao novo rito que será adotado, à aplicação ou não da multa de 10%, os requisitos da execução/cumprimento e as matérias arguíveis na impugnação, além do efeito suspensivo automático e da requisição dos valores incontroversos. Por fim, adentrar-se-á também no cumprimento de sentença que reconheça obrigação de fazer pela autarquia previdenciária.

Como as inovações trazidas pelo NCPC no que diz respeito ao procedimento de execução previdenciária contra a Fazenda Pública são recentes, o presente trabalho irá centrar-se na análise dos principais dispositivos legais sobre a matéria, em virtude da pouca doutrina sobre o tema. Desse modo, pretende-se, sem obviamente esgotar o assunto, trazer algumas contribuições para futuras reflexões que venham a ser travas sobre a temática proposta.

2. OS ASPECTOS CONSTITUCIONAIS DA EXECUÇÃO CONTRA A FAZENDA PÚBLICA

Antes de adentrar-se nos aspectos procedimentais da execução contra a Fazenda Pública no NCPC e seus impactos nas ações previdenciárias, cabe tecer algumas considerações de ordem constitucional, pois o rito de pagamento dos débitos judiciais da Fazenda Pública segue o disposto no art. 100 da Constituição Federal.

Nesta seara, convém destacar, preliminarmente, que em virtude do princípio de hierarquia das normas, tanto o velho CPC (1973), como o novo CPC (2015) não devem contrariar os dispositivos insculpidos no art. 100 da Constituição Federal, sob pena de as respectivas normas serem consideradas inconstitucionais frente ao ordenamento jurídico pátrio.

O art. 100 da Constituição Federal, desde 1988, teve várias vezes sua redação alterada, principalmente pelas Emendas Constitucionais ns. 20/98, 30/2000, 37/2002 e, por último, pela Emenda Constitucional n. 62/2009, cuja redação se mantém em vigor[1]. Esta última emenda foi atacada por inúmeras Ações Diretas de Inconstitucionalidades[2], contudo a análise dos aspectos que envolveram a respectiva discussão e os resultados das mesmas não é o objeto central do presente artigo.

E, sobre este aspecto, salienta-se que o termo Requisição de Pagamento deve ser interpretado como gênero, da qual emanam duas espécies: Precatório e Requisição de Pequeno Valor (RPV).

---

(1) Para um aprofundamento sobre o assunto, recomenda-se a leitura de artigo de minha autoria constante na obra coletiva intitulada *A seguridade social nos 25 anos da Constituição Federal*, Editora LTr, 2014, coordenada pelos professores Marco Aurélio Serau Júnior e Theodoro Vicente Agostinho.

(2) ADI 4.357, ADI 4.372, ADI 4.400 e ADI 4.425.

Assim, tanto o Precatório como a Requisição de Pequeno Valor devem ser entendidos como atos processuais expedidos pelo juízo da execução e dirigidos ao Tribunal ao qual está subordinado o magistrado, para que, por intermédio do Presidente deste, seja autorizado e expedido ofício requisitório à Fazenda Pública exequenda para pagamento da quantia devida.

Entretanto, há uma distinção importantíssima a ser feita. Enquanto o Precatório deve ser definido como a requisição de pagamento de quantia certa a que foi condenada a Fazenda Pública Federal superior a 60 salários mínimos, a Requisição de Pequeno Valor (RPV) deve ser entendida como a requisição de pagamento de quantia certa a que foi condenada a Fazenda Pública Federal não superior a 60 salários mínimos.

Além do valor, outro aspecto que distingue ambos é a celeridade com que é realizada a solvabilidade do crédito devido. Nos casos de RPV's, o prazo para pagamento é de até 60 dias, contados da data de seu recebimento pelo Tribunal, nos termos do disposto no art. 17, § 1º, da Lei n. 10.259/2001, enquanto nos Precatórios, o pagamento somente ocorrerá no exercício financeiro seguinte (art. 100, § 5º, da Constituição Federal), pois eles devem ser incluídos no orçamento da entidade de Direito Público devedora.

Desse modo, observa-se que o dispositivo constitucional volta-se para a fase específica do pagamento dos valores devidos pela Fazenda Pública, enquanto ao Código de Processo Civil cabe regulamentar os aspectos processuais que devem ser observados até o momento de consolidação dos valores devidos para inscrição em pagamento.

Portanto, realizados esses assentos constitucionais sobre a execução contra a Fazenda Pública, analisar-se-ão as principais alterações consubstanciadas nos dispositivos legais do NCPC sobre a temática apresentada.

3. A EXECUÇÃO CONTRA A FAZENDA PÚBLICA NO NOVO CPC E SEU IMPACTO NAS AÇÕES PREVIDENCIÁRIAS

Com relação às principais alterações e inovações trazidas pelo NCPC, inicialmente, cabe mencionar uma alteração topográfica, pois no CPC de 1973 o rito da execução contra a Fazenda Pública vinha previsto nos artigos 730 e 731. Agora, no NCPC, o rito vem previsto nos arts. 534 e 535.

Desse modo, no presente capítulo far-se-á a análise das principais alterações e de seus impactos nas demandas previdenciárias.

3.1. Da execução contra a Fazenda Pública x cumprimento de sentença contra a Fazenda Pública

Neste tópico, compete destacar o que pode ser considerada a principal inovação trazida pelo NCPC no que diz respeito à execução contra a Fazenda Pública e as ações previdenciárias.

No antigo CPC, o rito da execução de obrigação de pagar quantia certa contra a Fazenda Pública era previsto nos 730 e pregava-se a formação de um processo de execução em autos apartados, com a citação da Fazenda Pública para opor embargos, no prazo de 30 dias, fosse a execução pautada em título judicial ou em título extrajudicial.

A defesa de que a Fazenda Pública poderia se valer em face da execução era, em qualquer caso, a da ação de embargos à execução, conforme disposto no art. 741. O que mudariam eram as alegações que poderiam ser ofertadas nos respectivos embargos, dependendo se a execução estivesse baseada em título judicial ou extrajudicial: as matérias do art. 741 deviam ser observadas nos casos de execução de títulos judiciais; já as elencadas no art. 745 deveriam ser observadas nas execuções de títulos extrajudiciais.

Contudo, agora, com o NCPC, a execução/cumprimento de sentença condenatória da Fazenda Pública de quantia certa seguirá o rito previsto nos artigos 534 e 535, nos próprios autos do processo de conhecimento, enquanto a execução contra a Fazenda Pública de título extrajudicial seguirá o rito do art. 910.

Deste modo, caso seja pauta a execução por quantia certa em título executivo judicial, se a Fazenda Pública não concordar com os valores cobrados, deverá ofertar impugnação, como se analisará mais adiante. Já se a execução for movida com base em título extrajudicial, a via de defesa será os embargos à execução, como preconiza o art. 910 do NCPC, caso em que a Fazenda Pública poderá alegar qualquer matéria que lhe seria lícito deduzir como defesa no processo de conhecimento (§ 2º).

3.2. Da inaplicabilidade da multa de 10% (art. 520, § 1º – antigo 475-J)

O art. 475-J do antigo CPC, com a redação conferida pela Lei n. 11.382/2006, previa que caso o devedor, condenado ao pagamento de quantia certa ou já fixada em liquidação, não o efetuasse no prazo de quinze dias, o montante da condenação seria acrescido de multa no percentual de dez por cento.

Essa era uma medida que somente se aplicava ao rito do cumprimento de sentença estabelecido no art. 475-I e seguintes do CPC. Como a execução previdenciária seguia o rito do art. 730 do CPC, não se cogitava da aplicação da respectiva multa caso não houve o pagamento no prazo assinalado.

Contudo, agora, com o advento do novo CPC, a obrigação de pagar quantia certa pela Fazenda Pública lastreada em título judicial deixa de ser exigida pela via da execução e passa a ser exigida pelo rito do cumprimento de sentença, estabelecido nos art. 534 e 535 do novo CPC. Desse modo, talvez, possam surgir questionamentos sobre a incidência nos casos de cumprimento de sentença previdenciária contra a Fazenda Pública da multa de dez por cento, prevista no art. 523, § 1º, do CPC.

Sobre o tema, José Tadeu Neves Xavier (2015, p. 405) escreve que "a natureza diferenciada da Fazenda Pública exige que a multa pelo não pagamento, consignada no § 1º do art. 523 seja inaplicável a esta espécie de procedimento executivo".

Ademais, pode-se apontar com razão da não aplicação da multa a impossibilidade de pagamento judicial pela Fazenda Pública por outra forma que não seja por meio de precatório ou RPV, que possuem prazo superior de pagamento em comparação aos 15 dias para cumprimento espontâneo após a intimação.

Portanto, não deve ser aplicada a multa de 10% ao rito de cumprimento de sentença previdenciária que reconheça a exigibilidade de obrigação de pagar quantia certa pela Fazenda Pública.

Inclusive, o art. 534, § 2º do novo CPC é expresso nesse sentido.

3.3. Dos requisitos do cumprimento de sentença contra a Fazenda Pública

Quanto aos requisitos para o cumprimento da sentença previdenciária, convém observar, inicialmente, que cabe ao exequente requerer o cumprimento do julgado, ou seja, salvo melhor entendimento, não poderá o juízo de ofício determinar o cumprimento da sentença.

Nessa seara, o art. 534 do NCPC trouxe inúmeros requisitos/elementos que devem acompanhar ou estar informados na petição que postula o cumprimento do julgado:

Art. 534. No cumprimento de sentença que impuser à Fazenda Pública o dever de pagar quantia certa, o exequente apresentará demonstrativo discriminado e atualizado do crédito contendo:

I – o nome completo e o número de inscrição no Cadastro de Pessoas Físicas ou no Cadastro Nacional da Pessoa Jurídica do exequente;

II – o índice de correção monetária adotado;

III – os juros aplicados e as respectivas taxas;

IV – o termo inicial e o termo final dos juros e da correção monetária utilizados;

V – a periodicidade da capitalização dos juros, se for o caso;

VI – a especificação dos eventuais descontos obrigatórios realizados.

A partir da leitura do novo dispositivo normativo, observa-se que a petição que postula o cumprimento de sentença previdenciária deverá vir acompanhada do demonstrativo discriminado e atualizado do crédito, ou seja, em princípio caberá à parte autora realizar o cálculo da renda mensal do benefício e informar o montante dos valores atrasados devidos, devidamente atualizados.

Ademais, exige-se a informação do nome completo e do CPF (Cadastro de Pessoas Físicas) ou do CNPJ (Cadastro Nacional de Pessoa Jurídica). Estes elementos são importantíssimos, especialmente para evitar o pagamento dos valores a pessoas diversas ou homônimos, bem como para futura identificação do montante pago, inclusive por parte da Receita Federal do Brasil.

Por fim, os demais elementos que devem estar discriminados, na petição ou no próprio demonstrativo de crédito, são elementos essenciais para que se possa verificar a coerência do cálculo adotado e sua conformidade com o título judicial que está sendo executado.

Deste modo, pode-se afirmar que estes elementos elencados no art. 534 do novo CPC são essenciais para a instauração do rito de cumprimento de sentença pelo magistrado, após provocação da parte.

3.4. Da dispensa de citação da Fazenda Pública

Outra novidade importante trazida pelo novo CPC, ao implantar, também para a exigibilidade de obrigação de pagar quantia certa pela Fazenda Pública, o rito do cumprimento da sentença, é a dispensa de citação.

Nesse caso, conforme reza o art. 535, *caput*, do NCPC, a Fazenda Pública será intimada na pessoa de seu representante judicial, por carga, remessa ou meio eletrônico, para, querendo, no prazo de 30 (trinta) dias e nos próprios autos, impugnar a execução.

Portanto, ela não será mais citada como determinava o antigo art. 730 do CPC de 73 e sim, simplesmente, intimada para em não concordando, se defender por meio de impugnação à execução.

O que motivou a adoção de dispensa de citação é o fato de agora a execução não ser mais realizada em autos apartados, mas sim nos próprios autos, em fase processual do mesmo processo em que foi proferida a sentença condenatória.

Cabe destacar que o art. 532 do NCPC prevê que a intimação pessoal da Fazenda Pública se dará mediante carga, remessa ou por meio eletrônico. Contudo, pertinente lembrar que o art. 268, *caput*, do NCPC, buscando prestigiar o processo eletrônico, fez previsão de que a intimação da Fazenda Pública se dará preferencialmente (leia-se: sempre que possível) por meio eletrônico. Nessa linha, o novo CPC, no art. 244, § 1º, inclusive, prescreve que a Fazenda Pública está obrigada a manter cadastro junto aos sistemas de processos em autos eletrônicos, para efeito de recebimento de citações e intimações (art. 268, parágrafo único).

Por fim, neste tópico interessante atentar-se que o prazo de 30 dias anteriormente previsto para oferecimento de embargos restou mantido, contudo agora para oferecimento de impugnação, que será apresentada e processada nos próprios autos.

3.5. Do efeito suspensivo automático da impugnação

Nos termos do que consta no antigo CPC, nos artigos 475-M e 739-A, a impugnação ao cumprimento de sentença e os embargos à execução não possuem efeito suspensivo automático, isto é, não suspende a fase do cumprimento de sentença ou o processo de execução, embora fosse possível a atribuição excepcional deste efeito suspensivo.

Claro que, em muitos casos, os magistrados acabavam atribuindo o efeito suspensivo aos embargos à execução contra a Fazenda Pública previdenciária, principalmente quando o objeto destes versava sobre a totalidade do valor cobrado.

Por sua vez, o novo CPC fez questão de tratar essa questão, principalmente no art. 532, § 4º, quando reza que se tratando de impugnação parcial, a parte não questionada pela executada será, desde logo, objeto de cumprimento, ou seja, na parte em que é impugnada pela Fazenda Pública, a execução será automaticamente suspensa, diferentemente do que ocorre nos casos de cumprimento de sentença condenatória ao pagamento de quantia certa contra devedores em geral (art. 522, § 5º).

Portanto, a questão da atribuição automática do efeito suspensivo à parte objeto da impugnação também remete à discussão sobre a possibilidade de requisição do valor incontroverso, o que será analisado no próximo item.

3.6. Da impugnação parcial e da requisição do valor incontroverso

Conforme dispõe o art. 532, § 4º do novo CPC, já analisado acima, em havendo impugnação parcial, a parte não questionada poderá ser objeto de requisição de pagamento, enquanto a parte questionada seguirá o rito da impugnação.

Essa questão não é propriamente uma inovação no ordenamento jurídico pátrio, mas sim no CPC, pois a jurisprudência e, por exemplo, as determinações internas do Conselho da Justiça Federal já assinalavam sobre a possibilidade de se requisitar os valores incontroversos, na época não atacados via embargos.

Nessa linha, cito precedente do Egrégio Tribunal Regional Federal e do Superior Tribunal de Justiça sobre o assunto:

AGRAVO DE INSTRUMENTO. PREVIDENCIÁRIO. EXECUÇÃO. PRECATÓRIO. RECURSO ESPECIAL. TRÂNSITO EM JULGADO. VALOR INCONTROVERSO.

1. O art. 100, § 1º, da Constituição Federal exige o trânsito em julgado da decisão exequenda para que seja expedida requisição de pagamento, a fim de evitar dano irreparável ou de difícil reparação à Fazenda Pública.

2. Interposto recurso especial, deixando em aberto discussão acerca dos exatos valores exequendos, inviável o pagamento da parcela da execução ainda em debate no recurso, mesmo que este não seja dotado de efeito suspensivo.

3. **Contudo, não há óbice ao prosseguimento da execução quanto aos valores incontroversos.**

(TRF4, AG 5009493-10.2013.404.0000, Quinta Turma, Relator p/ Acórdão Ricardo Teixeira do Valle Pereira, juntado aos autos em 15.8.2013) **(grifei).**

ADMINISTRATIVO E PROCESSUAL CIVIL. VALOR INCONTROVERSO. EXPEDIÇÃO DE PRECATÓRIO OU REQUISIÇÃO DE PEQUENO VALOR. COISA JULGADA MATERIAL. CARACTERIZAÇÃO. PRECEDENTE DA CORTE ESPECIAL. 1. **No atinente à aplicação do art. 739, § 2º, do CPC, e com fulcro neste dispositivo, o Superior Tribunal de Justiça pacificou entendimento de que a execução da parte incontroversa constitui execução definitiva, sendo possível a expedição de precatório do valor a ela pertinente, prosseguindo-se a execução da parte não embargada, se esta houver. Não há, pois, ofensa à sistemática constitucional do precatório prevista no art. 100, § 4º, da Constituição Federal de 1988, bem como ao art. 730 do Código de Processo Civil. A execução contra a Fazenda Pública é juridicamente possível quando se pretende a expedição de precatório, relativo à parte incontroversa do débito.** Precedentes (EREsp 658.542/SC, DJ 26.2.2007; REsp 522.252/RS, DJ 26.2.2007; AgRg nos EREsp 716.381/P, DJ 5.2.2007). 2. A Corte Especial decidiu nos Embargos de Divergência, em Recurso Especial, n. 721791/RS, de relatoria do Ministro Ari Pagendler, que restou vencido, tendo o Ministro José Delgado sido designado para lavrar o acórdão, no sentido de ser possível a expedição de precatório da parte incontroversa em sede de execução contra a Fazenda Pública.

(RESP 200900002138, MAURO CAMPBELL MARQUES, STJ – SEGUNDA TURMA, DJE DATA: 29.3.2011)

Portanto, perfeitamente admissível a requisição do montante incontroverso, não havendo ofensa ao estabelecido no art. 100 da Constituição Federal.

Pertinente salientar que, a fim de não ocorrer a quebra ou o fracionamento do precatório, expressamente vedado pela Constituição Federal, deve ser observado o art. 4º, parágrafo único, da Resolução n. 168/2011 do Conselho da Justiça Federal:

Serão também requisitados por meio de precatório os pagamentos parciais, complementares ou suplementares de qualquer valor, quando a importância total do crédito executado, por beneficiário, for superior aos limites estabelecidos no artigo anterior.

Portanto, o que define se a requisição parcial, que será utilizada para pagamento do valor incontroverso, será precatório ou será RPV é o montante do crédito executado por beneficiário e no o valor a ser requisitado. Exemplificando, imagine-se um cumprimento de sentença pelo valor total de R$ 100.000,00 (cem mil reais). O Instituto Nacional do Seguro Social, regularmente intimado, pelo novo rito do cumprimento da sentença, opôs impugnação, sustentando que seria devido somente o valor de R$ 30.000,00. Logo, apesar de o valor incontroverso ser inferior a 60 salários mínimos, sua requisição deve ser realizada por precatório e não por RPV.

Nesses casos, ainda, deve ser informado, além do valor a ser pago por beneficiário, o valor total da execução por beneficiário, bem como a data-base, para verificação do cumprimento integral do princípio da vedação da quebra do precatório, insculpido do § 8º do art. 100 da Constituição Federal.

Deste modo, havendo impugnação parcial ao cumprimento de sentença contra a Fazenda Pública, perfeitamente possível a requisição do valor incontroverso, pois o efeito suspensivo automático somente ampara o montante controvertido.

3.7. Das matérias objeto de impugnação ao cumprimento de sentença

As matérias que poderiam ser levantadas em sede de embargos à execução de título judicial estavam elencadas no art. 741 do antigo CPC. Agora, especificamente quanto ao rito do cumprimento de sentença de obrigação de pagar quantia certa pela Fazenda Pública, o art. 532 apresenta o seguinte rol de matérias:

I – falta ou nulidade da citação se, na fase de conhecimento, o processo correu à revelia;

II – ilegitimidade de parte;

III – inexequibilidade do título ou inexigibilidade da obrigação;

IV – excesso de execução ou cumulação indevida de execuções;

V – incompetência absoluta ou relativa do juízo da execução;

VI – qualquer causa modificativa ou extintiva da obrigação, como pagamento, novação, compensação, transação ou prescrição, desde que supervenientes ao trânsito em julgado da sentença.

Inicialmente deve ser destacado que o art. 535, § 2º, em complemento ao IV acima, determina que se o exequente em excesso de execução pleiteia quantia superior à resultante do título, cumprirá à executada declarar de imediato o valor que entende correto, sob pena de não conhecimento da arguição.

Neste caso, deve o executado especificar o montante que considera correto, trazendo demonstrativo discriminado e atualizado do valor, conforme fora exigido do exequente por ocasião do ajuizamento do cumprimento de sentença.

Ademais, interessante salientar que tanto a incompetência absoluta como a relativa do juízo da execução devem ser alegados em impugnação. Não se faz distinção, em um primeiro momento, quanto à questão de a incompetência relativa ser sustentada em peça apartada. O que define é que se tratando de incompetência relativa, aplica-se o disposto no art. 65, *caput*, do novo CPC, ou seja, não alegada a matéria na impugnação, prorroga-se a competência.

Por fim, merecem destaque as causas de inexigibilidade do título inconstitucional, numa combinação das hipóteses do art. 532 com o § 5º do respectivo artigo. Felipe Scripes Wladeck (2015) assim se manifestou sobre a questão:

Destacam-se, aqui, dois aspectos:

(v.1) o inciso III do § 5º esclarece que também o reconhecimento da inconstitucionalidade em sede de controle incidental pelo STF (quando seguido do exercício da competência do inciso X do art. 52 da CF de 1988 pelo Senado Federal) autoriza o emprego da impugnação com fundamento no inciso III do *caput* do art. 532. Muitos já defendiam que os embargos eram cabíveis nessa mesma hipótese, segundo o art. 741, parágrafo único, do CPC de 1973.

(v.2) O § 7º inova (*a contrario sensu*) ao estabelecer que a decisão do STF referida no § 5º deve ter sido proferida antes do trânsito em julgado da sentença exequenda. Parte da doutrina vinha defendendo que, mesmo quando posterior ao trânsito em julgado da sentença exequenda, o reconhecimento da inconstitucionalidade (nos termos parágrafo único do art. 741 do CPC) autorizava o emprego dos embargos.

Certamente com relação a este último aspecto, teremos que aguardar a manifestação do Poder Judiciário, pois provavelmente haverá muita discussão a seu respeito.

3.8. Do cumprimento de sentença que reconheça a exigibilidade de obrigação de fazer da Fazenda Pública

Alguns aspectos importantes previstos no novo CPC sobre o rito do cumprimento da sentença que reconheça a exigibilidade de obrigação de fazer merecem desta neste momento, pois muitas vezes foram ponto de divergência somente solucionadas pela via jurisprudencial.

Em um primeiro momento, destaca-se que os arts. 536 e 537 do novo CPC versam sobre o tema e o art. 536 prevê que o juiz deve determinar as medidas necessárias à satisfação do exequente, podendo, dentre elas, adotar desde a aplicação da multa até requisitar força policial para que se cumpra o julgado.

Interessante observar que uma das principais penalidades utilizadas para obrigar a Previdência Social a cumprir com os julgados é a penalidade de multa. E, neste aspecto, o novo CPC traz uma inovação ao determinar que a multa será devida em favor do exequente (art. 537, § 2º). Muitos acreditavam que a multa pelo descumprimento de determinação judicial deveria ser revertida em favor do Poder Judiciário.

Ademais, ainda quanto à penalidade de multa, o novo CPC determina que ela pode ser aplicada independentemente de requerimento da parte e na fase de conhecimento, em tutela provisória ou na sentença, ou na fase de execução, desde que seja suficiente e compatível com a obrigação e que se determine prazo razoável para cumprimento do preceito (art. 537, *caput*). Para tanto, o magistrado, inclusive, poderá modificar o valor ou a periodicidade da multa quando, por exemplo, verificar que ela se tornou insuficiente ou excessiva ou quando houver o cumprimento parcial da obrigação ou, ainda, motivo justificado para o descumprimento delas.

Por fim, pela leitura do art. 537, § 3º, do novo CPC, podemos concluir que a multa fixada em favor do exequente e contra a Previdência Social somente pode ser exigida por precatório ou RPV após o trânsito em julgado da sentença favorável à parte ou na pendência do agravo fundado nos incisos II ou III do art. 1.042.

4. CONCLUSÃO

Realizada essa breve análise sobre as principais alterações trazidas pelo novo CPC no procedimento da execução contra a Fazenda Pública e os seus impactos nas ações previdenciárias, pode-se afirmar que várias das inovações certamente procuram dar maior celeridade ao rito de implantação e pagamento dos benefícios previdenciários concedidos judicialmente, principalmente pela inserção no ordenamento jurídico do sistema de Cumprimento de Sentença contra a Fazenda Pública.

Outra importante constatação que merece total atenção dos advogados previdenciaristas é a previsão legal contida no art. 532, § 4º, que prevê agora a possibilidade de requisição dos valores incontroversos. Lembra-se que essa questão já encontrava amparo em grande parte da jurisprudência, mesmo antes da previsão do novo CPC.

Ademais, pese a retirada da citação, com a determinação de que o executado seja somente intimado para o cumprimento do julgado, o prazo para apresentação de defesa, no caso de impugnação, continua sendo bastante elástico (30 dias), ainda mais considerando que depois da concordância com os valores, o pagamento final do crédito se sujeitará ao prazo dos precatórios ou das RPVs.

Por fim, cabe ressaltar que apesar de todas as alterações trazidas pelo novo CPC, que foram de grande importância para agilizar, pelo menos um pouco, o procedimento de execução contra a Fazenda Pública, após a consolidação do valor devido, o pagamento se sujeita às regras do art. 100 da Constituição Federal, que trata dos precatórios e RPVs. Portanto, o NCPC em nada alterou as regras constitucionais pertinentes ao procedimento das Requisições de Pagamento.

5. REFERÊNCIAS BIBLIOGRÁFICAS

BRASIL. O Novo Código de Processo Civil – Lei n. 13.105, de 16 de março de 2015. Disponível em: <http://www.planalto.gov.br/ccivil_03/_Ato2015-2018/2015/Lei/L13105.htm>. Acesso em: 2 dez. 2015.

BRASIL. Código de Processo Civil – Lei n. 5.869, de 11 de janeiro de 1973. Disponível em: <http://www.planalto.gov.br/ccivil_03/leis/L5869compilada.htm>. Acesso em: 2 dez. 2015.

WLADECK, Felipe Scripes. *O novo CPC e a execução para pagamento de quantia certa contra a Fazenda Pública*. Disponível em: <http://www.justen.com.br//informativo.php?&informativo=96&artigo=1202&l=pt>. Acesso em: 20 dez. 2015.

XAVIER, José Tadeu Neves. Comentários aos arts. 534 e 535. *Novo Código de Processo Civil anotado / OAB*. Porto Alegre: OAB RS, 2015.

Recurso extraordinário e especial em matéria previdenciária no novo CPC

Marco Aurélio Serau Junior

Doutor e Mestre em Direitos Humanos (Universidade de São Paulo). Especialista em Direito Constitucional (Escola Superior de Direito Constitucional). Especialista em Direitos Humanos (Universidade de São Paulo). Professor universitário e de cursos de pós-graduação. Autor de diversos artigos jurídicos publicados no Brasil e no exterior, além de diversas obras, especialmente Desaposentação – novas perspectivas teóricas e práticas (6ª edição, Forense); Manual dos recursos extraordinário e especial (Método, 2012) e Resolução do conflito previdenciário e direitos fundamentais (2015, LTr). E-mail: maseraujunior@hotmail.com.

1. DIREITOS FUNDAMENTAIS SOCIAIS NO CENÁRIO DO ESTADO DEMOCRÁTICO E SOCIAL DE DIREITO

Antes de analisarmos os recursos extraordinários e especiais em matéria previdenciária, e seu desenho no NCPC, há uma importante questão preliminar que deve ser apreciada Trata-se do reconhecimento, no constitucionalismo moderno, dos *direitos sociais enquanto direitos fundamentais* (SERAU JR, 2011).

Essa circunstância possui inegáveis desdobramentos jurídicos, especialmente quanto à eficácia dos direitos previdenciários, pois é certo que a efetivação dos direitos fundamentais sociais ocorre de modo diferenciado daqueles direitos fundamentais tidos como de primeira dimensão/geração.

Não queremos dizer que sejam direitos inexigíveis ou destituídos de força normativa, mas é necessário que reconheçamos que este segmento dos direitos fundamentais demanda outros e diversos instrumentos jurídicos (GOMES, 1975), especialmente seu desdobramento em políticas e serviços públicos.

O impacto disto na interpretação das normas constitucionais de direitos previdenciários é inequívoco, pois a Hermenêutica Constitucional, no dizer de AYRES BRITTO (2003, p. 142-143), tradicionalmente é tratada como mero segmento da Hermenêutica Jurídica, ramo da Teoria do Direito com nítidos e preponderantes contornos de Direito Privado.

Um primeiro ponto relevante: o processo representativo-democrático por vezes é falho em relação aos direitos sociais. Isso é muito freqüente em relação às partes hipossuficientes econômica e socialmente: a experiência demonstra que os segurados da Previdência Social não possuem eficientes interlocutores no Congresso. A própria característica de vulnerabilidade social desse grupo (decorrente de idade avançada ou menoridade, incapacidade laboral, hipossuficiência econômica), torna muito difícil sua mobilização político-social, ensejando expansão sempre crescente da judicialização previdenciária (SERAU JR., 2015).

A judicialização das políticas públicas previdenciárias torna-se, assim, uma das poucas válvulas de escape para concretização deste segmento dos direitos fundamentais sociais. O princípio da supremacia da Constituição implica que, na omissão ou insuficiência de um dos Poderes da República para implementação de direitos fundamentais, outro seja chamado a atuar, buscando concretizá-los (MORO, 2001, p. 23; 62-63). A teoria de separação e independência entre os Poderes, atualmente, ganha necessariamente outra conotação, dotada de uma certa pró-atividade, mas sempre dentro dos limites legais e constitucionais.

A este ponto devemos agregar outro fator inolvidável: no Brasil há previsão constitucional de amplo acesso à justiça.

O resultado da combinação destes dois fatores (natureza de direitos fundamentais dos direitos previdenciários e garantia de amplo acesso à justiça) é a constatação de que o Poder Judiciário é induzido a se posicionar sobre temas de largo impacto sócio-econômico, que deveriam ter sido resolvidos nas instâncias primárias (Executivo e Legislativo através do processo ordinário de tomada de decisões políticas).

Os Tribunais, assim, são chamados a discutir não apenas temáticas estritamente jurídicas, mas participam também da análise do modelo de Estado em vigor, posto que as normas constitucionais também possuem natureza política. Em matéria previdenciária, principalmente as questões políticas e econômicas entram no contexto decisório, no mais das vezes inadequadamente.

Nessa seara, também já se identificou a necessidade da jurisdição envolvendo direitos constitucionais fazer recurso a outras áreas do conhecimento, a fim de bem conhecer a realidade e proferir decisões mais adequadas (MORO, 2001, p. 95-96). No caso da jurisprudência previdenciária seria de todo recomendável a frequente utilização de conceitos econômicos, da Administração de Empresas e, principalmente, da Sociologia (em particular a Sociologia do Trabalho), ciências aptas a demonstrar a realidade do mundo do trabalho e seus reflexos previdenciários.

Outra discussão importante reside na necessidade/conveniência de regulamentação/desdobramento das normas constitucionais em normas infraconstitucionais ao que se exige a garantia de preservação do núcleo essencial dos direitos fundamentais.

As normas constitucionais normalmente não apresentam suficiente densidade, pois o ideal é que sejam de elevada abstração e abertura, o que impõe a necessidade de conformação pelo legislador (MORO, 2001, p. 87-88).

Essa metodologia, porém, é por demais problemática no que tange aos direitos fundamentais sociais. Geralmente é nesse ponto que são aventados os argumentos de ineficácia normativa e de mera programaticidade das normas de direitos sociais, bem como é nesse momento que as inconstitucionalidades e ilegalidades são praticadas diuturnamente em matéria previdenciária.

Além da *inflação legislativa* típica da modernidade, há cada vez mais a edição de um emaranhado de Portarias, Regulamentos, Ordens de Serviço, Instruções Normativas, Regimentos Internos e Circulares, as quais muitas vezes extrapolam os limites da organização interna e atingem os administrados, em flagrante contradição com o princípio da legalidade (MANCUSO, 2010, p. 503).

Esse fenômeno não é estranho à matéria previdenciária, ao revés, *talvez seja uma de suas principais características* (CORREIA; CORREIA, 2010, p. 69). Esse número cada vez maior de normas regulatórias a ocupar espaço no ordenamento jurídico gera grande impacto no controle de constitucionalidade, via STF, e também no controle de legalidade, no âmbito do STJ.

Lembremos, com igual relevância, do intenso processo de alterações sofrido pelo capítulo previdenciário do Texto Constitucional, bem como as infindáveis reformas previdenciárias verificadas no âmbito infraconstitucional, outros pontos bem impactantes na análise da jurisdição previdenciária, especialmente nas Cortes Superiores.

Um último ponto importante a tratar: a baixa efetividade dos remédios constitucionais do controle de constitucionalidade por *omissão*, especialmente no início da vigência da atual Carta Magna (MORO, 2001, p. 14), que repercutiu diretamente no aumento de explosão de litigiosidade constitucional e de legalidade, pela via difusa do recurso extraordinário e do recurso especial.

Em outras palavras: a pouca eficácia dos remédios institucionais de combate à inconstitucionalidade por omissão (ADO, mandado de injunção, etc), ensejou a propositura de inúmeras demandas individuais, nos mais diversos temas, suscitando o esgotamento da capacidade de gestão processual das instâncias ordinárias e, por consequência, a necessidade de manifestação do STF e do STJ em incontáveis processos assemelhados – o que motivou a criação da *repercussão geral*, em 2004, e os *recursos especiais repetitivos*, em 2008.

A *jurisdição constitucional previdenciária* acabou ocorrendo muito mais pela repetição da via difusa de controle de constitucionalidade do que pela via de controle abstrato, característica que não pode ser olvidada pelos reflexos que produz: intensa repetição de processos semelhantes; ausência (até o advento da repercussão geral e das Súmulas Vinculantes) de isonomia nos julgados; oscilação de jurisprudência; baixa atuação dos atores sociais qualificados (*amicus curiae* e legitimados à propositura de ações de controle direto de constitucionalidade).

Essas são as linhas gerais do contexto em que se desenvolve a *jurisdição previdenciária* perante as Cortes Superiores (STJ e STF). Passemos, agora, a analisar certos aspectos mais práticos, sobretudo processuais, que lhe dizem respeito. Trataremos, sempre que possível, dos recursos especiais e extraordinários em conjunto, diferenciando-os também sempre que necessário.

2. CARACTERÍSTICAS DA LIDE PREVIDENCIÁRIA

Importante rememorarmos e ressaltarmos, nesse tópico, as características particulares do Processo Judicial Previdenciário. Embora não exista propriamente um ordenamento jurídico-processual próprio, como há em outros países, as regras processuais comuns, derivadas do CPC, são relativizadas e reinterpretadas diante das principais características das ações previdenciárias, a saber:

a) *Objeto da lide*: prestação previdenciária ou assistencial (o benefício previdenciário é caracterizado por sua *alimentaridade*, isto é, pretende-se a obtenção de um valor substitutivo dos rendimentos do trabalho do segurado, além de se tratar de *direito fundamental*);

b) *Parte autora*: caracterizada por sua hipossuficiência, econômica, informacional e cultural, o que decorre do próprio objeto da lide previdenciária; muitas vezes o polo ativo da ação previdenciária também conta com idade avançada ou com tenra idade, no caso de dependentes menores de idade, muitas vezes a parte autora encontra-se incapacitada para o trabalho e não possui condições de sustento próprio;

c) *Parte ré*: sempre no polo passivo figura o INSS, o que significa que tais lides necessariamente enfrentam as dificuldades inerentes à litigância contra a Fazenda Pública (burocracia dos entes públicos; significativas prerrogativas processuais mantidas no NCPC como limitações no momento da execução, prazos processuais dilatados, predomínio da intimação pessoal; além da vinculação a uma estrita e, por vezes, duvidosa legalidade).

Estas características processuais bem acentuadas da ação previdenciária indicam a utilização do Poder Judiciário em busca da correção das políticas e serviços públicos de natureza previdenciária.

Muitas vezes os segurados sofrem com o fenômeno da *Administração Paralela*, expressão cunhada por GORDIL-

LO (1997, p. 18-22), a indicar a revogação de valores constitucionais por práticas administrativas desviantes, ou seja, um procedimento administrativo paralelo ao formal, assim como uma organização administrativa informal que nem sempre coincide com a que o organograma indica.

Verifica-se também, como herança do período autoritário, que os órgãos administrativos responsáveis pelas políticas sociais muitas vezes não adotam diálogo com os cidadãos. Prefere-se decisões verticalizadas, não consensuais e, por vezes, arbitrárias e em desconformidade com a norma jurídica (VIANNA, 2000, p. 144). A isso se agregue uma cultura administrativa profundamente burocrática (DROMI, 1994, p. 46-47), despegada dos anseios da cidadania.

Preconiza-se nas ações previdenciárias, portanto, a correção de critérios por vezes torpes de atuação administrativa, pautados por eficiência não apenas no sentido de maximização de resultados orçamentários para a Previdência Social (conforme sua origem neoliberal), mas refletindo e consagrando os direitos fundamentais sociais (GABARDO, 2002, p. 89; CORREIA;CORREIA, 2010, p. 104; PÉREZ, 2004, p. 85-95).

Por derradeiro, não se pode deixar de assinalar que as ações previdenciárias se caracterizam pela sua *multiplicidade*, sendo milhões os casos de demandas judiciais em torno de direitos previdenciários e recorrente a posição do INSS como um dos maiores litigantes brasileiros (SERAU JR., 2015, p. 65-66).

Essas características das ações previdenciárias refletem diretamente no papel exercido pelo STF e pelo STF, além de impactar, igualmente, na análise do processamento e dos requisitos de admissibilidade dos recursos extraordinário e especial.

3. REQUISITOS DE ADMISSIBILIDADE DO RECURSO EXTRAORDINÁRIO E DO RECURSO ESPECIAL EM MATÉRIA PREVIDENCIÁRIA

As Cortes Superiores (destacadamente STF e STJ, mas também a Turma Nacional de Uniformização, no âmbito dos Juizados Especiais Federais) possuem papel e atuação diferenciados no ordenamento jurídico brasileiro. Não se caracterizam como meras instâncias revisionais, mas, sobretudo, como Tribunais de definição da interpretação das normas de direito. São tribunais cuja natureza de atuação é *constitucional-processual*[1], não apenas meramente processual.

Considerando-se que os direitos fundamentais sociais (neles incluída a Previdência Social) demandam instrumentação jurídica diferenciada (políticas e serviços públicos), a atuação das Cortes Superiores deverá acompanhar esse movimento jurídico distinto, tratando-os diferentemente do exame que efetua em relação às normas jurídicas que se vinculam aos direitos fundamentais de primeira dimensão.

É nesse prisma que analisaremos, a partir de agora, os principais requisitos de admissibilidade do recurso extraordinário e do recurso especial em matéria previdenciária.

Os recursos especial e extraordinário, para serem admitidos, precisam cumprir com os requisitos gerais de admissibilidade imponíveis a qualquer modalidade de recurso: tempestividade; legitimidade e interesse para recorrer; recolhimentos de custas de preparo e taxas de porte e retorno, quando exigíveis; regularidade formal.

Centraremos nosso debate, entretanto, nos requisitos de ordem constitucional, justamente aqueles que fazem a grande diferença no exame de admissibilidade dos recursos especial e extraordinário.

3.1. Exame de admissibilidade

O NCPC, em sua redação original (artigo 1.030), previa que os recursos especial e extraordinário seriam interpostos e processados perante os Tribunais de origem, mas imediatamente encaminhados às Cortes Superiores, *independentemente de juízo prévio de admissibilidade*.

Assim, encontrava-se quebrado paradigma tradicional no campo dos recursos extraordinário e especial, qual seja o do *duplo exame de admissibilidade*, consistente em exame de admissibilidade prévia, exercido perante as instâncias de origem, o qual seria confirmado ou rejeitado nas Cortes Superiores.

A ideia era franquear o acesso imediato às Cortes Superiores, evitando certa *jurisprudência defensiva* que é bastante criticada pelos operadores do Direito, sobretudo pelos advogados.

Entretanto, essa medida do NCPC, em particular, gerou grande reação por parte dos Tribunais Superiores, preocupados com os números excessivos de recursos especiais e extraordinários que lhes acorrem. De modo que, ainda antes da vigência do NCPC aprovou-se a Lei n. 13.256, de 05.02.2016, que restabeleceu o sistema tradicional de duplo exame de admissibilidade dos recursos extraordinário e especial, cabendo o juízo definitivo de admissibilidade pelo STJ e STF.

Nestes termos, em matéria previdenciária, o recurso especial e o recurso extraordinário deverão ser interpostos perante o respectivo Tribunal Regional Federal, nos termos do art. 109, § 4º, da Constituição Federal, ainda que o processo tenha tramitado, na primeira instância, perante a Justiça Estadual (o que é facultado nos termos do art. 109, § 3º, do Texto Constitucional).

No caso de matéria acidentária (benefícios previdenciários derivados de acidentes do trabalho), a competência

---

No caso da TNU, vale destacar, o papel que lhe compete de uniformização da interpretação das normas jurídicas no âmbito dos Juizados Especiais Federais não decorre da Constituição, e sim da Lei n. 10.259/2001. Entretanto, pode-se destacar o fundamento constitucional remoto para a atuação da TNU no art. 98, inciso I, parte final, da Constituição Federal, ao estabelecer o "julgamento de recursos por turmas de juízes de primeiro grau".

para processamento desse tipo de demanda continua sendo da Justiça do Estado, nos termos do art. 109, I, parte final, de modo que a interposição de recurso especial ou extraordinário, bem como o exame prévio de sua admissibilidade, permanecem sob competência dos Tribunais de Justiça.

3.2. Vedação do reexame de matéria fática e probatória

Conforme as Súmulas ns. 7, do STJ, e 279, do STF, além de extensa jurisprudência a respeito, é vedado, nestas Cortes Superiores, o reexame do quadro probatório constante dos autos.

Com efeito, trata-se de Cortes cujo papel não é o de mera revisão judicial das decisões impugnadas, como se fossem terceira ou quarta instâncias de jurisdição. Sua função constitucional é a de guarda da legalidade (STJ) e da constitucionalidade (STF).

A proibição do reexame fático-probatório é problema muito sensível nas ações previdenciárias, normalmente calcadas em discussões fáticas a respeito de relações de dependência econômica, estados de saúde ou de miserabilidade econômica, bem como de demonstração de tempo e qualidade de trabalho (especial ou não), dentre outras.

Ocorre a propositura da ação previdenciária (salvo questões eminentemente de direito, como as revisões ou a desaposentação) justamente pelo fato de o INSS não admitir a prova, apresentada pelo segurado, relativa às diversas questões que suscitem direitos previdenciários.

Assim, o argumento da impossibilidade de reexame de provas pode equivaler à retirada do acesso à jurisdição das Cortes Superiores, sendo necessário o cuidado com o tipo de argumentação utilizada na estruturação dos recursos especial e extraordinário.

A discussão sobre outras possibilidades de demonstração dos direitos previdenciários, superando a lógica meramente formalista adotada pelo INSS, deve se passar nos termos do que a jurisprudência do STF e do STF denomina de hierarquia das provas ou valoração das provas, discussão que pode ser levada a estas Cortes Superiores, evitando-se, assim, a barreira de admissibilidade da proibição de reexame de matéria de fato.

O NCPC possui novas e interessantes disposições a respeito de matéria probatória. Mantêm-se, em linhas gerais, as normas anteriores atinentes à instrução probatória, introduzindo, porém, algumas disposições gerais que podem ser muito interessantes para o avanço do Processo Judicial Previdenciário.

É nesse sentido que interpretamos a regra geral contida no art. 257 ("As partes têm direito de empregar todos os meios legais, bem como os moralmente legítimos, ainda que não especificados neste Código, para provar fatos em que se funda a ação ou a defesa e influir eficazmente na livre convicção do juiz"), principalmente por admitir amplos meios de prova e possibilitar a influência *eficaz* na convicção do magistrado.

Essa perspectiva principiológica de eficaz influência na convicção do magistrado faz-se muito interessante na ação previdenciária, conhecida pela característica da deficiência documental e probatória das partes que figuram no polo ativo (segurados e dependentes) quanto à comprovação dos requisitos que lhe são exigidos para obtenção dos benefícios previdenciários.

Mantêm-se o sistema de *livre convencimento motivado do juiz*, o que fica bastante explícito na redação dos arts. 369 e 371[2].

Também valerá a *prova emprestada* de outro processo, embora deva ser observado o contraditório[3]. Esse preceito poderá ser utilizado principalmente em relação ao tempo de trabalho e condições de trabalho do segurado, conforme reconhecido na Justiça do Trabalho.

No campo das ações visando benefícios à população rural, especialmente a aposentadoria por idade, revela-se interessante o dispositivo contido no art. 415, a permitir que registros domésticos, como cartas, sirvam de prova a certas situações ali tratadas[4]. Tal regra é relevante à medida que flexibiliza a instrução probatória nas demandas ajuizadas por esse segmento da população, onde impera a informalidade e ausência de registros formais das relações sociais e de emprego.

Uma regra constante do novo CPC, tomada de empréstimo do processo trabalhista, vem a ser a possibilidade do juiz distribuir de modo diverso o ônus probatório[5], even-

---

(2) "Art. 369. As partes têm o direito de empregar todos os meios legais, bem como os moralmente legítimos, ainda que não especificados neste Código, para provar a verdade dos fatos em que se funda o pedido ou a defesa e influir eficazmente na convicção do juiz.

Art. 371. O juiz apreciará a prova constante dos autos, independentemente do sujeito que a tiver promovido, e indicará na decisão as razões da formação de seu convencimento."

(3) "Art. 372. O juiz poderá admitir a utilização de prova produzida em outro processo, atribuindo-lhe o valor que considerar adequado, observado o contraditório".

(4) "Art. 415. As cartas e os registros domésticos provam contra quem os escreveu quando:

I – enunciam o recebimento de um crédito;

II – contêm anotação que visa a suprir a falta de título em favor de quem é apontado como credor;

III – expressam conhecimento de fatos para os quais não se exija determinada prova."

(5) Art. 373. O ônus da prova incumbe:

(...)

§ 1º Nos casos previstos em lei ou diante de peculiaridades da causa relacionadas à impossibilidade ou à excessiva dificuldade de cumprir o encargo nos termos do caput ou à maior facilidade de obtenção da prova do fato contrário, poderá o juiz atribuir o ônus da prova de modo diverso, desde que o faça por decisão fundamentada, caso em que deverá dar à parte a oportunidade de se desincumbir do ônus que lhe foi atribuído.

tualmente equilibrando as partes em situação de desigualdade processual- o que em nenhum momento é vedado expressamente pelo NCPC em relação aos processos envolvendo a Fazenda Pública, como as ações previdenciárias ajuizadas contra o INSS.

Tal como no regime processual de 1973, preconiza-se que o magistrado não se encontra preso às conclusões do laudo pericial quando profere suas decisões:

> "Art. 479. O juiz apreciará a prova pericial de acordo com o disposto no art. 371, indicando na sentença os motivos que o levaram a considerar ou a deixar de considerar as conclusões do laudo, levando em conta o método utilizado pelo perito."

No processo judicial previdenciário essa regra é de extrema relevância e faz parte de grande parte das discussões judiciais, especialmente o campo dos benefícios por incapacidade (auxílio-doença e aposentadoria por invalidez). Mesmo que o laudo pericial, em uma demanda desse tipo, indique capacidade laboral parcial (p. ex.: incapacidade laboral para trabalhos que envolvam desempenho físico, como a atividade rural, mas capacidade laboral para atividades intelectuais) a jurisprudência defere os benefícios por incapacidade no caso da pessoa tendo em vista sua condição sócio-econômica (como idade avançada, baixo grau de instrução e mercado de trabalho restritivo).

Pode-se afirmar com segurança que o novo CPC não impede o modelo de perícia biopsicossocial, tão importante no campo das perícias previdenciárias (CAETANO COSTA, 2013), pois inclusive admite a chamada *perícia complexa*[6].

Em relação à *verdade real*, princípio específico e importante do Processo Judicial Previdenciário, vale mencionar que no regime vindouro será lícito provar, através da prova testemunhal, certos vícios nos contratos escritos[7], esclarecendo situações em relação aos contratos de trabalho, por exemplo, matéria importante para demonstração da qualidade de segurado e do valor das contribuições.

No geral, verifica-se que o impacto direto do novo CPC no campo da instrução probatória nas ações previdenciárias é extenso e positivo, tudo a depender, conforme já alertamos, do uso que dessas novas regras fizer a jurisprudência. Entretanto, nos termos do art. 1.047, do NCPC, aplicam-se apenas às provas requeridas ou determinadas de ofício a partir da data de início de sua vigência, qual seja 18.03.2016. Em outras palavras: só se poderá discutir a ofensa a tais disposições processuais a respeito de produção probatória, em sede de recurso especial, quando o processo já tiver se desdobrado a partir da vigência do NCPC.

Por fim, o art. 1.029, § 3º, do NCPC, estabelece que pequenos vícios formais do recurso especial ou extraordinário, desde que tempestivos, podem ser relevados ou sanados. Esse não parece ser o caso dos recursos onde se discute ou se procure revolver os aspectos fáticos e probatórios do caso, pois não se amoldam à função constitucional do STJ e STF, conforme sublinhado acima.

3.3. Prequestionamento

O prequestionamento expressa a ideia de que o acórdão recorrido tenha debatido o preceito constitucional ou infraconstitucional que se diz violado nas razões que amparam o recurso especial ou o recurso extraordinário. Caso a decisão impugnada não tratou daquela matéria, não merece ser admitido o recurso extraordinário ou o recurso especial.

Trata-se de uma exigência derivada da Súmula n. 282, do STF, e outras que lhe sucederam, inclusive jurisprudência específica do STJ. Embora esse requisito de admissibilidade seja criticado por alguns processualistas, possui razoável fundamento e segue sendo exigido para admissibilidade dos recursos extraordinários e dos recursos especiais.

Na seara previdenciária, o que se observa, em termos práticos, é a existência de acórdãos dotados de suscinta fundamentação, seja nos Tribunais Regionais Federais, seja nas Turmas Recursais. Nestas últimas, a permissão de fundamentação suscinta dos acórdãos (art. 41, Lei n. 9.099/1995) enseja muitas vezes a mera remissão aos fundamentos da sentença recorrida, gerando dificuldade de caracterização do prequestionamento, por dificuldade de identificação da matéria jurídica e preceitos normativos efetivamente debatidos. Há, inclusive, aqueles que identificam esse fenômeno com uma completa ausência de fundamentação (CAETANO COSTA, 2012).

Esse problema é recorrente e afeta bastante a formulação do prequestionamento em relação aos recursos especial ou extraordinários que debatam matéria previdenciária. Abre espaço, entretanto, para a indicação de violação de dispositivos constitucionais e legais que exigem, dos magistrados, a devida fundamentação da decisão, como o art. 93, IX, da Constituição Federal, ou o art. 489, do NCPC.

---

§ 2º A decisão prevista no § 1º deste artigo não pode gerar situação em que a desincumbência do encargo pela parte seja impossível ou excessivamente difícil.".

(6) É o que define o art. 475:

"Art. 475. Tratando-se de perícia complexa que abranja mais de uma área de conhecimento especializado, o juiz poderá nomear mais de um perito, e a parte, indicar mais de um assistente técnico."

(7) Veja-se a redação do art. 446:

"Art. 446. É lícito à parte provar com testemunhas:

I – nos contratos simulados, a divergência entre a vontade real e a vontade declarada;

II – nos contratos em geral, os vícios de consentimento."

Por fim, deve-se ressaltar que com o NCPC o Supremo Tribunal Federal e o Superior Tribunal de Justiça poderão desconsiderar *vício formal de recurso tempestivo* ou *determinar sua correção*, desde que não seja considerado como vício grave (art. 1.029, § 3º).

Entendemos que essa é uma grande inovação, evitando desnecessários juízos negativos de admissibilidade, pautados por critérios meramente formalistas, o que é extremamente prejudicial quando se trata de processos cuja natureza é de direito fundamental.

3.4. Problema da ofensa reflexa ou indireta à Constituição

Essa situação atinge bastante a jurisdição previdenciária, particularmente na via difusa do controle de constitucionalidade (recurso extraordinário), com reflexos também na admissibilidade do recurso especial.

As normas e princípios constitucionais em matéria previdenciária são de tipo naturalmente diverso daquelas normas constitucionais que consagram direitos fundamentais de primeira geração. Conforme apresentado acima, normalmente possuem baixa densidade normativa, a demandar desdobramento pela via infraconstitucional.

Igualmente, lembre-se que muitas construções de conceitos previdenciários (como a desaposentação ou a busca de pensão por morte no caso da relação de dependência econômica entre netos e avós, ou quando o menor está sob guarda de outrem que não seus pais) decorrem de princípios e valores constitucionais, os quais imprimem releitura e reinterpretação da legislação previdenciária.

Outro ponto que enseja preocupação é a restrição do exame da inconstitucionalidade de dispositivos do Decreto n. 3.048/1999 (Regulamento da Previdência Social), posto que adotada, muitas vezes, a tese da violação indireta à Carta Constitucional.

Assim, o parâmetro de vedação do exame de ofensa meramente reflexa à Constituição (conforme consagrado na Súmula n. 636 e em farta jurisprudência específica) dificulta bastante a admissão de recursos extraordinários em matéria previdenciária, vez que muitas vezes a discussão se espraia em preceitos infraconstitucionais com reflexo não tão direto na Constituição Federal – em que pese a construção constitucional de muitos direitos previdenciários, como a desaposentação ou pensão por morte no caso de outros arranjos familiares.

O NCPC avança bastante no tratamento dispensado à violação meramente reflexa da Constituição. No caso de interposição de recurso extraordinário que, conforme interpretação do STF, implique em ofensa reflexa à Constituição, ao invés da não admissão do recurso, como ocorria anteriormente, será o recurso redirecionado ao STJ, para julgamento como se fosse recurso especial (art. 1.033)

Do mesmo modo, a interposição de recurso especial que se entenda trate de matéria constitucional, será remetido pelo STJ ao STF, para que o julgue como se fosse recurso extraordinário após a justificação, pela parte, de que o tema é dotado de repercussão geral (art. 1.032, do NCPC).

3.5. Interposição conjunta do recurso extraordinário e especial

A jurisprudência exige, quando o acórdão recorrido trate de matéria ao mesmo tempo constitucional e infraconstitucional, ambas aptas a sustentar o acórdão recorrido, a interposição conjunta das duas modalidades de recurso excepcional, isto é, o recurso extraordinário e também o recurso especial (a exemplo do que se encontra sinalizado na Súmula n. 126, do STJ).

No Direito Previdenciário é importante sublinhar que vários de seus aspectos são tratados conjuntamente pela Constituição Federal (p.ex., requisitos para a concessão de benefícios previdenciários) e pela legislação infraconstitucional, que ainda possui o condão de esmiuçar tais regras superiores.

A exigência de admissibilidade citada acima incide com frequência na esfera previdenciária, dada a frequente dupla previsão, legal e constitucional, de normas jurídicas sobre Direito Previdenciário, causando forte impacto na interpretação da legislação.

Na vigência do CPC de 1973 esse requisito de admissibilidade, imposto pelo STJ e pelo STF, exigia redobrada atenção por parte dos operadores do Direito. No NCPC o panorama se torna mais flexível.

Com efeito, no caso de interposição de recurso extraordinário que, conforme interpretação do STF, implique em ofensa reflexa à Constituição, ao invés da não admissão do recurso, como ocorria anteriormente, será o recurso redirecionado ao STJ, para julgamento como se fosse recurso especial (art. 1.033)

Do mesmo modo, a interposição de recurso especial que se entenda trate de matéria constitucional, será remetido pelo STJ ao STF, para que o julgue como se fosse recurso extraordinário após a justificação, pela parte, de que o tema é dotado de repercussão geral (art. 1.032, do NCPC).

3.6. Dissídio jurisprudencial

Conforme o art. 105, III, c, da Constituição Federal, cabe recurso especial para o STJ fundado no que se convencionou chamar de *dissídio jurisprudencial*, quer dizer, na situação em que há divergência interpretativa entre diversos Tribunais, inclusive comm relação ao próprio STJ, quanto ao conteúdo normativo de algum dispositivo infraconstitucional. O dissídio jurisprudencial não é hipótese de admissibilidade de recurso extraordinário desde o advento da Constituição Federal de 1988.

Em matéria previdenciária é muito frequente a ocorrência de dissídio jurisprudencial, vez que se trata da aplicação de uma única legislação previdenciária em todas as diversas regiões e particularidades nacionais, o que enseja bastante discrepância em sua interpretação. De fato, acompanhamento da jurisprudência previdenciária revela comumente a divergência na interpretação, a qual só é aplacada após o exercício de uniformização da jurisprudência através do STJ e do STF.

Portanto, o recurso especial em matéria previdenciária motivado pelo dissídio jurisprudencial é bastante frequente.

Para sua interposição, deve-se tomar cuidado com as exigências formais constantes no art. 1.029, § 1º, do NCPC, sobretudo a necessidade de explicitação de qual é a divergência interpretativa, em relação a qual norma jurídica.

Outrossim, trazendo avanço em relação ao CPC de 1973, quando o recurso especial estiver fundado em dissídio jurisprudencial, é vedado ao Tribunal (seja a instância inferior no juízo prévio de admissibilidade, seja a Corte Superior, no juízo definitivo de delibação) inadmiti-lo "com base em fundamento genérico de que as circunstâncias fáticas são diferentes, sem demonstrar a existência da distinção" (GARCIA, 2015, p. 271).

4. REPERCUSSÃO GERAL EM MATÉRIA PREVIDENCIÁRIA

A admissão do recurso extraordinário está limitada apenas aos casos em que esteja presente a *repercussão geral*, considerada esta a transcendência aos limites da causa nos aspectos *social, jurídico, político e econômico* (art. 1.035, NCPC).

As ações previdenciárias se enquadram com facilidade nesse desenho, tendo em vista a peculiar repetição de demandas previdenciárias, visto que são respostas às ilegalidades praticadas pela administração a partir de equivocadas interpretações da legislação previdenciária, como expusemos acima, o que se repete em multiplicidade de situações, ensejando inúmeros processos judiciais em torno dos mesmos temas.

Ademais, pelo simples fato das ações previdenciárias discutirem direitos fundamentais, como aqui defendemos, já seria o suficiente à demonstração da repercussão geral. Porém, o STF não vem entendendo dessa maneira, firmando jurisprudência de que não há repercussão geral *intrínseca* a nenhum segmento do Direito (como já decidiu em matéria penal, por exemplo, na Questão de Ordem no Agravo de Instrumento 664.567 QO/RS, *DJU de 26.06.2007* e Informativo STF n. 472, Rel. Min. SEPÚLVEDA PERTENCE). Predomina, porém, o aspecto econômico das ações previdenciárias, que se atinge pela repetição de inúmeras demandas com temas iguais ou semelhantes.

No que concerne aos recursos extraordinários tirados de acórdãos dos Juizados Especiais Federais (Turmas Recursais), vale assinalar que o simples fato de se tratarem de causas de pequeno valor (*pequenas causas federais*) não afasta, a priori, a possibilidade de caracterização da repercussão geral. Desde que presentes os requisitos caracterizadores da transcendência da questão, pode-se caracterizar a repercussão geral também de questões previdenciárias identificadas em acórdãos de Turmas Recursais.

Não existe, atualmente, para acesso ao STJ, um filtro constitucional como é a *repercussão geral* para o STF. A PEC n. 309/2012, entretanto, em trâmite no Congresso Nacional, busca introduzir mecanismo semelhante também para o STJ, por ora denominado de *relevância da questão federal*.

Caso adotado, certamente trará muito impacto nas ações previdenciárias, impedindo que esta ou aquela matéria seja apreciada pelo STJ. No geral, contudo, pensamos que as questões previdenciárias, diante da multiplicidade de processos, além de sua importância social e política, sempre serão dotadas dessa denominada *relevância*.

Ademais, pelo simples fato das ações previdenciárias discutirem direitos fundamentais, como defendemos, já seria suficiente à superação de eventual filtro estabelecido para o acesso ao STJ.

5. GESTÃO (PROCESSAMENTO) DOS RECURSOS REPETITIVOS

A jurisprudência como fonte de Direito (força dos precedentes) e a preocupação com a uniformização de jurisprudência vêm apresentando importância cada vez mais acentuada no Direito, inclusive no Brasil (GARCIA, 2015, p. 287).

O NCPC segue nesse rumo através de dois institutos complementares: o *incidente de resolução de demandas repetitivas*, tratado nos arts. 976 e seguintes, bem como no julgamento de recursos especiais e recursos extraordinários repetitivos, matéria objeto dos arts. 1.035, 1.036 e seguintes.

Em apertada síntese, essa sistemática de julgamento exige a eleição de alguns casos ou processos-piloto (*leading case*), os quais serão apreciados pelas Cortes Superiores em trâmite especial, com maior debate em relação à matéria de fundo e ampla participação de atores do processo. Os demais casos que tratem de matéria idêntica, entretanto, ficam sobrestados (seja nos Tribunais Superiores, Regionais ou Tribunais de Justiça, ou mesmo na primeira instância, conforme o caso), aguardando o deslinde do julgamento dos processos representativos da controvérsia.

Posteriormente, com a decisão pelas Cortes Superiores dos processos-piloto, aplica-se a mesma tese jurídica, ali consagrada, nos demais processos que tratem de idêntica matéria de direito, os quais se encontrarão suspensos, nos moldes dos arts. 1.039 e 1.040, do NCPC.

Em matéria previdenciária, como já visto nesse trabalho, é recorrente a multiplicidade de demandas, face a atuação do INSS, que é, em todo território nacional, criticada, além do número gigantesco de segurados que lhe acorrem diariamente. A aplicação dos institutos de resolução de demandas repetitivas e de julgamento de recursos especiais ou extraordinários repetitivos é inerente ao Processo Judicial Previdenciário.

Há dificuldade, porém, de identificar e tratar diferentemente casos diversos, freqüentes na esfera judicial previdenciária em virtude da inaplicabilidade dos critérios *matemáticos* e *milimétricos* da legislação previdenciária à miríade de casos concretos (SAVARIS, 2008), dotados muitas vezes de peculiaridades fáticas que a norma geral e abstrata não consegue prever.

Surge, portanto, a necessidade de aprimoramento do

sistema de gestão processual da repercussão geral, no STF, e dos recursos repetitivos, no âmbito do STJ, com adoção do mecanismo do *distinguishing*, que é a aplicação parcial do precedente ao caso concreto, desde que caracterizado por particularidades -situação fático-jurídica distinta da anteriormente decidida (MADEIRA, 2011, p. 537-539). Esse preceito está contemplado na redação do art. 1.036, § 9º, do NCPC, e é de grande importância em matéria previdenciária, face os aspectos já abordados anteriormente.

Outra preocupação em relação às ações previdenciárias diz respeito à suspensão dos processos. Afinal de contas, trata-se de demandas cujo objeto de pedido é direito fundamental, substitutivo dos rendimentos do segurado, e a suspensão indefinida do deslinde da questão, seu mero atraso, ofendem flagrantemente tais valores, conforme incidência do *princípio da celeridade previdenciária*.

Dando resposta a isso, os arts. 1.035, § 9º, e 1.036, § 9º, ambos do NCPC, estabelecem que a suspensão durará apenas 1 ano, após o que será levantada.

CONCLUSÕES

O novo constitucionalismo, permeado de princípios e valores, ao lado da persistência do Constitucionalismo Social e do Estado Social, indicam uma alteração significativa do parâmetro atual de constitucionalidade: a presença dos direitos fundamentais sociais e a alteração da própria estrutura do Direito no que concerne à sua realização.

Essa mudança de significado do Direito, ainda que profundamente posta em xeque em tempos neoliberais, impõe e exige dos órgãos responsáveis pelo controle de constitucionalidade uma mudança de percepção e mudança de atuação em relação ao modo de concretização das normas constitucionais, especialmente as que tratem de direitos sociais (aqui, as normas de Direito Previdenciário).

O papel da Corte Constitucional em relação aos direitos sociais, que a doutrina tradicional restringe ao enfrentamento da omissão inconstitucional, é tão ou mais relevante no que diz respeito ao exame de compatibilidade das normas jurídicas positivadas, sua compatibilidade material com o Texto Constitucional e a necessidade de que os serviços e políticas públicas efetivamente concretizem tais direitos fundamentais.

No campo do controle difuso de constitucionalidade, bem como no controle de legalidade exercido perante o STJ, diante das características mais marcantes da lide previdenciária, sugere-se a revisão ou flexibilização de certos requisitos de admissibilidade de acesso ao Excelso Pretório, como a vedação ao exame da ofensa tida como indireta à Constituição, a restrição do reexame de fatos e provas e a exigência, por vezes dura, da configuração do prequestionamento.

Muitos desses elementos, afortunadamente, encontram-se inseridos no texto do NCPC, o que consideramos que será fundamental para a adequada tutela desses direitos fundamentais.

BIBLIOGRAFIA

BARBOSA, Ruy. *Commentarios à Constituição Federal Brasileira*. IV volume – arts. 55 a 62 – Do Poder Judiciário. São Paulo: Saraiva, 1933.

BRITTO, Carlos Ayres. *Teoria da Constituição*. Rio de Janeiro: Forense, 2003.

CAETANO COSTA, José Ricardo. *A efetivação e concretização dos direitos sociais previdenciários nos dez anos dos juizados especiais federais: um balanço necessário*. In SERAU JR., Marco Aurélio; DONOSO, Denis (coord.). *Juizados Especiais Federais – reflexões nos 10 anos de sua instalação*. Curitiba: Juruá, 2012.

_____. Perícia biopsicossocial – a quebra de paradigma na perícia médica: da concepção biomédica à concepção biopsicossocial, in CAETANO COSTA, José Ricardo. *Direito do Trabalho e Direito Previdenciário. Subsídios ao Trabalho Social*. Jundiaí: Paco Editorial, 2013.

CORREIA, Marcus Orione Gonçalves; CORREIA, Érica Paula Barcha. *Curso de Direito da Seguridade Social*, 5. ed. São Paulo: Saraiva, 2010.

DROMI, Roberto. *Nuevo Estado, nuevo derecho*. Buenos Aires: Ediciones Ciudad Argentina, 1994.

GABARDO, Emerson. *Princípio da eficiência administrativa*. São Paulo: Dialética, 2002.

GARCIA, Gustavo Filipe Barbosa. *Novo Código de Processo Civil – principais modificações*. Rio de Janeiro: Forense, 2015.

GOMES, Orlando. Procedimento jurídico do Estado intervencionista. Revista dos Tribunais. São Paulo. a. 64, dez. 1975, v. 482, p. 11-17. 1975.

GORDILLO, Agustín A. *La administración paralela – El parasitema jurídico-administrativo*. Madrid: Editorial Civitas, 1997.

LÓPEZ, Juan Gabriel Rojas. *Conflicto constitucional y derecho procesal*. Medellin: Sello Editorial, 2008.

MADEIRA, Daniela Pereira. A força da jurisprudência. FUX, Luiz (coord.). *O novo processo civil brasileiro – direito em expectativa*. Rio de Janeiro: Forense, 2011.

MANCUSO, Rodolfo de Camargo. *A resolução dos conflitos e a função judicial*. São Paulo: Revista dos Tribunais, 2010.

MORO, Sergio Fernando. *Desenvolvimento e efetivação judicial das normas constitucionais*. São Paulo: Max Limonad, 2001.

PÉREZ, Aníbal Rafael Zárate. *La incorporación constitucional de los principios de eficacia y eficiencia administrativa*. Bogotá: Universidad Externado de Colombia, 2004.

SAVARIS, José Antonio. *Direito Processual Previdenciário*. Curitiba: Juruá, 2008.

SERAU JR., Marco Aurélio. *Seguridade Social como direito fundamental material*, 2. ed., rev. e ampl., Curitiba: Juruá, 2011.

_____. *Resolução dos conflitos previdenciários e direitos fundamentais*. São Paulo: LTr, 2015.

_____. *Curso de Processo Judicial Previdenciário*, 3. ed. São Paulo: Método: 2010.

_____; REIS, Silas Mendes dos. *Recursos Especiais Repetitivos no STJ*. São Paulo: Método, 2009.

_____. *Manual dos Recursos Extraordinário e Especial*. São Paulo: Método, 2012.

VIANNA, Maria Lucia Teixeira Werneck. *A americanização (perversa) da seguridade social no Brasil*. Rio de Janeiro: Revan, 2000.